Gerd de Bruyn

Theorie der modernen Architektur

Programmatische Texte

Edition Staub

Bibliografische Information der Deutschen Nationalbibliothek:
Die Deutsche Nationalbibliothek verzeichnet diese Publikation in der Deutschen National-
bibliografie; detaillierte bibliografische Daten sind im Internet über http://dnb.dnb.de abrufbar.

© 2017 Edition Staub
im skript-Verlag - Wolfgang Reif
Oleanderstraße 12 - 41470 Neuss
Tel. 0 21 37/95 27 88
Fax 0 21 37/95 27 83
Layout: Gerd de Bruyn, Wolfgang Reif
Abbildung Rückseite: Schlupfwinkel des Unabombers (Zeichnung vom Autor)
Alle Rechte vorbehalten
ISBN 978-3-928249-77-5
www.editionstaub.de
www.skript-verlag.de

Theorie der modernen Architektur

Serie „Als die Architektur noch schön war" (Kreide; 16,5 x 12,0; 2016)

Inhalt

Vorwort

Die in diesem Band gesammelten Reden und Aufsätze entstammen meinen Stuttgarter Jahren, in denen ich an der Universität in der Nachfolge Jürgen Joedickes Architekturtheorie lehrte. Zwar tue ich das gegenwärtig immer noch, doch muss damit gerechnet werden, dass dieses Buch erst unter die Leute kommt, wenn ich im Begriff bin den Hut zu nehmen. Und genau so ist es ja auch gedacht: als Rückblick, Bilanz und Abschiedsgruß an alle, die ich vermissen werde.

Als Titel hatte mir zunächst *Noten zur Architektur* vorgeschwebt, in Anspielung auf Theodor W. Adornos *Noten zur Literatur*. Es sollte so zum Ausdruck kommen, dass ich es in den letzten Jahren aufgegeben habe, den mächtigen Einfluss des großen Frankfurters zu leugnen. Als aber die Auswahl meiner Texte getroffen war und sie mir in chronologischer Folge vorlagen, erschienen sie mir wie die aufeinander folgenden Kapitel eines Buches, an dem ich über ein Jahrzehnt lang geschrieben habe. Von Vortrag zu Vortrag und Aufsatz zu Aufsatz werden gezielt Fäden gesponnen, die einem einzigen Zweck dienen: Bausteine zu einer Theorie der modernen Architektur zusammen zu tragen und aufeinander zu schichten.

Herausgekommen ist ein Rohbau – mithin weniger, als der Titel verspricht, doch mehr als bloße Noten und Notierungen, die einen eher sporadischen und wechselhaften Charakter tragen. Dass es so gekommen ist, hat damit zu tun, dass ich mich bei der Frage, entweder Texte auszuwählen, die meine Themenvielfalt spiegeln, oder mich auf solche zu beschränken, die einen bestimmten Duktus tragen, für letzteres entschied. Die hier versammelten Texte sind die eines Überzeugungstäters. In ihnen hallt die Programmatik von Primärtexten nach, die mich am meisten fasziniert haben. Verstöße gegen das wissenschaftliche Arbeiten demonstriert schon die Tatsache, dass nicht alle Texte mit Fußnoten und Quellenangaben versehen sind. Dafür geht ihnen völlig ab, was manchem Kollegen vorzuwerfen ist: die Parteinahme für lebende Architekten. Engagiert Position wollte ich immer nur für die Architektur per se ergreifen – für die Architektur als einer reflektierten und politisch engagierten Kunst.

2008 erschien *Die enzyklopädische Architektur*. Sie war ein kühner Sprung ins kühle Nass wissenschaftstheoretischer Selbstreflexion. In den Jahren danach begann sich das literarische Moment, das dem programmatischen Schreiben innewohnt, von der Forschung abzuspalten und ein Eigenleben zu führen.[*] Zur gleichen Zeit wuchs mein Interesse am traditionellen Charakter der Architektur.

---

[*] Zum Nachweis und zur Auflockerung trifft der Leser in der Mitte des Buches auf ein Märchen.

8

Dass sie sich ihrer Modernisierung widersetzt, sah ich schon mit den historischen Avantgardebewegungen als erwiesen an. Für mich ist Architektur eine anachronistische Synthese, die mehr oder weniger heroisch aufbegehrt gegen ihre Aufsplitterung in Einzeldisziplinen.

Ein Letztes sei bemerkt. Als bei der Zusammenstellung der Aufsätze die Frage der Bebilderung aufkam, wurde rasch klar, dass meine Texte keiner Bilder bedürfen. Schon meine Vorträge konzentrierten sich im Lauf der Zeit immer stärker aufs Wort, wenn ich vor einem architekturkundigen Publikum stand und ein anderes ist für dieses Buch ja schlechterdings unvorstellbar.

August 2016

Mumifizierungen. Kontakte

Im regungslosen Körper, der sich nicht zu rühren wagt, in der bewegungslosen Mumie, in der marmornen Skulptur und fest gegründeten Architektur versteinert das mythische Erschrecken des Menschen vor dem Tod. Als Beispiel diene die chinesische Tänzerin Sommerblume, die im Jahre 1750 den Sohn eines reichen Mandarins heiratete. Ihre Hochzeitsreise unternahmen die beiden nach Italien. Da in Rom die Cholera wütete, flohen sie in den Norden und schafften es bis Ferentillo, doch war die zarte Tänzerin von der Krankheit schon gezeichnet.

Eines Morgens fand man das Pärchen bewegungslos und fest umschlungen auf den Stufen der Kirche Santo Stefano hocken. Sommerblume hatte den Mund wie zu einem letzten Schrei geöffnet. Beide fanden ihre letzte Ruhestätte in einer Friedhofserde, die einen Mikropilz enthielt, der die Verwesung verhinderte und alle Leichname, die hier bestattet wurden, mumifizierte. Untersuchungen ergaben, dass noch heute innere Organe in verschrumpelter Form vorhanden sind. Bei manchen Toten stecken gar die Augäpfel noch in ihren Höhlen. Und federleicht sind alle Körper, wie aus Papier gefaltet.

Hauchdünn wie ein Spiegelbild legt sich die Mumie zwischen Mensch und Architektur, so als sei die unüberwindliche Grenze von Fleisch und Stein zu ignorieren, als gäbe es hier einen Übergang zu gestalten. Tatsache ist, dass sich das Lebendige und das Leblose im Ursprung ängstlich, feindlich und unverständig gegenüberstehen. Darum erfolgte der Auftrag an die Kultur, dieses Verhältnis zumindest in ein gleichgültiges und abwartendes, vielleicht sogar in ein begeistertes oder ehrfürchtiges zu verwandeln. Von Anbeginn an hatte die Architektur hieran hohen Anteil. Spekulationen, die sich mit dem Verhältnis von Mensch und Haus im Sinne einer Konfrontation und Durchdringung des Lebendigen und des Leblosen beschäftigen, stehen deshalb im Mittelpunkt meiner Überlegungen.

Tapetentüren

Nehmen wir an, wir durchwanderten allein, übermüdet und ziemlich hungrig eine fremde Stadt, um ein Nachtquartier zu suchen. Mit der Zeit lässt sich der Gedanke, dass wir uns verlaufen haben, nicht mehr abschütteln. In welche Gegend sind wir geraten? Die menschenleeren Straßen, die Grabesstille rings um uns und die schwarzen Häuser lassen nichts Gutes ahnen. Die Angst schleicht in uns hoch. Neben uns pflanzt sich Wand an Wand fort, unkenntliche Fassaden mit schemenhaften Fenstern, die schwarz in die Nacht starren. Plötzlich glauben wir Stimmen zu hören und hinter einem der Fenster wird es hell. Uns ist, als käme Leben in diese Architektur genannte Masse, diesen trägen Drachen, der aus dem Schlaf erwacht und ein Auge aufschlägt. Nun schöpfen wir wieder Hoffnung, denn die Furcht, die uns in der totenstillen Fremde übermannte, fällt von uns ab, sobald es lebendig wird.

Wieso neigen wir dazu, Bauten als lebendige Wesen zu betrachten? Weshalb stören wir uns nicht an Formulierungen wie: das Haus schlief oder das Haus erwachte? Handelt es sich hierbei nur um eine Stenographie der Ereignisse, zu der wir das Fehlende unwillkürlich ergänzen: die Tatsache, dass in diesen Gebäuden Menschen leben, die zu Bett gegangen oder gerade aufgestanden sind? Oder ist es nicht viel eher so, dass uns an solchen Redewendungen die Verwechslungsgefahr reizt? Die Verwechslung von Fleisch und Stein? Oder handelt es sich gar nicht um eine Verwechslung? Sind im Begriff des Hauses das Lebendige und das Leblose bereits zur Deckung gebracht?

Wenn wir einen Raum betreten, dann wird entweder unsere Aufmerksamkeit sogleich von den Personen, die sich darin befinden, angezogen und möglicherweise derart von ihnen in Beschlag genommen, dass wir uns später an die Gestalt des Raumes nicht mehr entsinnen können, oder wir fühlen uns umgekehrt von seiner Eigentümlichkeit so sehr gefangen genommen, dass uns die Menschen darin kaum interessieren. Immer wieder machen wir die Erfahrung der Differenz, worauf die Vernunft beharrt. Und dennoch: es kommt die Stunde, da öffnet sich die Wand und eine geheimnisvolle Frau entströmt der Pracht eines Zimmers, steht wie durch ein Zauberwort gerufen urplötzlich da und zieht alle Blicke auf sich.

Des Rätsels Lösung war in früheren Zeiten eine Tapetentür. Ein technischer Kniff, der den Wunsch bediente, es mögen sich lebendige Wesen aus den Wänden lösen und wieder in sie zurückkehren. Wäre ich Schriftsteller, würde mir ohne weiteres die Erklärung abgenommen, dass wir stets Teile unserer Vitalität an Wände, Fenster, Türen und all die toten Gegenstände ringsum abgeben. Jeder wüsste, dass nicht von der Architektur als vergegenständlichter Arbeit die Rede ist, sondern davon, dass sich zuweilen das Leben aus uns heraus stiehlt, um sich in unsere Häuser einzunisten. Einem Schriftsteller würde ebenfalls geglaubt, dass umgekehrt die Leblosigkeit aus den Häusern in die Menschen kriechen kann, dass der Tod aus den Gemäuern springt, um seine kalte Hand auf unsere Seele zu legen. Wiederum wüsste man, dass sich dieser Umstand nicht schlicht und einfach mit einem mangelnden Wärmeschutz erklären lässt.

Gorgonenhäupter und Gedärm
Warum gehen wir solchen Beschreibungen auf den Leim? Ist es der Klang schöner Wörter, der uns überall hin zu locken vermag? Ich glaube das nicht. Vielmehr reizt uns die Vorstellung, dass ein Übergang vom lebendigen in den leblosen Zustand und umgekehrt möglich ist. Es besteht psychologisch die Notwendigkeit, das Inkommensurable – Stein und Fleisch – als miteinander verwandt zu begreifen. Schließlich liegt ja der Gedanke mehr als nahe, dass es der Mensch kaum ertragen kann, über die Reproduktion der eigenen Gattung hinaus nichts Lebendiges zustande zu bringen. Ihn kränkt, dass die Zivilisation zwar der Sicherung und dem Fortbestand menschlichen Lebens dient, dass aber das Werk der Kultur nur Totgeburten kennt.

Andererseits bietet der Dingcharakter toter Gegenstände auch Schutz. Auch den psychologischen Schutz, den uns die Architektur vor dem Lebendigen gewährt. Wir wissen von dem gewaltigen Schrecken, den die monumentale römische Baukunst den völkerwandernden Barbaren einjagte, wir kennen aber auch die Furcht vor dem Medusenhaupt des Lebendigen. Matthieu, die Hauptperson aus Hans Henny Jahnns Novelle „Die Nacht aus Blei" (1956), lernt dieses lähmende Entsetzen kennen, als ein Sterbender seine rechte Faust ergreift, um sie sich mit letzter Kraft durch eine klaffende Bauchwunde in den Leib zu stoßen. Jahnn schreibt, Matthieus Faust sei durch die Wunde in den fremden Körper eingedrungen und fühlte sich „vom warmen Schaum der Eingeweide umgeben". Tötend steckt sie im Lebendigen, worüber Matthieu, dem das wider Willen gelang, über alle Maßen entsetzt ist.

Denn wir wollen das schutzlos preisgegebene Leben nicht in seiner zuckenden, blutüberströmten Realität kennen lernen. Nicht daran erinnert werden, dass wir ein leicht verletzliches Paket sind mit einem glibberig schleimigen und knorpeligen Inhalt. Unser Körper soll unversehrt und gefälligst geschlossen bleiben – verhüllt. (Auch der architektonische Körper! Deshalb Sempers Bekleidungstheorie!) Zwar möchte man bisweilen die Gedanken eines anderen kennen, in seinen Kopf kriechen, und die bemühte Schlagersängerin will uns gar ins Herz schauen, doch denkt dabei niemand an die Aorta. Das Lebendige gefällt uns nur in vermittelter Form: stilisiert, verpackt, umbaut. „Was Sie sehen ist Schminke, nichts Natürliches", betont darum eine geheimnisumwitterte Schöne, der Matthieu begegnet.

Dem traumatischen Erschrecken vor dem „warmen Schaum der Eingeweide" steht der Gleichmut gegenüber, mit dem wir Baukörper betreten, die wir seit langem kennen. Die Architektur legt Schichten um das Leben, die wir ohne Ekel und sexuelle Lust durchdringen. Sie bildet die äußeren Schutzhüllen um die intimen Aspekte des Lebendigen, von denen wir verschont bleiben wollen, wenn wir uns beobachtet fühlen. Das Leblose, Starre und Stille der Architektur hat durchaus eine wohltuende Wirkung, es weckt nicht nur Befürchtungen. „Ich vermute", sagt jemand zu Matthieu, „Sie wissen nicht, wo in ihnen das Bett steht". Und wir verstehen: der Mensch ist sich selbst ein Haus, in dem er sich nicht auskennt. Dafür kennt er dasjenige, das er bewohnt. Genau das ist ja der Trost, den die Architektur stiftet!

Phantomschmerzen

Um endlich auf meine Grundthese zu sprechen zu kommen, kommt mir ein im Museum aufgehobener Fuß in den Sinn, der zu einer ägyptischen Mumie gehört. An ihm ist ein interessanter Umstand zu bewundern: dieser Fuß verlor seinen großen Zeh, oder er wurde ihm amputiert, jedenfalls prangt noch heute an seiner Stelle eine kunstvolle Holzprothese. Das allein ist schon spannend genug, was aber noch mehr fasziniert, ist die Vorstellung, dass derjenige, der die Mumifizierung des Leichnams vornahm, das Holzstück offenbar deshalb nicht entfernte, weil er es ganz selbstverständlich zum Leib des Toten zählte.

12

Wir alle kennen Geschichten über Phantomschmerzen. Wenn ein Mensch ein Bein verliert, bildet er an dieser Stelle ein Phantom aus. Er spürt und bewegt sein amputiertes Bein, als wäre es noch da. Diese unwillkürliche Vervollständigung des Körpers verführt ihn trotz besseren Wissens dazu, das Phantomglied, das wie ein echtes Bein brennen, zwicken und jucken kann, zu gebrauchen. Er steht auf, ohne sich der Hilfe einer Krücke zu versichern, und stürzt hin. Diese und weitere schmerzhafte Erfahrungen bewirken mit der Zeit, dass das Phantomglied allmählich wie ein Teleskop in den Stumpf zurück schrumpft. Beginnt nun der Beinamputierte sich einer Prothese zu bedienen, wächst sich das Phantomglied wieder aus und ergreift von ihr Besitz bis zu den Zehenspitzen. Von nun an lebt er in zwei Realitäten. Er weiß, dass die Prothese ein Fremdkörper ist, der zuweilen stört, er gebraucht sie aber auch in einer Weise, als verfüge er wieder über sein natürliches Bein.

Noch interessanter ist für unseren Zusammenhang folgendes Phänomen: Fordert man jemanden, der einen Arm verloren hat, auf, mit dem ausgestreckten Phantomglied auf eine Wand zuzugehen, so erlebt dieser Mensch zu seiner eigenen Bestürzung, dass sein Arm mühelos die Wand durchdringt und plötzlich tief in ihr steckt. Auch hier zeigt sich abermals in krasser Form, dass der Amputierte in zwei Welten lebt. Denn der Eindruck, mit seinem Arm in der Wand zu stecken, und der Phantomschmerz, der sich daraufhin einstellt, sind nicht weniger existent als die Schmerzen, die unversehrte Gliedmaßen erleiden.

Das Phantom existiert immer dort, wo es empfunden wird: in der Verlängerung des Stumpfes. Es heißt sogar, dass Menschen nicht notwendig über bestimmte Gliedmaßen verfügt haben müssen, um dazu befähigt zu sein, entsprechende Phantome auszubilden. Es ist bekannt, dass Kinder, die infolge angeborener Missbildungen keine Hände haben und niemals die Erfahrung machen konnten, Finger zu bewegen, dennoch normal geformte Phantomfinger entwickeln können, mit deren Hilfe sie in der Schule zählen und rechnen lernen. Die Phänomenologen ziehen hieraus den Schluß, dass wir neben unserem Körper, den wir sehen, ertasten und nach jeglicher Art vermessen können, noch über einen *Leibraum* verfügen, der ebenso real ist und eine Ausdehnung aufweist, die zwar mit dem physischen Körper korrespondiert, nicht aber an dessen Umrisse gebunden ist. Es ist also nicht allein unser physischer Körper der dem architektonischen gegenübertritt, um ihn zu betrachten, zu betasten und zu bewohnen, es ist zugleich der nicht sichtbare, dennoch konkret spürbare Leibraum des Menschen, der mit der Architektur Kontakt aufnimmt. Doch was entspricht auf architektonischer Seite diesem Leibraum? Ist die Wand, die ein Phantomarm durchbohrt, eine andere als diejenige, an die der physische Arm stößt? Kann auch die Architektur wie der Mensch auf zwei Realitäten Anspruch erheben?

Atmosphäre
Mir scheint, dass derjenige Aspekt eines Bauwerks, der mit dem Leibraum des Menschen korrespondiert, die Atmosphäre ist. Nun sind wir ja landläufig der Meinung, dass Atmosphären Phänomene sind, die von uns selbst erzeugt werden, sei es direkt oder indirekt. Die direkte Atmosphärenproduktion durch

Menschen lässt sich beispielsweise anhand eines Trauerzugs schildern, dessen Teilnehmer an uns vorbei schreiten. Da legt sich auch uns Unbeteiligten ein Schatten aufs Gemüt, egal zu welchem Scherz wir eben noch aufgelegt waren. Man könnte meinen, in diesem Zustand arbeiten wir indirekt an der Produktion der Traueratmosphäre mit. Und es gibt darum viele, die behaupten, Atmosphären stellten sich immer erst im Inneren der Menschen her, in ihren Gefühlen, die auf äußere Eindrücke reagieren.

Es kursiert allerdings auch die Meinung, dass Atmosphären überhaupt nicht in unserer Macht stehen, dass sie sich uns vielmehr als eigenständige Kraft entgegen werfen und wie eine fremde Macht überfallen. Es ist vor allem der Kieler Phänomenologe Hermann Schmitz, der in der Entdeckung der *Räumlichkeit der Gefühle* einen Hauptertrag seiner Forschung sieht. Entgegen der landläufigen Meinung, dass unsere Gefühle bloß subjektive Zustände des Erlebens widerspiegeln, versteht er sie als Atmosphären, die den Menschen umgeben, ihm widerfahren und derart am eigenen Leib spürbar werden. Seiner Theorie nach stammen die Atmosphären, die auf uns einwirken, von außen, ihre Subjektivität entstehe erst sekundär durch unser leibliches Betroffensein. Dieses spiegle nicht einen inneren Seelenzustand wider, sondern reagiere auf etwas, was objektiver Bestandteil unserer Umgebung sei. Somit wäre also die Architektur in hohem Maße an der Produktion von Atmosphären beteiligt?

Ich vermute, dass die von Trieben und Willenskraft getragene Vitalität, mit der wir das Lebendige umschreiben, nicht an die Grenzen unseres Leibraums gebunden ist, und dass darum das Lebendige des Menschen und das Leblose der Architektur in Austausch geraten und sich ineinander verschränken können. Dabei mag die Tatsache den Ausschlag geben, dass die uns ursprünglich gegebene Spontaneität einer Bändigung durch die Zivilisation ausgesetzt ist, einem Prozess des allmählichen Absterbens, während umgekehrt die Architektur an Lebendigkeit gewinnt, solange sie ihrer kompensatorischen Aufgabe nachzukommen und unser Unbehagen an der Kultur zu mildern weiß.

Nun zu meiner These, die aus einer Improvisation folgender Gedanken besteht: Beide, Mensch und Architektur, sind von einer Art Aura umgeben, die sich zusammenziehen, aber auch weit über unsere Statur und über die Größe eines Bauwerks hinaus ausdehnen kann. Die Aura des Menschen wird durch den Leibraum getragen, die der Architektur durch Atmosphäre. Kommt beides miteinander in Kontakt, geschieht stets mehr als die Reizung der Sinnesorgane. Dann verschwimmen das Lebendige und das Leblose in gegenseitiger Durchdringung, damit der Mensch nicht vor seiner eigenen Dingwelt, den Totgeburten seiner technischen Intelligenz, erschrickt, damit er an der Idee seiner architektonischen Selbstbehausung festhalten kann und fähig ist, sich in einer Welt heimisch zu fühlen, zu der sein instinktiver Zugang verkümmert ist.

Die Architektur zeichnet den Prozess der Zivilisation nach, der auf die Phantomschmerzen reagiert, die an die Stelle der amputierten *ersten Natur* rückten.

Vertrieben aus dem Paradies, durchschnitt der Mensch die Nabelschnur zur „Mutter Natur", entwickelte Techniken des Überlebens und begann an der großen Prothese Kultur zu arbeiten, die ihn schützend umgibt, aber auch großes Ungemach bereitet. Die „große Prothese" sitzt mehr schlecht als recht, sie zwickt und zwackt, fordert höchste Anpassungsbereitschaft und ändert dennoch wenig an den Privilegien der einen und der Überlebensnot der anderen. Auch Architektur ist ein Teil der großen Prothese, ein recht prominenter dazu, doch verfügt sie wie alle anderen kulturellen Tätigkeiten über einen gewissen Handlungsspielraum: Architekten können darum entscheiden, ob sie gute Prothesen oder Herrschaftssymbole entwerfen wollen.

Die gute Prothese

Entscheidet man sich für die gute Prothese, stellt sich die Frage nach der Kongenialität. Wir müssen wissen, was zu tun ist, damit die Bedürfnisse in ein Gebäude, das für sie entworfen wurde, einwandern können wie ein Phantomarm in die perfekte Armprothese. Hierzu muss man zumindest eine Ahnung davon haben, von welcher Beschaffenheit die Wünsche sind, die für jene Triebregungen nachgewachsen sind, die die Zivilisation beschneidet. Darunter finden sich ja nicht nur barbarische Impulse, derer wir uns zurecht schämen, sondern ebenfalls primäre Bedürfnisse, die aus Lieblosigkeit oder durch ein Übermaß an Kontrolle zurückgewiesen wurden und in Folge dessen verleugnet werden. Die Symptome, die sich an ihre Stelle setzen, bilden von nun an die Grundierung und vielleicht sogar den harten Kern der Bedürfnisse, die wir äußern. Auch jener Wünsche, die wie mit der Architektur verbinden.

Das aber heißt, dass die Bedürfnisse, die in die Prothese Architektur einwandern sollen, zweideutiger Natur sind: sie stellen eine Mischung zwischen authentischen und regressiven Wünschen dar, wobei letztere die Überhand gewinnen können, wenn das Symptom, das sich in einem Bedürfnis äußert, als unverträglich gilt. Wir alle haben Symptome harmloser Natur ausgebildet. Man redet dann von einem Tick oder einer Schrulle. Unverträglich ist ein Symptom, wenn der Fall einer seelischen Erkrankung vorliegt. Die Psyche hat dann anstelle des zurückgewiesenen Primärbedürfnisses einen Mechanismus ausgebildet, der zur Bedrohung werden kann. In solch einem Fall fragt es sich, ob die architektonische der psychischen Prothese einfach übergeworfen werden kann, oder ob nicht zuvor das Symptom kuriert werden sollte.

Solch eine Frage können Architekten nicht entscheiden. Zu ihren Aufgaben gehört ja auch nicht, Bauherren zu therapieren. Architekten haben aber immer wieder den Anspruch gestellt, mit ihren Entwürfen einen Beitrag zur Gesundung der Gesellschaft zu leisten. Das *Neue Bauen* verstand sich als das Projekt, den sozialen Körper von den Krankheitssymptomen kultureller Fehlentwicklung zu kurieren. In diesem Zusammenhang steht Adornos Diktum, Architektur denke besser von den Menschen, als sie sind. Sie diene dem Bedürfnis nur dann, wenn sie ihm in der Form, in der es sich hier und jetzt äußere, auch widerspreche! Das aber setzt die Fähigkeit voraus, von unsren destruktiven Regungen diejenigen

15

Antriebe unterscheiden zu können, die unsere Arbeits- und Liebesfähigkeit unter Beweis stellen. Für letztere muss die Prothese Architektur ständig reformiert werden.

Moderne Architektur ist ein Reformprojekt. Als solches begrüßte sie am Anfang des 20. Jahrhunderts das beschleunigte Modernisierungstempo des Kapitalismus und versprach zugleich Linderung. Die Rationalisten mutmaßten freilich von Beginn an, dass solcher Linderung ein strenges Trainingsprogramm vorauszugehen habe. Den Menschen müsse beigebracht werden, dass Fleisch und Stein auf Abstand zu halten sind, dass ihre Annäherung einzig in den modernen Standards der Normierung des Lebendigen und Leblosen gelingen wird.

Die Apologeten genormter Architektur sind die direkten Nachfahren der Pyramidenbaumeister. Sie zwangen den antiken Menschen, die Gegenwart für die Zukunft und das Leben für den ewigen Tod hinzugeben, den der endlos aufgetürmte Stein symbolisierte. Mächtig umfing die Pyramide den mumifizierten Menschen, der seinem Verfall trotzten sollte. Mumifizierung ist Versteinerung, ist die Methode, alles, was sich am Menschen härten lässt, von dem zu trennen, was flüssig ist. Die Mumie ist der perfekt gestaltete Tod durch Austrocknung. Die Erhaltung des Körpers erzwang die Entfernung des Wassers des Lebens. Kaum je sind sich menschlicher Leichnam und leblose Architektur näher gekommen als im alten Ägypten. Das Geschenk der Sesshaftigkeit, unser neolithisches Erbe, vollzieht bis heute diese Synthese der toten Körper, während das vitale Leben mit den Nomadenvölkern unterzugehen droht.

16

Architekturnorm und Nomadentum

> Die funktionalistische Theorie der Architektur
> ist auf die reaktionärsten Vorstellungen über
> Gesellschaft und Moral gegründet. Das heißt,
> dass eine überaus rückständige Vorstellung vom
> Leben in die vorübergehend gültigen Beiträge
> des ersten Bauhauses eingeschmuggelt wird.
>
> *Guy Debord*

1.

Moderne ist Kritik, Reinigung, Neuanfang, Kampf um Wahrheit und Ursprung. Sie verknüpft das Neue mit seinen tief in die Kulturgeschichte zurück reichenden Wurzeln. Moderne ist Aufklärung, fordert Konzentration und Reduktion auf das Wesentliche. Ihre Gefährdung liegt darin, dass viele, die in ihrem Namen sprechen, der Überzeugung sind, den Stein des Weisen gefunden zu haben. Sie kennen die Wahrheit und tun das Richtige. Ein für allemal. Sie führen den Prozess der Zivilisation ans Ende. Seht, predigte Adolf Loos, die Zeit ist nahe, die Erfüllung wartet unser. Doch in der Sehnsucht nach Frieden, Fortschritt und sozialer Harmonie schwang die Drohgebärde mit: Folgt mir nach, oder es wird Euch schlecht ergehen! Das bessere Wissen gerann zur Besserwisserei, wurde zur Norm und verhärtete sich gegen Phantasie und Widerspruch.

Moderne Architektur war sozial, signalisierte Offenheit und stellte sich bald schon taub gegenüber den Bedürfnissen neuer Generationen und solcher Entwicklungen, mit denen sie nicht gerechnet hatte. Das Unvorhergesehene wurde als bloße Spielerei oder Trend denunziert, als etwas, das vorübergeht, ohne Spuren zu hinterlassen. Umso zügiger die moderne Bewegung versteinerte, desto mehr galt ihr das Neue als Altbekanntes. Doch das Neue setzte sich durch mit unvorhergesehenen Folgen, und die Statthalter der Moderne predigten entsetzt die strenge Moral des Verzichts. Nicht ohne Erfolg, wie wir wissen. Das Ideal ästhetischer Askese ist bei Architekten weit verbreitet. Als ästhetische Puristen führen sie noch heute einen heroischen Kampf ums Bauwerk. Sie inszenieren es als autonomes Artefakt. Als das Andere, das sich gegen die Natur behaupten soll. Nicht zweite Haut, warm und anschmiegsam, sondern Ausdruck des Fremden, Kalten, Herrischen – mithin: das „korrekte und großartige Spiel der unter dem Licht versammelten Baukörper" (Le Corbusier).

Und auch das Gegenteil stimmt: moderne Architekten blieben vom Zweifel nicht verschont, übten harsche Selbstkritik, kämpften selbstlos um Anerkennung und Anhängerschaft, versuchten das große Publikum zu gewinnen, wollten die Wunden der Zivilisation heilen, propagierten die Rückkehr zur Natur und arbeiteten wie besessen an den antiurbanen Bildern aufgelockerter und durchgrünter Städte. Doch ist es ja gerade dieses romantische Erbe, das ihnen bis heute gewaltige Syntheseleistungen abnötigt. Mit dem allmächtigen Zwang zur Differenzierung und Spezialisierung wuchs der Wunsch nach Vereinigung und Vermittlung, nach Harmonie. Aus diesem Grund zeigt die moderne Architektur stets auch weiche, sanfte, dem Leben zugewandte Züge. Sie votiert eben nicht nur für die Tonne des Diogenes und die Wohnung für das Existenzminimum, sie ist nicht nur Produkt einer politischen Moral, die auf Verzicht gründet, nein, moderne Architektur ist und war immer auch ein Füllhorn dichter Atmosphären und reicher Gefühlswerte.

Als solche mag man sie eine Stiefschwester der Mode und des Luxus nennen, ein Geschenk des Kapitalismus, in vielen ihrer Erscheinungen ebenso lüstern und unbedenklich wie dieser. *Learning from Las Vegas*: auch das ist moderne Architektur! Sie passt sich den Bedürfnissen der Massen an, will populär sein und verleugnet ihre politische Herkunft. Man schalt diesen Zug an ihr postmodern. So sehr schämte man sich vor der Wahrheit, dass moderne Architektur beides ist: Ringen um Klarheit, Eindeutigkeit und Wahrheit und zugleich eine Vermittlungsleistung, die bis zur Selbstverleugnung geht. Letztere diktiert ihr das beschädigte Leben, in das sich unsere Bedürfnisse verheddert haben.

Will eine unerbittlich rationalistische Architektur die Ambivalenz der Moderne boykottieren? Das ist schwer zu sagen. Gelingt es ihr doch, unsere Sinne für die Sinnlichkeit spröder Materialien zu schärfen. Vielleicht möchten ja die asketischen Männer mit den runden schwarzen Brillen ihr Metier bloß schützen. Vor barocken Gestalten, die die Architektur „zum Fressen gern haben". Die am liebsten in Knusperhäuschen leben und die ganze Welt in ein Schlaraffenland verwandeln würden, das dem utopischen Denken, dieser evangelischen Vorfreude auf die Mangelgesellschaft, eine Nase dreht.

2.

Mehr als ihr utopischer Elan interessiert uns heute der selbstkritische Impuls moderner Architektur, der sich gegen die eigene Kanonisierung und Dogmatisierung zur Wehr setzte und die mühsame Arbeit der Vermittlung auf sich nahm. Das konnte bisweilen ohne Kompromisse geschehen. Als Beispiel seien die Expressionisten genannt, die das Kristalline feierten, sich für den Symbolcharakter und die Monumentalität der Architektur interessierten und zugleich die atmosphärische Wirkung der Farben und des Lichts erforschten. Die deprimierende Erfahrung des Ersten Weltkriegs führte dazu, dass mit dem Leben, das dem fehlgeleiteten Zivilisationsprozess entrissen werden sollte, auch der Tod in den Mittelpunkt der Kunst rückte. Monumentale Architektur ist Totenkult. Ihn trachteten die Expressionisten mit der Lebensphilosophie zu verbünden.

Hierbei kamen sie Nietzsche ins Gehege, der von der „Verzückungsspitze der Welt" gesprochen hatte. Eine ungewöhnliche Redewendung, die etwas Ungewöhnliches bezeichnet: den Moment, wenn in höchster Gefahr die Ewigkeit in einer Sekunde zusammen schnurrt. Wenn das Leben in seiner Gesamtheit kurz und ungewöhnlich hell aufleuchtet, bevor es erlischt. Nietzsche behauptete: von dieser Intensität seien die Erleuchtungen des Genies. Und eben auf diesen Genius, auf diese schier unmenschliche Konzentration des Fühlens und Denkens, haben Architekten wie Bruno Taut unermüdlich reflektiert. Was anderes wollte die alpine Architektur denn sein, wenn nicht die „Verzückungsspitze der Welt"?

Modernen Architekten waren aber in der Mehrzahl nicht an der „neuen Leidenschaftlichkeit" interessiert, die von den Expressionisten, Surrealisten und Situationisten eingeklagt wurde, ihnen ging es um die „Anthropologisierung" des Bauens. Es sollte auf die Bedürfnisse des „neuen Menschen" konzentriert werden, der sich durch Bauwerke nicht repräsentiert wissen, sondern bequem wohnen und unter humanen Bedingungen lernen und arbeiten wollte. Also wurde die Gretchenfrage des 19. Jahrhunderts: *in welchem Stil sollen wir bauen?* durch das Problem: *wie funktional muss ein Bauwerk sein?* ersetzt. Diesem architekturtheoretischen „Putsch" fiel eine brisante Frage zum Opfer, die den Übergang aus dem stilhistorisch orientierten 19. ins pragmatische 20. Jahrhundert gebildet hatte: die Frage nach der Popularität der Architektur, die Gottfried Semper gestellt und an Otto Wagner weitergegeben hatte, die aber schon bald in Vergessenheit geraten war.

Semper besaß wenig Sinn für die Konkurrenz, in die die autonomen und zweckgebundenen Künste hineingeraten waren. Um dem elitären Charakter des klassizistischen Kunstbegriffs zu entkommen, den er durch eine „praktische Ästhetik" ersetzen wollte, hatte er die Künste auf ihre Anfänge zurückverfolgt, die er im Schmuckbedürfnis des Menschen begründet sah. Auf diese Weise war es ihm möglich geworden, den triebhaften, wilden und zugleich banalen Zug des menschlichen Kunstwillens bloßzustellen und seine moderne Erscheinung als Maskerade zu beschreiben. Überaus anschaulich sprach er gar vom „Karnevalskerzendunst" der Kunst und ihrer „Faschingslaune". In ihr wiederhole sich die Dialektik des Ursprungs: dass der Beginn der Kunst elementar und lustvoll war und schon viel von Verstellungsartistik wusste. Erst die Technik der Maskerade ließ die Künste gedeihen und garantierte ihnen eine Popularität, in deren Medium sich Volk und Künstler gegenseitig heranbildeten.

3.

In diesem Zusammenhang spielte das Ornament eine bedeutende Rolle. Zugespitzt könnte man sagen, seine Funktion bestand darin, der Architektur Bürgernähe zu garantieren. Im Ornament sollte der sich gegenseitig befruchtende Bezug von Künstler und Publikum stets neu gestiftet und wach gehalten werden. Seit Schinkel begriffen die Architekten „das Volk" nicht nur in seinem realen, sondern auch in seinem idealen Charakter, d. h. sowohl als amorphe (Großstadt)Masse, wie als klar konturierten, selbstbewussten politischen Körper. Entsprechend war ihre Ornamentik eine Projektion: dass sich der Städter stets in mal heiterer mal bitterer Faschingslaune befindet und eben darin seinen Freiheitswillen bekundet.

Den politischen Selbstbehauptungswillen des Volkes repräsentierte für Semper und seinen amerikanischen Nachfahren Louis H. Sullivan die Demokratie. Das Ornament hatte die Aufgabe, die Idee des demokratischen Volkskörpers in symbolischen Formen zu veranschaulichen. Ungeachtet der Frage, ob das ästhetische Programm einer „ornamentalen Demokratie" tatsächlich durchführbar ist oder Wunschtraum bleiben muss, scherten die Architekten der zwanziger Jahre aus dieser Vorstellungswelt programmatisch aus. Ihnen war nicht geheuer, dass bei dem Versuch, die Architektur so dicht wie möglich an den modernen Alltag heran zu führen, (bis sich schließlich Kunst und Politik ganz und gar in Lebenspraxis aufzulösen beginnen) ein ästhetisch zu interpretierender „Ideenrest" zurückbleiben könnte.

Die moderne Architektur versuchte die sozialen Ideen, die dem politischen Begriff des Funktionalismus innewohnen, zu universalisieren: sie sollten zur Richtlinie des Neuen Bauens werden und derart *allen* Menschen zugute kommen. Weil aber von Anfang an mit dem sozialen Argument ein volkswirtschaftliches einherging, das den Schmuck am Bau als sinnlose Mehrarbeit denunzierte, öffnete die Manifestliteratur der ersten Hälfte des 20. Jahrhunderts der kruden Ökonomisierung der Architektur Tür und Tor. Auf diese Weise wurde der Kampf um die Definition der Architektur von einem schmuck- und ideenlosen Bauwirtschaftsfunktionalismus gewonnen, dessen Geltung sich am Grad seiner Globalisierung bemisst, die den universellen Charakter moderner Architektur bald schon aufgezehrt haben wird.

Dieses Universelle lässt sich beispielhaft im Werk der irischen Architektin Eileen Gray nachweisen, die gegen ihre männliche Konkurrenz viel Sinn für die „karnevaleske" Ausschmückung moderner Grundrisse bewies. Sie wusste, Mensch und Architektur berühren und ergänzen sich in den Schmuckschichten, die sie umgeben. Über die verschiedenen Stufen der Schminke, der Kleidung, des Mobiliars, der Paravants, Teppiche, Vertäfelungen, Tapeten wandern die Energieströme des Lebendigen und Leblosen hin und her. Grays Bauten sind moderne Dampfer und zugleich eckige Eier, die in der mediterranen Sonne ausgebrütet, ja, zum Leben erlöst werden wollen.

4.

Der Verdacht scheint nicht unbegründet, dass wir uns nur dann zuhause fühlen, wenn sich Momente des Lebendigen und Leblosen zwischen Mensch und künstlich gebauter Umwelt austauschen. Wenn wir vom Bodenkontakt unserer Füße einmal absehen, besteht der wohl beständigste aktive körperliche Kontakt zwischen Haus und Mensch im Öffnen und Schließen der Türen und Fenster. Ludwig Wittgenstein hat das gewusst und in seiner Architektur übertrieben. Nachdem er, der Tüftler, im Haus, das er seiner Schwester baute, ständig an der Mechanik gefeilt und alle Funktionen in Milimeterarbeit entwickelt hatte, musste sich die spätere Bewohnerin auf die Kunst verstehen, in einem Haus heimisch zu werden, das den Kontakt zum Lebendigen nur über Handgriffe gestattet. Im Unterschied zu den meisten Architekten seiner Zeit setzte Wittgenstein die Tatsache, dass es sich bei seinem Haus um ein Artefakt handelt, das dem Lebendigen in aller Anmut und Gleichgültigkeit gegenübertritt, vor allem deshalb durch, weil er der Lebenssphäre seiner Schwester einen unüberwindbaren Abstand zur Architektur diktierte.

Von den Decken durften keine Leuchter hängen, die Wände nicht mit Tapeten beklebt werden, auf den Böden keine Teppiche liegen. Wittgenstein erzwang ein Wohnen in Distanz zur Architektur. Berühren verboten! Sogar die Möbel scheinen als Dinge des täglichen Gebrauchs, die im ständigen Kontakt mit dem Lebendigen stehen, vor den Wänden und über dem Boden zu schweben. Später hat ihn das gewurmt. Da hat er, der scheinbar kalte Logiker und Rationalist, notiert: „mein Haus für Gretl ist das Resultat guter Manieren. Aber das ursprüngliche Leben, das wilde Leben, welches sich austoben möchte, fehlt."

In Wittgensteins Architektur drohte das „wilde Leben" zu versteinern, abzusterben. Er selbst erlebte diese Bedrohung am eigenen Körper, den er asketischen Prozeduren unterwarf. Entsprechend formulierte er später in seinen *Philosophischen Untersuchungen*: „Ja, wie weiß ich, wenn ich die Augen schließe, ob ich nicht zu einem Stein geworden bin?" Es kommt in diesen Worten eine surrealistische Phantasie zum Ausdruck, dennoch möchte ich mit dem Ernst des Phänomenologen antworten: Ich weiß das, weil ich mit meinem Körper eine Einheit bilde, eine Erlebniseinheit, und weil die Frage, ob ich zu einem Stein geworden bin, von der Tatsache geschlossener Augen völlig unberührt bleibt. Absurd erscheint an dem Zitat ja nicht nur die Unterstellung, dass sich ein Mensch in einen Stein verwandelt, sondern dass dies geschehen könnte, während er die Augen geschlossen hält.

Eine Verwandlung, die am eigenen Körper erlebt wird, ist niemals nur ein äußerer, sondern stets auch eine innerer Vorgang. Vermutlich schließen schwangere Frauen gern die Augen, um sich die Vorgänge in ihrem Bauch besser vorstellen zu können. Geschlossene Augen bedeuten nicht notwendig das Ende unserer Selbstkontrolle, genauso wie geöffnete Augen kein Zeichen dafür sind, dass wir uns aufgespalten haben in einen Körper, der auf einem Seziertisch liegt und in einen Geist, der diesen Körper mit wissenschaftlicher Neugier betrachtet, gespannt darauf wartend, ob er nun versteinern wird oder nicht.

An dieser Spaltung hindert uns die Tatsache, dass wir leibgebundene Individuen sind, die nicht nach Belieben aus ihrem Körper schlüpfen und ihre Vorstellungen, Empfindungen und Wahrnehmung nach dem Vorbild naturwissenschaftlicher Forschung aufteilen und getrennt voneinander untersuchen können. Und weil das so ist, weil sich der Mensch in der Regel als Ganzheit wahrnimmt und nicht sogleich die Kontrolle über sich zu verlieren und zu einem leblosen Gegenstand zu werden droht, sobald er die Augen schließt, ist auch die Architektur, die es mit uns, mit lebendigen Wesen zu tun hat, nie ganz und gar nur Stein oder tote Materie. Die Organiker haben das gewusst und ihre Entwürfe als Prothesen unseres unvollständigen Körpers verstanden. Sie arbeiteten nach der Devise: statt das Bauen und die Menschen zu normen, müssen wir die Architektur unseren Bedürfnissen anpassen.

5.

Anthropologen führen die Notwendigkeit künstlicher Prothesen auf die mangelhafte Ausstattung des Naturwesens Mensch zurück. So überzeugend dies klingt, so nahe liegt andererseits die Überlegung, dass der stärkste Antrieb zur Entwicklung hochwertiger Prothesen mit der Sesshaftwerdung des Menschen zusammenging. Erst als er sich für die Immobilität als Daseinsform entschied, bildeten sich die sogenannten Hochkulturen heraus, die auf die Produkte der Nomaden mit Geringschätzung blickten. Seitdem wurde alles leicht Transportierbare, Tragbare, Faltbare für minderwertig erklärt und mit ihm die gesamte nomadische Textilkultur. An ihre Stelle traten Gebrauchsgüter, die weit schwerer wogen. Die Tatsache, dass ein Möbelstück nicht verrückt (!) werden kann, sondern wie ein eigenes Bauwerk im Hause thront, sollte seine große Wertbeständigkeit unter Beweis stellen. So begann eine Entwicklung, an deren Ende der materielle Wert den Gebrauchswert dominierte.

Mit der immobilen Kultur begann auch die soziale Segregation: die Gesellschaft teilte sich in Vermögende und Besitzlose, denn erst jetzt war die Gelegenheit gegeben, Reichtümer zu erwerben und in dick ummauerten Schatzhäusern zu horten. Von dieser historischen Stunde an datiert die Dichotomisierung der okzidentalen Kultur in Kunst und Technik bzw. in die Produktion *immobiler wertbeständiger Kunstwerke* einerseits – hierzu gehörte von Anfang an die monumentale Architektur, die in Spiegelung der unsterblichen Seele ewiges Leben beanspruchte –, und in die Produktion *mobiler kurzlebiger Gebrauchsgüter* andererseits, deren Höhepunkt das Auto markiert. So wie an den alten Bauwerken das Ornament mit Motiven, die der textilen Kunst entnommen sind, an die nomadische Kultur erinnert, so *ist das Auto im ganzen das mobile Ornament einer sesshaften Kultur.* Sie kommt uns immer teurer zu stehen. Im Bann der Immobilie stehend, die nur für wenige noch erschwinglich ist, überfällt uns der Traum vom schnellen Sportwagen, der ohne Anzahlung zu haben ist. Die Automobiltechnik kompensiert, worin Architektur und Bauwirtschaft versagt haben.

Der hohe Anteil an Textilien ist in den traditionellen nomadischen Kulturen Grundbedingung ihrer Mobilität. Nur so lässt sich der gesamte Hausrat bei den Wanderungen minimieren und leichter transportieren. Erst das Textil ermöglicht ja das Nomadisieren. Zugleich steht es im Widerspruch zur hochkulturell definierten Kunst des Okzidents, die das Textil von jeher gering schätzte. Die europäische Kunstgeschichte lehrte, dass Granit, Stein, Marmor und Bronze die klassischen Materialien plastischer Kunstwerke sind. Alle „Hochkulturen" haben ihrem eigenen Auflösungsprozess und der Sterblichkeit des Menschen Kunst- und Bauwerke aus unvergänglichem Material entgegensetzen wollen. Dies ist ein wesentlicher Grund dafür, dass die bedeutenden Bauwerke sesshafter Völker als Jahrhunderte überdauernde

Monumente konzipiert wurden. Sie sollten zeitbeständig und geschichtsfähig sein, um den Nachkommen vergangene historische Größe zu demonstrieren.

Mobile Architekturen drohten den territorialisierten und geschichtsverwalteten Raum der sesshaften Völker zu entweihen. Mit Wohnwagen ziehen Zigeuner übers Land und in ihrer Mobilität macht sich etwas Launenhaftes, Temporäres und Unwägbares breit. Bei textilen Architekturen kommt hinzu, dass sie ortlos und kurzlebig sind, während die auf Ewigkeit berechnete monumentale Baukunst ihre Lebensdauer mit einer „krystallinisch mineralischen Leblosigkeit" (Gottfried Semper) erkauft hat. Dem intensiven Leben der Nomaden, ihrer erhöhten Wachsamkeit unter der dünnen Schicht textiler Wände, steht der Schlaf der Mumien hinter Meter dicken Mauern gegenüber. Leichenkonservierung symbolisiert die fanatische Zukunftsbezogenheit sesshafter Völker, die unterm Diktat der Erlösungsreligionen stehen. Dem Paradies, das sie versprechen, korrespondiert die schweißtreibende Mehrarbeit, die das monumentale Bauwerk im Unterschied zur textilen Architektur den Menschen abverlangt. Der Nomade lebt in der Gegenwart, der Sesshafte in der Zukunft, von der er nach getaner Arbeit träumt: „Schön ist es nur anderswo, denn hier bin ich sowieso".

(Mister Pief in: Plisch und Plum von Wilhelm Busch)

Eine Architektur, die unsere Lebensgeister wecken könnte, weil sie am Gegenwartsbezug der nomadischen Kultur und ihrer ornamentalen Faschingslaune anzuknüpfen sucht, wäre eine Vision, die im 21. Jahrhundert an die Stelle des utopischen Denkens treten könnte, das sich den Menschen stets nur als Kollektivwesen und seine Architektur als genormte vorzustellen vermochte.

Plädoyer für die Ketzer und Pioniere
Theorie einer heterogenen Architektur

Ohne Vision ist die Architektur dem Untergang geweiht, doch Visionen fallen uns nicht mehr in den Schoß. Zumal das beginnende 20. Jahrhundert seine utopische Kraft in Programmen und Manifesten verausgabte, in denen der besserwisserische Ton Überhand nahm, als hätte man den Stein der Weisen gefunden. Visionen wurden zum Dogma, zum Terrorismus gegen Andersdenkende. Zwar scheint die Zeit der Theoriefeindschaft und Exkommunizierungen längst vorbei, doch werden schon wieder Drohungen ausgestoßen und Überlegungen verboten, die „sich von der Architektur abwenden oder sie gar auf die Zerreißprobe stellen wollen".[1] So etwas, warnt Fritz Neumeyer, verdiene nicht Architekturtheorie genannt zu werden. Dabei ist doch das Gegenteil der Fall. Schon 1967 plädierte André Corboz zurecht für eine „offene Theorie" der Architektur und führte dazu aus: „Wir müssen den grundlegenden Nutzen der Disziplinlosigkeit anerkennen und eine aktive Sympathie für die Ketzer von Borromini bis zu den Expressionisten entwickeln, weil sie das Verdienst haben, Überlebenschancen für die Architektur zu eröffnen."[2]

Will sich die Architekturtheorie wieder finden und dem Bauen neue Wege in Zeiten der Krise eröffnen, grenzt sie zwangsläufig an Ketzerei, dazu bereit, Tabus zu brechen. Auch der Ausstieg der modernen Bewegung aus der Theoriediskussion des 19. Jahrhunderts in die politisierte Manifestliteratur der zwanziger Jahre stellte eine mutige und notwendige Grenzüberschreitung dar. Das Terrain, das man damals eroberte, kam allerdings schon in den dreißiger Jahren unter Verdacht. Mit der Umwidmung der modernen Bewegung zum „International Style", jenem fragwürdigen Etikett, das Henry-Russel Hitchcock und Philip Johnson dem *Neuen Bauen* 1932 anhefteten, wurde die Befürchtung, dass von einer experimentierfreudigen Avantgarde nur mehr ihr formaler Charakter überleben würde, allmählich zur Gewissheit.

Sich mit Ketzern zu befassen, wie Corboz es forderte, scheint mir immer noch der beste Weg, die Architektur aus der Sackgasse einer sich zunächst produktiv auswirkenden, dann aber stets lähmenderen Theorielosigkeit herauszuführen, die uns die erste Hälfte des 20. Jahrhunderts bescherte. Zugleich schützt uns das Denken der Ketzer vor jener Phantasie tötenden Disziplinierung und Verwissenschaftlichung, die in der zweiten Hälfte des letzten Jahrhunderts der programmatischen Entfesselung des Architekturdiskurses auf den Fuß folgte. Zu befürchten ist ja, dass all denen, die die Verwissenschaftlichung einer Disziplin bezwecken, die sich noch nicht wie die Literatur-, Musik- und Kunstwissenschaften in eine eigene Fakultät verabschiedet hat, sondern weiterhin in enger

---

1 Fritz Neumeyer: Quellentexte zur Architekturtheorie, Berlin/London/New York 2002, S. 75
2 André Corboz: Für eine offene Theorie der Architektur, in: *Architekturtheorie*, hg. v. d. TU Berlin, Lehrstuhl für Entwerfen O. M. Ungers, Berlin 1967, S. 72

Anbindung an die praktische Ausbildung gelehrt wird, jene kreativen Abgründe unbekannt bleiben werden, die allein einer in ihrer Betriebsamkeit gefangenen Architektur neue Perspektiven eröffnen können.

Sparsamkeit versus Verausgabung

Will man die offiziellen Lesarten der Architektur durchbrechen, die nichts anderes sind als ein Abbild herrschender Rationalisierungsprozesse, dann müssen wir uns Formen der Reflexion widmen, die den Horizont eingefleischter Vorstellungen aufsprengen helfen. Traditionelle Theorie hat aus der voreiligen Unterstellung, die Architektur sei diejenige Disziplin, die von allen Künsten der okzidentalen Vernunftentwicklung am nächsten stehe, die Tugend machen wollen, dass dem Bauen das Prinzip der Rationalisierung geradezu inhärent sei. Wahrscheinlich sind noch heute die meisten Architekten der Meinung, dass ihr Bauen bei allem emotionalen Aufwand, den sie (insgeheim) betreiben, das adäquate Gestaltungsmittel sei, die Ordnung einer im großen und ganzen vernünftig scheinenden Welt zum Ausdruck zu bringen. Die Architektur, so lautet ein weit verbreitetes Vorurteil, ziehe eine Vernunft ans Tageslicht, die sich hinter unverständlichen Abstraktionen, unsichtbaren technischen Prozessen und im Dickicht bürokratischer Prozesse verberge. Zumindest lege sie diejenigen Aspekte fortgeschrittener Rationalisierung frei, die sich sinnlich nachvollziehen lassen. Im Wunsch nach einer anschaulichen *Verkörperung* abstrakter Rationalität drückt sich der genuine Kulturkonservatismus jener Architekten aus, die dazu neigen, in Entwicklungen, die sich mit Händen nicht mehr greifen lassen, einen „Verlust der Mitte" zu diagnostizieren.

Im Rahmen dieser „Verkörperungstheorie" geht man davon aus, die moderne Rationalitätsentwicklung, die lebenspraktisch relevant ist, und die Visionen der Architekten, die dem Realitätsprinzip gehorchen, als kongenial anzusehen. Zweifellos besteht in weiten Kreisen der Konsens, dass eine technisch, sozial und ästhetisch ambitionierte Architektur im Prinzip eine Veranschaulichung der Vernunftregionen darstellt, die sich konkretisieren lassen, so wie ja bereits die vormoderne Architektur selbstbewusst genug war, das verkörpern zu wollen, was dem Menschen an göttlicher Vernunft und kosmologischer Ordnung zugänglich schien. Im Horizont dieses Wunschdenkens stellt sich die Architektur als adäquate Heim- und Werkstatt okzidentaler Rationalität dar. Kein Wunder also, dass Architekten bei dem, was sie tun, vor allem als vernünftig gelten wollen. Was aber genau ist unter dem Diktat der Vernunft, dem sie den sichtbaren Teil ihres Handelns unterwerfen, zu verstehen?

Die abendländische Vernunft, deren Zweckrationalität der Soziologe Max Weber seine besondere Aufmerksamkeit widmete, steht seit der Universalisierung der protestantischen Arbeitsethik unter dem Gesetz einer *Ökonomisierung* sämtlicher

Lebenssphären.[3] Statt der Lust an der *Verschwendung,* die der Schriftsteller und Philosoph Georges Bataille traditionellen Gesellschaften unterstellte, kam es unter der Herrschaft der okzidentalen Rationalität und der mit ihr einher gehenden kapitalistischen Wirtschaftsform zu einer Verherrlichung der Sekundärtugenden. Gepredigt wurden Sparsamkeit, Askese und Unterwerfung der Personen und Dinge unters Gebot der Nützlichkeit. Hierdurch wollte sich das Bürgertum seiner moralischen Überlegenheit gegenüber einer Aristokratie vergewissern, die ihre Reichtümer sinnlos zu verprassen pflegte. Statt der Verschwendungslust der Herrschenden, die sich dem Luxus und Nichtstun hingaben, wurden Fleiß und Verzichtsfreude sowie der sparsame Einsatz von Mitteln, Material und Körperkraft in allen Tätigkeitsfeldern als die Regeln gepriesen, die allein für eine christliche Lebensführung taugten. Parallel hierzu begann die Architekturtheorie die Nützlichkeit und Wirtschaftlichkeit vernünftigen Bauens zu propagieren und den Einsatz kostbarer Materialien und Schmuckformen als unmoralisch zu denunzieren.

Wie keine andere Kunsttheorie verpflichtete sich die moderne Architekturtheorie darauf, sämtliche Aspekte des Bauens, die sich dem Sparsamkeits- und Nützlichkeitsgebot widersetzen – das Erotische, Affektive, Geheimnisvolle und Unheimliche –, aus dem modernen Architekturdiskurs auszuschließen, um sie schließlich in depotenzierter Gestalt mit dem Zweckmäßigen und Ökonomischen zusammenfallen zu lassen. Seitdem die Architekten glauben, mit der Identifizierung von Form und Funktion, Schönheit und Zweck sei der Grundwiderspruch ihrer Disziplin gelöst, leidet das Bauen an einer unauflösbaren Paradoxie. Wohl waren die verfahrenen Stildebatten des 19. Jahrhunderts auf das Niveau einer Reflexion gehoben worden, der es gelang, Funktionalität als eine neue Spielart vollendeter Formen auszugeben, doch war ja damit die wichtigste ästhetische Herausforderung, die sich der Architektur seit jeher im Anspruch auf Verschwendung und Selbstverausgabung stellte, aus der Welt geschafft.

Mit der Ideologie des Funktionalismus schwenkte die moderne Architektur trotz ihres ästhetischen Eigensinns auf die Linie jener Homogenisierungstendenzen

---

3 In der „Vorbemerkung" zu den Gesammelten Aufsätzen zur Religionssoziologie (1920) formulierte Weber seine Theorie der Rationalisierung. Zunächst stellte er die berühmte Frage nach den Ursachen der universellen Bedeutung okzidentaler Vernunft und machte im einzelnen deutlich, mit welcher Konsequenz sich in den abendländischen Sphären der Wissenschaft, Kunst, Verwaltung und Wirtschaft das Prinzip der Rationalität im Unterschied zu den anderen Hochkulturen durchgesetzt hat. Die Erkenntnis, dass es sich hierbei um eine spezifische Form der Rationalität handelt, brachte Weber dazu, die besondere Eigenart der okzidentalen Vernunftentwicklung herauszustellen. Hierbei stieß er auf das fundamentale Problem, wie denn die wertrational fundierte Lebensmoral der katholisch-mittelalterlichen Welt in die offenkundig zweckrational motivierte Berufsethik des Zeitalters der Reformation mutieren konnte. Unter Kapitalismus verstand er fortan kein spezielles Geschäftsgebaren mehr, sondern eine „ethisch gefärbte Maxime der Lebensführung", wie sie paradigmatisch in Benjamin Franklins Philosophie des Geizes aufblitzt, die definiert ist durch den als Selbstzweck betriebenen Gelderwerb bei strengster Vermeidung allen Genießens.

ein, die die westliche Zivilisation prägen und heute unter dem Schlagwort der Globalisierung diskutiert werden. Als Kunst wurde von nun an in der Architektur offiziell nur das zugelassen, was den Kurs ihrer Ökonomisierung bestätigte. Dies bedeutete allerdings nicht, dass nun das aus der homogenisierten Architektur ausgeschiedene Heterogene – die verleugnete Ästhetik der Verschwendung – völlig verkam und abstarb. Marginalisiert wie sie ist, vermag sie jedoch nur mit Hilfe einer Theorie rekonstruiert und aktualisiert werden, die sich dem Verhängnis einer restlosen Identifizierung von Architektur und Zweckrationalität zu entwinden trachtet.

Architekt und Mönch

Die Suche nach der Ästhetik des Heterogenen erfordert einen Spürsinn, über den die traditionelle Architekturtheorie nicht verfügt. Im 20. Jahrhundert war es der von der modernen Architektur gemiedene Surrealismus, der eine Spurensuche provozierte, die von den ausgetretenen Pfaden abzukommen suchte. So sprach beispielsweise Bataille von einer „verlangsamten Aufmerksamkeit", deren Karriere im *dérive* der Situationisten gipfelte.[4] Es handelt sich hierbei um eine Form der Meditation, die die Aufnahmefähigkeit für das Ungebräuchliche und Unschickliche erhöht. Eine Meditation, die sich selbst in den Zustand zu versetzen sucht, in den sie Kunst und Wissenschaft zu locken trachtet, damit Theorie und Praxis zur Ketzerei befähigt werden. Zugleich gilt es die „Entwendung" der Architektur im Zeichen der okzidentalen Rationalität zu ermessen und dabei ein Bewusstsein für die Gewalt auszubilden, die sich das Bauen selbst im Namen einer auf Sparsamkeit und Nützlichkeit aufbauenden Ethik antut.

Diese Ethik sieht ihr Vorbild im Mönch. Zwischen ihm und dem puristischen Architekten gibt es Gemeinsamkeiten und geteilte Geheimnisse, von denen insbesondere Le Corbusier zu profitieren hoffte. So wie der Mönch seine Phantasie gerade in gesteigerter Askese und Einsamkeit der Sünde öffnet, (die sich ihm in allen Facetten, insbesondere in den verführerischen Farben erotischer Ausschweifungen aufdrängt) so sind auch dem vom Sparsamkeitsprinzip durchdrungenen Architekten, der sich dem „Zölibat" der Formaskese verschrieben hat, die Versuchungen ästhetischer Verschwendung besonders bewusst. Mönch und Architekt trachten beide danach, das Verbotene zu überwinden und bilden doch gerade durch ihre Selbstkasteiung die Fähigkeit aus, sich in besonderer Weise für das Heterogene zu sensibilisieren. An der Geißel des Einsiedlers, an der die grellsten Verführungen zerschellen sollen, misst sich der moralische Panzer der vom Protestantismus geprägten modernen Architektur. Es messen sich aber zugleich an der Dimension der Sünden, die der Mönch flieht, die Auswüchse der Verschwendung, die sich der moderne Architekt verbietet. Umso greller die weißen Mauern Zions strahlten, von denen Adolf Loos schwärmte, desto mächtiger erwachte der Wunsch nach Polychromie...

---

4 Vgl. Guy Debord: Theorie des Umherschweifens, in: *Der Beginn einer Epoche. Texte der Situationisten*, Hamburg 1995, S. 64-67.

In der Phantasie des Asketen findet sich die Welt des Lasters mit ihrem über-
bordenden Reichtum ein, und die Verschwendungsorgien einer verleugneten
Verzierungskunst kommen uns erst in der schmucklosen Architektur der Moderne so recht zu Bewusstsein. Letztere verkörpert noch heute die Porosität
der Grenze, die die okzidentale Rationalität zwischen dem Reich des erlaubten
Homogenen und des unerlaubten Heterogenen aufgerichtet hat. In jedem Verbot schwingt die ständige Verlockung mit, es zu brechen. Die Architektur baut
darum nicht nur Barrieren, sie markiert auch Durchgänge. Riskante Durchgänge wie jenes mächtige, auf dem Meer schwankende Tor, das der Schriftsteller
und „Oberbaumeister" Hans Henny Jahnn seiner Glaubengemeinde Ugrino als
Siegel entwarf.[5] Jahnns Botschaft lautete: dieselbe Architektur, die sich vor dem
unerlaubten Terrain des Heterogenen aufrichtet, um ihre Solidarität mit der
realen Ordnung unter Beweis zu stellen, weckt zugleich die unstillbare Neugier
für das, was sich hinter dieser Grenze verbirgt. Die Aufrichtung und der Fall des
Gebots wachsen im Symbolcharakter des Tores zusammen, das ja nur deshalb
steht, „weil alle Steine auf einmal einstürzen wollen".[6]

Moderne Architektur ist also beides: Agentur des herrschenden Homogenisie-
rungszwangs und Projektionsfläche für die Phantasien des Verbotenen. Das
Zusammenwirken dieser antagonistischen Kräfte hat die traditionelle Architekturtheorie missachtet, da sie nicht begriff, dass die moderne Architektur gerade
aufgrund der Verleugnung des Heterogenen nichts anderes provoziert als ihren
„Sündenfall" – die Abschweifung ins Ornamentale. Das unter dem Gesetz der
Ökonomie stehende Bauen vibriert ja geradezu wider von den Anstürmen un-
bewusster Verschwendungsphantasien. Und so stellt sich natürlich die Frage,
ob das in der Architektur Verbotene nur als Verdrängtes anwesend ist, als jenes
„Abwesende", worüber Peter Eisenman spekuliert,[7] oder ob es nicht zuweilen
unvermittelt zu Tage tritt? Vielleicht dort, wo wir nicht danach suchen?

5 Der ausgezeichneten Habilitationsschrift Reiner Niehoffs über Hans Henny Jahnn verdanke ich
  den Hinweis auf die Verwandtschaft zwischen Batailles Theorie der Überschreitung und Jahnns
  Architekturtheorie, die ebenfalls eine radikale Unterscheidung zwischen dem Reich der Sakralität und der Profanität vornimmt und sich hierzu der Torsymbolik bedient. (Reiner Niehoff:
  Hans Hanny Jahnn. Die Kunst der Überschreitung, München 2001)
6 Heinrich von Kleist: Sämtliche Werke und Briefe. Zweiter Band, hg. v. H. Sembdner, München
  1970, S. 593
7 Peter Eisenman: Moving Arrows, Eros and other Errors. Eine Architektur der Abwesenheit,
  in: ders., *Aura und Exzess. Zur Überwindung der Metaphysik der Architektur*, Wien 1995, S. 89-98

Imperative und elende Heterogenität[8]

Nun ist es ja durchaus so, dass eine unter der Flagge der Homogenität segelnde Baukultur dem Heterogenen auch Platz einräumt. Dies ist aber nur dann der Fall, wenn es sich um repräsentative Bauaufgaben handelt. In Gestalt vergangener *Kult*bauten und ebenfalls in der auftrumpfenden Monumentalität resakralisierter *Kultur*bauten behauptet das Heterogene bis heute sein Bleiberecht in der Architektur. Hierbei handelt es sich freilich nur um eine scheinbare Subversion der Vernunft: um die *imperative Heterogenität* von Bauten, die mit einem „Verschwendungsetat" ausgestattet wurden. Sie allein dürfen aus dem bürgerlichen Sparsamkeitsgebot spektakulär ausscheren, um mit imponierendem Gestus die Ernüchterungen, die mit dem Prozess der Rationalisierung notwendig einhergehen, vergessen zu machen. Zu diesem Zweck wird dem aus kulturkritischer Perspektive diagnostizierten Sinnverlust der Moderne das „Pathos der Erhabenheit" gegenübergestellt, mit dessen unmäßiger Steigerung der Faschismus und der Stalinismus die ramponierten Volksseelen wieder aufrichten wollten.

Dieser imperativen Heterogenität und ihrer ideologischen Feigenblattfunktion steht die *elende Heterogenität* gegenüber, die für ideologische Dienste untauglich ist. Das elende Heterogene ist *das Andere*, das sich den Vereinnahmungen der von der zweckrationalen Vernunft beherrschten „realen Ordnung" entzieht. Die Kraft, aus der sich solche Verweigerungshaltung speist, potenziert sich in der Gewalt, mit der sie aus der homogenisierten Welt ausgeschlossen wird. Das Andere ist das unbegriffen Heterogene, das den Menschen an die ihm entfremdete äußere und innere Natur kettet. Es ist wie eine offene Wunde, die im Prozess der Zivilisation vernarbt: die hässlich pulsierende Narbe auf dem zu steriler Schönheit mortifizierten Antlitz einer homogenisierten Kultur. Eine Architektur, die von der lebendigen Hässlichkeit des Heterogenen nicht zu träumen wagt, wird sich nie der Diktatur des toten Steins zu widersetzen wissen.

Die entstellende Vernarbung liegt als Fluch über dem vernünftigen Leben, das sich einer vorsorgenden Ökonomie unterwirft und das Überleben des planenden Verstandes mit dem allmählichen Absterben der Lebensfreude bezahlt. Bevor aber Überlebenskampf und Tod konfigurieren und die Architektur das Leben verleugnet, das sie ja im Gegenteil schützen und ermöglichen soll, scheint eine Art Mechanismus in Kraft zu treten: eine prästabilierte Harmonie zwischen den abtötenden und vitalen Kräften der Zivilisation. Vor dem völligen Absterben unserer Lebensgeister, bevor wir selbst und unsere Werkzeuge und Gegenstände dem Nützlichkeitsprinzip unterworfen werden, treten uns die

---

8 Bataille unterschied zwei unterschiedliche Heterogenitäten: „eine hohe, vornehme, erhabene und im weiteren ‚imperativ' genannte und eine niedrige, ‚elende' Heterogenität. Imperativ heterogen sind Menschen oder Dinge, die wie sakrale Personen oder Objekte behandelt werden: der Monarch, der militärische Befehlshaber, der Priester oder auch der faschistische Führer. (...) Niedrig heterogen dagegen sind Menschen oder Dinge, die Abscheu, Ekel, Widerwillen hervorrufen; die zwar auch unberührbar sind wie das erhabene Sakrale, aber so, wie der Verbrecher, der Verrückte, der Perverse von der Normalität abgespalten ist." (Niehoff S. 152)

Werke der imperativen Heterogenität vor Augen und öffnen die Pforten zu den Kathedralen der entzauberten Welt. Die elende Heterogenität hingegen öffnet die Wunde, die das sich verschwendende Subjekt dem beschädigten Leben in der realen Ordnung schlägt. Eine Architektur, die ihr folgt, spiegelt die Verausgabung wider, die sich im Wälzen und Auftürmen schwerer Steine bezeugt, dem spielende Kinder und Jugendliche so gern nachgehen – und zwar um so lieber und ausdauernder, desto sinnloser ihren Eltern dieses Tun dünkt.[9]

Auf der Schattenseite

Stellt sich die Frage, ob es auch erwachsene Architekten gibt, die der elenden Heterogenität Ausdruck zu verleihen wissen? Immerhin können wir uns ein Bild über ihre Aufenthaltsorte machen, wo das Gespräch über das Bauen vom Pfad der Tugend abweicht. Es sind die Schattenseiten der Architektur, die wir aufspüren müssen, ihre Rückwände, die kaum einer so sorglos zu missachten wusste wie Palladio; es sind die verborgenen Winkel und Nischen, in die sich abseitige Gedanken einnisten – die Kellerräume, Grüfte und Kerker Piranesis, die der Aufenthaltsort verschwiegener Träume sind. Und es sind die realen Orte, in denen die Ausgeschlossenen ihr Dasein fristen – die Gefangenen, Geknechteten, Abgeschobenen. Kurzum, alle geplanten und ungeplanten Orte erlittener und ausgeübter Gewalt, die nur wenig dazu geeignet scheinen, um darin an Architektur zu denken, geschweige denn, um darin Gebäude und Städte zu konzipieren und zu zeichnen.

So gibt es also die offiziell praktizierte und an unseren Hochschulen gelehrte Architektur, die das gesellschaftliche Verbot des Heterogenen vollstreckt, das sich der Autorität einer Vernunft entzieht, die erst im Akt der Ausschließung das Ausgeschlossene als ein Heterogenes, das auf eigene Rechte pochen kann, bewusst macht. Die offizielle Architektur ahmt die Gewalt nach, mit der die Gesellschaft das von ihr Geächtete bekämpft, doch modelliert die bauliche Gestalt dieser Gewalt zugleich an der Projektion des Verfemten mit, das zugleich Widerhall und Opfer der Brutalität ist, die es unterdrückt. Die homogenisierte Architektur ist die Hebamme des Heterogenen. Und wie eine Hebamme für die Aufzucht des Kindes, dem sie auf die Welt geholfen hat, nicht verantwortlich ist, so wendet sich die offizielle Architektur von ihrem verfemten Teil ab, den sie evoziert.

Keine Kunst hat die Kumpanei mit dem fortschrittsoptimistischen Zeitgeist der Moderne so weit getrieben wie die Architektur. Gebunden an ihren konstitutiven Gebrauchscharakter und an die Entwicklung der Technik begab sie sich in die Flucht nach vorn und zelebrierte ihren Avantgardismus als Aufbruch in

---

9 „Es ist eine Liebe zum Stein, die so ungewöhnlich ist, dass sie dem 12-jährigen Schelten und Beanstandungen einbringen musste. Große Teile der verfügbaren Jugendzeit hat Jahnn damit zugebracht, riesenhafte Steine zu suchen, zu ergraben und zu transportieren." Aus dieser Lust an der Qual leitete Jahnn das Programm der Religionsgemeinschaft Ugrino ab, die sich in der gemeinsamen Verausgabung am Stein konstituieren sollte. (Vgl. Niehoff S. 79)

die Sachlichkeit. Während die autonomen Künste in kritischer Distanz zu den gesellschaftlichen Modernisierungsprozessen verharren konnten, glaubten die „linken" Architekten ihre Progressivität gerade durch restlose Identifizierung mit der Ausmerzung des Heterogenen und dem völligen Verbot des Ornaments unter Beweis stellen zu müssen. Einige jedoch entwickelten ein feines Gespür für das Verfemte: die wenigen Versuche seiner Kristallisation, die ihm im Werk Finsterlins, Constants, Friedrich Kieslers oder John Hejduks vergönnt waren, können es durchaus mit der Radikalität eines Piranesi aufnehmen.

Die Popularität homogenisierter Architektur und mehr noch der suggestive Charme von Bauwerken, die dem Prinzip der imperativen Heterogenität frönen, finden bis heute ihren entscheidenden Rückhalt im Eindruck der Vollkommenheit, den sie erwecken möchten. Sie steht im Bann des Wunsches, Gebäude nicht nur bezugsfertig zu erstellen, sondern als abgeschlossene Kunstwerke zu präsentieren. Der Kunstanspruch, der einem Bauen, das dem Rationalitätsprinzip gehorcht, mehr und mehr abhanden kommen musste, wurde mit Hilfe der Vollkommenheitsdoktrin in die Moderne hinein verlängert. Deren Autorität richtete sich mit Hilfe der Behauptung der Abgeschlossenheit auf, damit also, dass einem fertigen Bauwerk nichts mehr hinzugefügt werden kann, ohne seine vernünftige Ordnung zu erschüttern. Die Apologeten der Abgeschlossenheit, die modernen Erben des Klassizismus, fürchten darum nichts mehr als die Veränderungen, die sich mit dem Alltag in ihre Gebäude schleichen könnten, während die Fürsprecher der elenden Heterogenität auf dem Prozesscharakter der Architektur beharren.

Kurt Schwitters *Merzbau* demonstriert, dass sich das Heterogene verschleudert und verschwendet. Es wirft sich fort, um die Welt zu gewinnen, und spiegelt auf diese Weise ein Stück virolenter Erotik, subversiver Phantasie und exzessiver Gestaltungslust wider. Die Verwandlung der Architektur in einen Prozess ohne ökonomischen Nutzen intendiert als *work-in-progress* die ästhetische Verausgabung und dichtet sich so gegen den Auftrag ab, die herrschende Ordnung zu versteinern. Die Verschwendung materieller Besitztümer, die das Bauen im Zeichen resakralisierter Monumentalität bezweckt, verkehrt sich dort, wo die Forderung der Vollkommenheit nichts gilt, in *die Verschwendung geistigen und emotionalen Reichtums.*

Verschwenden und vergeuden

Georges Bataille, der die Theorie der Verausgabung im Rahmen seiner „allgemeinen Ökonomie" entwickelte, mit der er die moderne, auf Verzicht und Vernunft gegründete Ökonomie der bürgerlichen Welt attackierte, hat darauf hingewiesen, dass der Begriff der Poesie „als Synonym von Verschwendung angesehen werden" könne. In der Kunst und gerade in den materiell anspruchslosen Disziplinen wie der Poesie verschwende sich der Mensch, der sich in ihren Dienst stelle. „Sie verurteilt ihn zu den trügerischsten Aktivitäten, zu Elend, Verzweiflung, zur Jagd nach flüchtigen Schatten, die nur Taumel oder

Wut hervorrufen können."[10] Mit der Selbstausbeutung des Dichters geht die Tatsache einher, dass die Kosten für die Produktion und Reproduktion von Lyrik kaum ins Gewicht fallen. Nur deshalb ist ja ihr Entstehen an „elenden Orten" denkbar. Zu diesem Umstand passt, dass der protestantischen Verzichtsethik die „Lust am Lesen" wie auf den Leib geschneidert scheint, denn auch der Konsum von Literatur ist vergleichsweise preiswert und ihr stiller Genuss bringt den Leser selten um seine Fassung.

Anders die Architektur – sie kostet viel Geld und gehörte, sofern es sich um die Errichtung von Prachtbauten handelt, immer schon in den Bereich der „unproduktiven Ausgaben", die „ihren Zweck in sich selbst haben."[11] Tatsächlich galt über Jahrtausende hinweg, dass sich die Architektur vom bloßen Bauen eben deshalb unterschied, weil sie sich verschwendet. Erst die moderne Architekturtheorie wechselte die Fronten und frönt bis heute einer (in Grenzen liberalisierten) Sparökonomie, deren prominentestes Sprachrohr Adolf Loos war. Er deutete die Zivilisationsgeschichte als Prozess eines ökonomischen Handelns, bei dem es um die Minimierung der Arbeit und Konsumtion in allen Bereichen geht, die der materiellen Reproduktion des Lebens gewidmet sind. Hierzu rechnete er auch die Architektur, die er zuvor aus dem Reich der Kunst verbannt hatte.

In der bürgerlichen Gesellschaft wurde die Baukultur unters Gesetz der Sparsamkeit gestellt. Das, was die Architektur unwiderruflich an die Ökonomie der Moderne bindet, ist das Verbot, Arbeitskraft und Material durch rückständige Bauweisen und überflüssige Verzierungen zu verschwenden. Prägte Bataille das Zauberwort der Verausgabung, sprach Loos von Vergeudung, um in der wirtschaftlich rückständigen Donaumonarchie ein Bewusstsein für effiziente Arbeit zu fördern. Die Moderne produzierte so den Widerspruch zwischen einer zivilisationsskeptischen Verschwendungsökonomie und einer fortschrittsoptimistischen Sparsamkeitsökonomie, die mit der Rede vom „Entfernen des Ornaments aus dem Gebrauchsgegenstand"[12] eine kulturelle Praxis zu widerlegen suchte, die sich an den Produkten überflüssiger Mühsal ergötzt. Hob Bataille den lustfeindlichen Charakter rationalisierter Tätigkeiten hervor, feierte Loos die Würde einer gestalterischen Arbeit, die sich nicht an Kunst und Kitsch vergeudet, und wertete dies als zivilisatorischen Fortschritt.

Für ihn und die nachfolgenden Generationen öffnete die Verwandlung der prächtigen Repräsentationsobjekte der Vergangenheit in die funktionalen

---

10 George Bataille: Die Aufhebung der Ökonomie, München 2001, S. 15
11 Bataille a.a.O. S. 12
12 Dass die Entfernung des Ornaments aus Architektur und Alltag nicht nur ein kulturelles, sondern vor allem ein Gebot der bürgerlichen Ökonomie darstellt, erhellt die Begründung: „Ornament ist vergeudete arbeitskraft und dadurch vergeudete gesundheit. So war es immer. Heute bedeutet es aber auch vergeudetes material und beides bedeutet vergeudetes kapital." (Adolf Loos: Trotzdem. 1900-1930, Wien 1982, S. 83/84)

Gebrauchsgüter der Gegenwart das Tor zur Humanisierung des Bauens. Die moderne Architektur sollte die Wohnungsnot bekämpfen, den Alltag erleichtern helfen und sich nur mehr in den Sparten des Denkmals und Grabmals ästhetisch verausgaben dürfen. Und sogar die autonome Kunst, die Loos von den ökonomischen und moralischen Diktaten der bürgerlichen Gesellschaft radikal befreit wissen wollte, geriet zunehmend in den Sog der Forderung nach einer Ökonomisierung ihrer ästhetischen Mittel. Aus diesem Grund hatten die mit Loos befreundeten Komponisten der Schönberg-Schule dem verschwenderischen Klangrausch spätromantischer „Ausdrucksmusik" den Kampf angesagt. Das Diktat der ästhetischen Askese betraf nicht nur die Zweckkünste, es wirkte sich auf die gesamte moderne Kultur aus. Wie die reiche Emotionalität des modernen Subjekts sich hinter der Maske des Gleichmuts verbergen sollte, so hatte sich auch sein materieller Besitz in die eigenen vier Wände zurückzuziehen. Mit seinen Wohnhäusern wollte Loos dieses Programm der Verinnerlichung und Zurückhaltung des Reichtums exemplarisch vorführen. An ihren äußerst sparsam gestalteten Fassaden prallte der neugierige Blick des Passanten ab, dem „die Augen übergingen", sobald er ins Innere gelangte...

Ökonomisierung des Bauens

Die Entzauberung der Baukunst, die ihren Höhepunkt in der funktionalistischen Architektur erfuhr, bereitete sich in der Renaissance vor. Allen voran durch Alberti, der die sakrale, am antiken Tempelbau orientierte Vorherrschaft von Säule, Gebälk und Giebel durch das Primat der Wand ablöste. Die Wand ersetzte in der Architektur italienischer Stadtstaaten die auratische Grenze, die die Antike mit Hilfe der Säulenordnung zwischen der profanen und sakralen Welt aufgerichtet hatte. Ihre vergleichsweise bescheidene Aufgabe bestand in der Unterscheidung jener öffentlichen und privaten Sphären, die für die bürgerliche Gesellschaft konstitutiv werden sollten. Schon für das italienische Stadtpatriziat stand nicht länger die Säulenkolonnade im Mittelpunkt architektonischen Interesses, sondern eine mit Pilastern gegliederte, durch Fenster- und Türöffnungen perforierte Wand, die eine Kommunikation zwischen innen und außen, zwischen der privaten und öffentlichen Sphäre bewerkstelligen sollte.

Standen sich das Sakrale und das Profane in der antiken Kultur als inkommensurable Welten gegenüber, wobei verschwenderisch ausgestattete Kultbauten das Überschreiten der Schwelle, die sich schützend vor den sakralen Bereich legte, aufwendig inszenierten, unterschied der italienische Palazzo zwei Bereiche, die zugleich getrennt *und* verbunden waren und auf diese Weise demonstrieren sollten, dass sie *einer* Welt zugehören. Der geradezu schamlosen Verschwendung von Reichtümern an sakralen Bauwerken trat die Forderung nach einer dosierten Zurschaustellung privaten Besitzes entgegen, der sich mit Hilfe sparsam verzierter Fassaden in einer dem Zusammenleben der unterschiedlichen Stände zuträglichen Weise Ausdruck verschaffte. Die Verwendung des Ornaments stand so bereits bei Alberti unter dem Gesetz einer private Reichtümer akkumulierenden, statt verausgabenden Lebensweise.

Die Rationalisierung des Bauens im Dienst des Sparsamkeitsgebots erlebte ihren ersten Höhepunkt mit Jean-Nicolas Durand, der das Prinzip der Ökonomisierung in seiner ganzen konsequenten Nüchternheit auf die Architektur anwandte, um ihr die ästhetischen Flausen aus dem Kopf treiben. Er tat dies im besten Gewissen desjenigen, der erkannt zu haben glaubte, dass das Nützliche und Wirtschaftliche mit dem Architekturschönen zusammenfallen. Als schön konnte in einer Welt, die die Verschwendungssucht geißelt, nur mehr der sparsamste Gebrauch gestalterischer Mittel akzeptiert werden. Eine Architektur, die sich hieran nicht hielt, galt von nun an als hässlich. Angenehm berührt fühlte sich der Bürger Durand nur mehr von Gebäuden, die mit Schmuck sparten. Die fatale Verwechslung des Schicklichen mit dem Schönen stand am Beginn der modernen Architektur.

Ihre Entkunstung nach den Gesetzen bürgerlicher Ökonomie schwamm auf der Welle jener siegreichen Rationalisierungsprozesse mit, die Max Weber beschrieb. Sie mussten einer Architekturtheorie und -praxis abgetrotzt werden, die sich diesem Prozess energisch entgegenstellte. Der moderne Arbeitsalltag war die Niederung, in die sich eine auf Repräsentationsaufgaben geeichte Baukunst erst hinab bequemen musste, um die auf Verschwendung zielenden Bauaufgaben der Vergangenheit durch jenen Ernst abzulösen, den die Bewältigung moderner Leuchttürme, Gefängnisse, Schlachthöfe und Krankenhäuser etc. erforderte. Die Homogenisierung der Architektur, die Durand im Namen der modernen Rationalität und Ökonomie besorgte, kann selbst schon als ein Akt der Überschreitung gelesen werden, der die Grenzen zur Tiefebene jener Alltagskultur missachtete, die ein auf das Pathos der Erhabenheit gestimmter Architekturdiskurs auszuschließen suchte.

Dass Homogenisierung und Heterogenisierung in einem dialektischen Verhältnis stehen, deutet sich bereits bei Vitruv an: Die römische Zivilisation zeigt im Unterschied zum antiken Griechenland die Rationalisierung und Entsakralisierung der Architektur im Namen des Ingenieurs und seiner gewaltigen Pionierleistungen, die in Gestalt endloser Straßen und Grenzbefestigungen, gigantischer Wasserleitungen und Schwindel erregender Aquädukte den physisch-geographischen Zusammenhalt des römischen Weltreichs stifteten. In der Rastergestalt des römischen Militärlagers blitzt schon die schematisierende Vernunft Durands auf – und doch stand nicht alles römische Bauen im Zeichen der Rationalisierung.

Resakralisierung der Architektur
Hierauf macht uns Piranesi aufmerksam. Sein Werk lenkt in präromantischer Absicht (und in Widerspruch zum Klassizismus, der das Geschäft der okzidentalen Vernunft im Namen einer „weißen Antike" betrieb) den Blick auf die Abgründe Roms. Vergangene Bauwerke, die in Trümmern lagen, monumentalisierte Piranesi zu Artefakten, die ohne Sinn und Funktion rätselhaft und gewaltvoll in die Neuzeit hinüber ragen. Fasziniert von der sich verausgabenden Arbeit Tausender, die einst riesige Steine zu den Monumenten einer überlegenen

Zivilisation türmten, ließ der Italiener die Ruinen-Atmosphäre der heroischen Vergangenheit Roms in seinen Kerkerbildern wieder aufleben. Angesichts der sich in unheimlichen Tiefen verlierenden Gewölbe und Treppenanlagen, in denen das Rasseln von Ketten und das Kreischen nutzloser Räderwerke nachhallt, relativiert sich die Frage, weshalb es keine genuin romantische Architektur gegeben hat, so wie wir von einer romantischen Literatur, Malerei und Musik sprechen. Mögen es auch die Baumeister des 19. Jahrhunderts bei ihrer Suche nach dem Unheimlichen nicht weiter gebracht haben als bis zur Wiederentdekkung der Gotik – in Piranesis Werk finden wir das unübertroffene Vorbild ihrer Bemühungen, der Architektur ihren verfemten Teil wiederzugewinnen.

In Piranesi – *und* seinen illegitimen Kindern, den französischen Revolutionsarchitekten. Demnach wäre Durand ein abtrünniger Schüler Boullées gewesen? Sagen wir es so: er stand zu ihm im Verhältnis von Verzauberung und Entzauberung. Interpretiert man die Entsakralisierung der Architektur als einen neuzeitlichen Prozess der Entzauberung monumentaler Baukunst, die in Durand ihren nüchternsten Vollstrecker fand, dann war sein Lehrer Boullée gewiss ein großer Verzauberer gewesen. Dennoch wuchs Durands Schematismus auf dem Boden, den sein Lehrmeister bestellt hatte. Boullée ist ein Ordnungsfanatiker und typischer Vertreter jener Sekundärtugenden gewesen, die im Zuge der modernen Rationalisierungsprozesse Oberwasser gewannen. Seine Verführungskünste waren die Opiate, mit denen er die rigiden Ordnungsphantasien zu vernebeln suchte, die er zur Grundlage seiner Kunsttheorie gemacht hatte.

Boullées Sympathien gehörten dem Winter.[13] Auf der Suche nach der erhabenen Stimmung, die eine mit Eis, Kälte und Erfrierungstod drohende Jahreszeit verbürgt, entdeckte er die schreckliche Schönheit menschenleerer Monumentalität und veranschaulichte sie mit einer Architektur, die von der Gestaltungskraft des langen Schattens der Wintersonne profitiert. Indem Boullée seine zu platonischen Körpern perfektionierte Architektur in „erhabenen" Schattenreichen aufrichtete, deutete er die Selbstverstümmelung der unter das Rationalitätsgesetz gezwungenen Welt in einen opulenten Todeskult um, den er nicht an eine Glaubensgemeinde adressierte, sondern an ein postrevolutionäres Subjekt, das sich gruseln wollte.

Der Franzose war ein Artist der Illusion und kein Geheimnisverwalter wie Piranesi. Der Abglanz des Heiligen wollte dem Italiener nicht in der Sphäre imperativer Heterogenität erscheinen, nicht in den Pathos-Räumen resakralisierter Architektur, sondern in einer Unterwelt, in der hundert Jahre später der Dichter Baudelaire die *Blumen des Bösen* pflückte. Piranesi war ein Regisseur des Schreckens, während Boullée Strategien der Verführung entwickelte, die bei den Betrachtern seiner Blätter pseudoreligiöse Schauder hervorrufen sollten. Seine Architektur verschwendete sich weniger, als dass sie auf ein Publikum

---

13 Vgl. Étienne-Louis Boullée: Architektur – Abhandlung über Kunst, Zürich u. München 1987, S. 67

spekulierte, das mit Bauwerken überrascht werden sollte, die darauf berechnet waren, von jedem Betrachtungsstandpunkt aus ihre volle Wirkung zu entfalten. Hinzu kam das raffinierte Kalkül einer Lichtregie, die „durch Verminderung des Tageslichts die Seele zur Andacht, zur Buße und sogar zu einem religiösen Schauder inspirieren" sollte.[14]

Mit dem Kampf der Architekten und Ingenieure um die moderne Baukultur ging die Frage nach der ästhetischen Wiederaufrüstung einer der bürgerlichen Sparsamkeitsökonomie unterstellten Architektur einher. Boullée plädierte dafür, das Bauen weiterhin als Kunst zu begreifen, weil es mehr als alle anderen Disziplinen dazu befähigt sei, die moderne Kultur nach dem Vorbild der Natur zu *vervollkommnen*. Durand forderte stattdessen die radikale Rationalisierung der Architektur, um die Zivilisation nach dem Vorbild vorausschauender Planung zu *verbessern*. Aus diesem Grund wurde er zum unnachgiebigen Buchhalter der Architektur und machte das Geld zu ihrer zentralen Kategorie. Seine Idiosynkrasie gegen Verschwendung wurde dem modernen Ingenieur zur zweiten Natur.

Minimalforderung des Bequemen

Fassen wir zusammen: moderne Architektur besteht in dem Anspruch, dass alle Bauwerke, die der Mensch errichtet, zur Baukunst zählen, gleichgültig ob es sich um sakrale oder profane, öffentliche oder private Gebäude, Industrie- oder Verkehrsbauwerke handelt. Es war die unter dem Prinzip der Ökonomie vorgenommene Ernüchterung der Architektur zu einer sämtliche Bauaufgaben der modernen Zivilisation umfassenden Disziplin, die ihren ästhetischen Begriff verengte, ihren politischen Horizont jedoch beträchtlich erweiterte. Zugleich wurde die Forderung nach Schönheit durch das Gebot der Sparsamkeit ersetzt. Die Tendenz, die Architektur darauf zu verpflichten, mit geringen Kosten ein Höchstmaß an Zweckmäßigkeit zu erreichen, schloss von Anfang an den Anspruch auf Arbeitserleichterungen mit ein. Das funktionale Haus sollte die Kosten für Material und Verzierungen minimieren und ebenso die Arbeit, die zu seiner Errichtung aufgewendet werden muss. Und es sollte vor allem die hauswirtschaftlichen und gewerblichen Tätigkeiten erleichtern helfen, die in seinem Inneren verrichtet werden.

Die viel bewunderten Häuser und Gebrauchsgegenstände der im Zölibat lebenden Shaker, die sich einem mühseligen Leben verpflichteten und auf diese Weise den triebfeindlichen Aspekt der protestantischen Arbeitsethik besonders deutlich zum Ausdruck brachten, wurden von den modernen Architekten gerade wegen ihrer Bequemlichkeit geschätzt. Gesteigerte Arbeitsmoral und Bequemlichkeitsforderung gingen mit der modernen Architektur des Bürgertums ebenso einher, wie Luxus und Unbequemlichkeit mit der zu Repräsentationszwecken geschaffenen feudalen Baukultur.

---

14 Boullée a.a.O. S. 80

Das Ziel einer homogenisierten Architektur besteht darin, nicht mehr um ihrer selbst willen angeschaut und bewundert zu werden. Das fragwürdig gewordene Privileg der Verschwendung gebührt in der Moderne nur mehr einem Bauen, das als Anachronismus mitgeschleppt wird – als halbherzige Korrektur der ökonomischen und antiästhetischen Intention moderner Architektur. Führt der Buchhalter bei der Beurteilung eines Gebäudes die Feder, dann ist die letzte Instanz, an die es appellieren kann, bevor es seine Würde vollends verliert, die der Bequemlichkeit. Das Ertränken verschwenderischen Zierrats in der „Wohlbehaglichkeit", die sich der Bürger in seinen vier Wänden gönnt, war die Geburtsstunde der modernen Architektur. Das Bequeme ist das Ventil, durch das sich der Überfluss entleert, den die moderne Sparsamkeitsethik der Architektur vorenthält.

Expressionistische Überschreitung

Laut Werner Oechslin sind sämtliche großen Themen, die in die Theoriediskussionen zu Beginn des 20. Jahrhunderts einflossen, rund hundert Jahre zuvor entwickelt worden.[15] Für das 21. Jahrhundert scheint Ähnliches zu gelten: einerseits findet die Wiederkehr der Architekturtheorie zu ihren wahrnehmungstheoretischen und phänomenologischen Wurzeln zurück, die ebenfalls im 19. Jahrhundert gründen, andererseits scheint sich der Mechanismus zu wiederholen, dass wir uns heute die entscheidenden Impulse für eine Redefinition moderner Architektur abermals von Positionen erhoffen, die vor nahezu hundert Jahren formuliert wurden.

Die den Beginn des 20. und 21. Jahrhunderts charakterisierenden Versuche, das jeweils Neue in Argumenten zu spiegeln, die weit zurückliegen und dennoch unverbraucht sind, unterscheiden sich gleichwohl in einem wesentlichen Aspekt: die Verarbeitung wichtiger Theoriebausteine des 19. Jahrhunderts stand in den Zwanziger Jahren unter einem theoriefeindlichen Stern. Erstaunlich differenzierte Argumente verwandelten sich auf diese Weise in propagandistische Kürzel einer Manifest-Literatur, die von der Behauptung lebte, die Forderungen des Jahrhunderts zuvor seien restlos in Praxis überführbar. In eine Praxis zudem, die ihrerseits nicht theoretisiert werden müsse, sondern nur eines wissenschaftlichen Begleitschutzes bedürfe, den ihr vor allem die Gesellschafts- und Ingenieurwissenschaften gewähren sollten. Noch in den Sechziger Jahren, als die Kritik der Moderne unüberhörbar wurde, glaubte man im Namen einer marxistischen Soziologie den Auftrag der Architekturtheorie in Bausch und Bogen als ideologisch denunzieren zu müssen.[16]

Ganz im Gegensatz hierzu steht uns heute der Sinn nach einer kritischen Reflexion solcher Positionen, die anders als die Programme und Manifeste, in deren

---

15 Werner Oechslin: Gottfried Semper und die Moderne. Gedanken zu einer Umwertung des 19. und 20. Jahrhunderts, Neue Zürcher Zeitung vom 25. Mai 2002
16 Vgl. Jörn Janssen: Verhältnis zwischen Theorie und Praxis in der Bauplanung, in: *Architekturtheorie*, hg. v. d. TU Berlin 1967, S. 153

Schatten sie standen, beanspruchten, als *Kunst und Theorie* ernst genommen zu werden. Bevor wir uns ihnen zuwenden, soll der Diskussion der Ökonomisierung und Resakralisierung der Architektur eine These abgewonnen werden, welche uns bei der Aktualisierung von Konzeptionen unterstützt, die sich der Modellierung elender Heterogenität verpflichtet haben. Im Prinzip scheinen mir zwei Formen der Überschreitung identifizierbar, die beide den Prozess der Homogenisierung der Architektur konterkarieren: 1. die des Ingenieurs, der, insofern er ein Pionier ist, in die Kloaken der Zivilisation hinabsteigt, um den Opfern einer unsozialen Verschwendungsökonomie den Segen des technischen Fortschritts zu bringen; und 2. die des Künstlers, der, insofern er Ketzer ist, die Abgründe der Psyche ausleuchtet, um die Wunden sichtbar zu machen, die das Sparsamkeitsgebot schlägt. Während sich aber der *überschreitende Pionier* den Terrains der Zweckrationalität nähert, verlässt sie der *überschreitende Ketzer*. Zwischen beiden steht der Architekt. Er hält sich auf dem Boden der realen Ordnung auf, die er mit profanen und resakralisierten Bauten bebildert. (Sobald aber auch er durch das verbotene Tor verschwindet, das ihm seine Neugier aufschließt, trifft er auf den Pionier, der den Platz besetzt, den er aufgegeben hat, und erspäht von fern den Künstler, der ihm ins Reich des Heterogenen vorauseilt ...)

Die das Reich der Homogenität überschreitende Begegnung zwischen Architekt, Pionier und Ketzer, die in Boullée, Durand und Piranesi ihre Vorgeschichte hat, fand ihre Fortsetzung im Expressionismus, ohne dass dies bislang in seiner vollen Bedeutung erkannt worden wäre. Der Grund hierfür ist, dass offenbar bis auf Reyner Banham keiner bemerkte, wer im Kreis der Expressionisten in die Rolle des technischen Pioniers geschlüpft war. Hinzu kommt, dass die Baugeschichte die expressionistische Architektur allein unter dem Gesichtspunkt einer wie auch immer bewunderungswürdigen Sackgasse behandelt. Wie sollte diese auch als Ausgangspunkt für Entwicklungen, die in den Surrealismus und weiter bis in unsere Zeit führen, zu begreifen sein, wenn es doch im Bewusstsein der Stilgeschichte gar keine surrealistische Architektur gegeben hat?

Für Banham war der sich im Kreis der Expressionisten bewegende Poet, Science-Fiction-Autor, Pazifist und Bohemien Paul Scheerbart derjenige, der den Überschreitungsmut des Ingenieurs ins 20. Jahrhundert hinüber rettete. Dass der Engländer hellsichtig genug war, in dem deutschen Dichter einen Pionier moderner Technik zu erkennen, hängt mit seiner Sensibilität für die Abhängigkeit der Architekturmoderne von der Entwicklung der Technik zusammen. Ihn empörte, dass die Architekten hiervon profitierten, ohne es in ihrer Theorie zu reflektieren. Spöttisch kommentierte er Le Corbusiers berühmte Definition der Architektur als „korrektes und großartiges Spiel der Baukörper unter dem Licht" mit den Worten: „Was aber passiert nach Einbruch der Dunkelheit? Ehe künstliches Licht massenhaft zur Verfügung stand – sagen wir vor 1890 – wurden Gebäude nachts einfach unsichtbar. Nicht jedoch heute, ja nicht einmal in den zwanziger Jahren. (...) Aber wenn sie nachts sichtbar sind, so ist das der Fall, weil sie Le Corbusiers Behauptung genau umkehren. Sie sind nicht mehr Formen im Licht, sondern Licht in Formen."[17]

Mit solchen Bemerkungen wollte Banham einen Perspektivenwechsel von der konstruktiven zur „nichtkonstruktiven" Ingenieurtechnik einleiten und nannte als einen ihrer größten Pioniere Edison, dessen Forschungen es zu verdanken sei, dass die Elektrizität ökonomisch profitabel wurde. Es fällt nicht schwer zu verstehen, dass die Architekten die Erfolge der Haustechniker als Bedrohung ihrer Kunst empfanden. So musste erst ein Dichter kommen, um sie mit einer Vision zu überrumpeln, die die düstere Lichtregie Boullées ins luftige Reich moderner Elektrizität beförderte. Trotz des dadaistischen Witzes, der sich irritierend über die Radikalität seiner Vorschläge legt, erkannte Scheerbart die ästhetischen Qualitäten des Glases, das dem künstlichen Licht die Form geben sollte, besser als jeder andere. Er scheint geahnt zu haben, dass die Loossche Forderung nach den weißen Mauern Zions bei der Bevölkerungsmehrheit auf großen Widerwillen stoßen werde, während eine weltweite Verbreitung künstlichen Lichts die zur Sparsamkeit erzogene Architektur in Illuminationskörper verwandeln, die ihr den Überfluss einer prächtigen Farbigkeit und Lichtfülle zurück erstatten würden.

Verlebendigung des Bauens heißt bei Scheerbart nicht Freilegung, sondern vollständige Entmaterialisierung der Konstruktion. An ihre Stelle tritt das Glas, mit dem eine Katharsis nicht nur der Architektur, als vielmehr der gesamten europäischen Zivilisation in die Wege geleitet werden sollte. Zumindest im Verständnis Adolf Behnes, der behauptete: „Die Glasarchitektur bringt die europäische Geistesrevolution, sie macht aus einem beschränkten, eitlen Gewohnheitstier einen wachen, hellen, feinen und zarten Menschen."[18] Diese Kraft traute er ihr zu, weil sich Scheerbart die Häuser der Zukunft samt ihrer Inneneinrichtung aus Glas vorstellte, um der ins Gemütliche gesteigerten Bequemlichkeit bürgerlicher Wohnkultur den Kampf anzusagen. Die Überschreitung einer ins Bequeme entkunsteten Architektur sollte die Entwicklung eines ästhetisch hoch sensibilisierten Menschen fördern, der alles ist, nur eben nicht gemütlich. Aus diesem Grund gab Behne mit trotzigem Ausrufungszeichen zu bedenken, die Glasarchitektur bleibe „in einer fast rätselhaften Weise immer primitiv!"[19]

Einem anderen, der erstaunlich tief in die menschliche Seele zu blicken verstand, war es überlassen, die psychologische Primitivität der Glassymbolik herauszuarbeiten: Hermann Finsterlin. Der Überschreitung, die Scheerbart, der Pionier der modernen Haustechnik, vornahm, korrespondiert die Überschreitung Hermann Finsterlins, auf dem im Kreis der „Gläsernen Kette", diesem

---

17 Reyner Banham: Edison, der vergessene Pionier, in: *Architekturtheorie*, hg. v. d. TU Berlin 1967, S. 17/18
18 Adolf Behne: Glasarchitektur, in: Bruno Taut, *Frühlicht 1920-1922*, Frankfurt u. Berlin 1963, S. 13
19 Behne a.a.O. S. 14

geheimbündlerischen Zusammenschluss expressionistischer Künstler und Architekten, das Prädikat des Ketzers am besten zu passen scheint. Seine Zeichnungen und Texte veranschaulichen auf idealtypische Weise die *archaische Matrix des Ödipus-Komplexes*.[20] In Anlehnung an Bruno Taut, der als Architekt der kristallinen Stadtkrone zwischen ihm und Scheerbart stand, interpretierte Finsterlin die heterogene Architektur der Expressionisten als „unendliche Möglichkeit gruppenseelischer Ausgestaltungen", als ein „Zyklopennest", in dem „man sich nicht nur als Insasse einer märchenhaften Kristalldruse fühlen (wird), sondern als interner Bewohner eines Organismus, wandernd von Organ zu Organ, ein gebender und empfangender Symbiote eines fossilen Riesenmutterleibes."[21]

Es wundert uns nicht, dass der in diesen Riesenmutterleib zurück gekrochene „Symbiote" auf Glasböden wandelt, zwischen Möbeln, die sich aus transparenten Wänden heraus blähen. Dem Fötus eines Beuteltieres gleich, versucht er sich in eine merkwürdig unwirtliche Höhle zu kuscheln, die Finsterlin mit dem „Saftdom eines Gallwespenbabys" verglich. Ihm wird nicht völlig verborgen geblieben sein, dass seine Ketzerei eine grandiose narzisstische Regression darstellte. Daher mag sich kaum einer als Verräter gefühlt haben, der seinen Glasraum im Wohnungsbau der Zwanziger Jahre ertränkte. Die Architekten verabschiedeten sich leichten Herzens von der expressionistischen Utopie in einen Brotberuf, der das farbensprühende Kristall in bunte Hausfassaden zu überführen versprach.

Surrealistische Synthesis
Hierbei blieb freilich die Frage offen, wie jenseits der Baupraxis für das Existenzminimum das gläserne Organ und die imperative Heterogenität der zur Kathedrale resakralisierten Stadtkrone in einer weiterführenden Überschreitung von ihrem regressiven Charakter erlöst werden könnten. Zu diesem Zweck musste die expressionistische Utopie, deren negative Aspekte in Jewgeni Samjatins Roman *Wir* (1920) unverblümt hervortraten, von ihrem Fetischcharakter befreit und die Kunst der gläsernen Erstarrung in ästhetisches Verhalten „verflüssigt" werden. Diese Aufgabe machten sich der holländische

---

20 Während Freud die Zumutung, allzu tief in archaische Seelenzustände hinabsteigen zu müssen, mit den Worten Schillers abwehrte, „es freue sich, wer da atmet im rosigen Licht", baut die Arbeit der französischen Psychoanalytikerin Chasseguet-Smirgel auf der Annahme archaischer Triebregungen auf. Ausgehend von Melanie Kleins Erkenntnissen über frühe Stadien des Ödipuskomplexes und über die auf den Mutterleib gerichteten sadistischen Phantasien des Kleinkinds stellt sie die Hypothese auf, „dass es einen primären Wunsch gibt, eine Welt ohne Hindernisse, ohne Unebenheiten und ohne Unterschiede wiederzuentdecken, eine völlig glatte Welt, die mit einem seines Inhalts entleerten Mutterleib identifiziert wird, einem Innenraum, zu dem man freien Zugang hat." Diesen unbewussten Wunsch nach einer Rückkehr in den Mutterleib bezeichnet Chasseguet-Smirgel als die „archaische Matrix des Ödipuskomplexes". (Janine Chasseguet-Smirgel: Zwei Bäume im Garten. Zur psychische Bedeutung der Vater- und Mutterbilder. Psychoanalytische Studien, München u. Wien 1988)
21 Hermann Finsterlin: Innenarchitektur, in: Bruno Taut, *Frühlicht 1920-1922*, Frankfurt u. Berlin 1963, S. 107

Maler Constant und der in die USA emigrierte Architekt Friedrich Kiesler zueigen. In ihrer Person wurde die Unterscheidung von Ingenieur und Künstler, die sich schon im Expressionismus aufzulösen begann, vollends gegenstandslos. Die Richtung ihrer Überschreitung lässt sich darum nicht leicht bestimmen. Gerade Constant scheint sowohl den Kurs des technischen Pioniers, wie den des ästhetischen Ketzers aufgenommen zu haben.

Diese Janusköpfigkeit charakterisiert auch sein Projekt *New Babylon*, das je nach dem Blickwinkel, den man wählt, *entweder* in die kalte Monstrosität der städtebaulichen Modelle und in die subversive Kraft der Gemälde zu zerfallen droht, die dem Projekt gewidmet sind, *oder* aber als eine Synthese antagonistischer Kräfte verstanden werden kann, die sich notwendiger Weise in Modellen und Bildern unterschiedlich darstellen musste. Gleichwohl sind es insbesondere die Gemälde des Werkzyklus *New Babylon*, aus denen die elende Heterogenität ebenso überzeugend wie aus Piranesis Kupferstichen hervor blitzt. Ihre Tiefenwirkung übertrifft bei weitem die der Modelle, wobei sich die monumentalen Treppenskulpturen der *carceri* zu einem Meer hoher Leitern verflüchtigen, an denen Schattengestalten kleben, die merkwürdig zerfleischt scheinen, als habe Francis Bacon den Pinsel geführt.

Glas ist in *New Babylon* nur als Zerbrochenes denkbar. Constants monströse antiurbane Stadtapparatur scheint trotz ihres kalten Technizismus eine alttestamentarisch Opferstätte zu sein, durch die der Wind pfeift. Die Nägel, die in den Modellen die Menschenmassen symbolisieren, und die Schwarzalben der Gemälde, die dem kollektiven Menschen die Würde der Individuierung erst wieder im Schattenreich des Hades zubilligen wollen, bringen der Göttin der Vernunft, die der Erbauer *New Babylons* anbetet, das Opfer des Fleisches und der Fleischeslust dar. Ein Bild des elenden Heterogenen ist das Ganze dennoch, weil dieses Opfer nicht verschmäht wird. Im Gegenteil: *New Babylon* ist eine Verschwendungsorgie der sich in Material und Konstruktion auflösenden Entleibung des Menschen.

Kiesler führt uns auf einen anderen Pfad. Seine konsequentesten Projekte bieten nicht länger das Abbild, sondern die Aktion der Überschreitung selbst. Der Wunsch nach einer Verlebendigung der Architektur weicht weder in den Überfluss noch in den sparsamen Gebrauch von Ornament, Material oder Konstruktion aus. Bei Kiesler liegt die Betonung auf der Verausgabung des Architekten in nutzloser Mühe. Nutzlos ist sie und damit außerhalb der realen Ordnung, weil es sich um eine rein ästhetische Arbeit handelt, und weil diese Arbeit kein Ende findet. Sie ist weder zweck- noch zielgerichtet, sie erkennt sich in keinem Endprodukt wieder, sondern allein im Prozess. Das *endless house* entreißt die Architektur einer Ökonomie, die von einem in Material- und Arbeitszeitkosten zerlegbaren Bauwerk ausgeht. Auch die luxuriöseste Verschwendung ist unter dem Gesichtspunkt sparsam zu nennen, als sie fest mit der Fertigstellung des Bauwerks rechnet und also ein Ende nehmen wird. Erst wer dieses Ende leugnet, betritt das Reich der grenzenlosen Verausgabung, die jedes Sparen negiert.

Und noch etwas kommt hinzu: Im endlosen Prozess der Selbstverausgabung verwandelt sich die Distanz, in der die Geld verschwendende Geste zum luxuriösen Bauwerk steht, in die Intimität des Künstlers zu seinem Objekt. In der ständigen Um- und Weiterformung wird permanent überflüssige Arbeitskraft als Energie an es weitergegeben. Lebendig wird es, weil es ständig wächst und sich verformt. Es kommt so zu einer Mimikry zwischen Mensch und Ding, zu einer Verflüssigung der Grenze des Lebendigen und Leblosen. Schwärmte Finsterlin vom künftigen Leben im Mutterbauch, verschwand Kiesler im Körper seines *Bucephalus*. Planung und Realisierung fallen in der sich ständig wachsenden und verformenden Architektursklptur zusammen. Diese verweigert sich nahezu in allen Aspekten der kapitalistischen Ökonomie, so wie die unablässig gestaltende Hand gegen ihre Instrumentalisierung durch „nützliche Arbeit" aufbegehrt.

Was ist Reichtum?

Den Abschluss meiner Überlegungen bildet der Versuch, die „allgemeine Ökonomie" Georges Batailles, die den Begriff des Heterogenen auf die Architektur anwenden half, und die „allgemeine Systemtheorie" Richard Buckminster Fullers, die mich dazu überredet hat, auch und gerade im Ingenieur den „Überschreiter" zu erkennen, als komplementäre Positionen zu lesen. Dies geschieht mit dem Ziel, die Theorie der heterogenen Architektur in eine Reflexion einmünden zu lassen, die eine wichtige Tendenz aufgreift. Gemeint ist die Tendenz einer Auflösung des Widerspruchs zwischen Technik und Kultur, der das Bauen ebenso wie unsere Gesellschaft insgesamt daran hindert, in der Moderne anzukommen.

Bataille und Fuller, deren gegensätzliche Herkunft sich in ihren getrennten Leserschaften spiegelt, die nichts voneinander wissen wollen, stimmten beide darin überein, dass die entscheidende Frage der Moderne „Was ist Reichtum?" laute. Noch überraschender aber ist, dass der französische Bibliothekar und der amerikanische Designer völlig unabhängig voneinander die gleiche Antwort darauf gaben: Reichtum sei überschüssige Energie.[22] Obschon Fullers und Batailles Begründungen immer noch brisant sind, geht es im Folgenden weniger um deren Aktualität als um ihre Konkordanz. Hieran knüpft sich die Erwartung, dass die begehbaren Brücken zwischen Kunst und Technik,

---

22 Fuller notierte 1969: Da „gegenwärtig weder die Politiker noch die Bankiers der Welt wissen, was Reichtum ist", beherrscht die Frage ’was ist Reichtum?‘ all unsere Überlegungen, bis wir erkennen: „Reichtum ist unsere organisierte Fähigkeit, die Umwelt effektiv zu meistern", eine Umwelt, die sich aus physischer und metaphysischer Energie zusammensetzt, die verschwendet, nicht aber erschöpft werden kann. „Alles in allem kommen wir zu dem Ergebnis, dass der physische Bestandteil von Reichtum – Energie – nicht abnehmen kann und dass sein metaphysischer Bestandteil – Know-how – nur zunehmen kann. (...) Das bedeutet, dass Reichtum nur anwachsen kann." (Richard Buckminster Fuller: Bedienungsanleitung für das Raumschiff Erde und andere Schriften, hg. v. Joachim Krausse, Dresden 1998, S. 72 ff.). Bereits 1946 schrieb Bataille: Reichtum sei im wesentlichen Energie, die „Grund und Zweck der Produktion" sei. Und ähnlich wie Fuller den Energiereichtum für unerschöpflich hielt, so war Bataille der Auffassung, dass die Summe produzierter Energie stets größer sei „als die Summe, die notwendig war für die Produktion". (Georges Bataille: Die Aufhebung der Ökonomie, S. 289)

Kultur- und Naturwissenschaften längst gebaut sind und dass die Aufgabe der Architekturtheorie darin besteht, sie zu entdecken.

Der ketzerische Impuls, der die beiden ungleichen Persönlichkeiten antrieb, nährte sich aus ihrem Außenseitertum zum etablierten Wissenschaftsbetrieb. Die Definition der Bataille'schen Ökonomie und der Fuller'schen Systemtheorie als „allgemeine" spekulierte auf die Überwindung spezialisierten Wissens und Handelns, dass die Moderne im ganzen überschattet. Beide verurteilten sie, dass die Wissenschaftler durch ihr Expertentum im Ghetto eng umgrenzter Fachdisziplinen gefangen gehalten werden. Ihr Know-how vermag sich nicht zu einem Wissen zu entwickeln, das über die Lösungen spezifischer Probleme hinaus auf die drängenden Probleme der Welt reflektiert. Die „allgemeine Theorie" tritt daher mit dem Anspruch auf, die isolierten Disziplinen zusammenzuführen und zugleich die Dichotomie von Vernunft und Sinnlichkeit zu überwinden.

Während Fuller bereits mit dem Begriff Systemtheorie ein interdisziplinäres Aufgabenfeld erschloss, dass von keiner Einzelwissenschaft dominiert wird, verließ sich Bataille in guter marxistischer Tradition auf die Ökonomie, der er zutraute, das verstreute Expertenwissen seiner Zeit zu vereinigen. Doch spitzte er seine Theorie nicht auf eine Alternative zur bürgerlichen Nationalökonomie zu, sondern errichtete sie auf einem breiten Fundament kulturwissenschaftlicher Einsichten. Und weil er die Vielfalt der Lebenswelt über die eindimensionale Wirtschaftsrationalität des Kapitalismus stellte und der Produktion die Konsumtion überordnete, in deren Perspektive „ein Menschenopfer, der Bau einer Kirche oder das Geschenk eines Juwels nicht weniger interessant sind als der Verkauf von Getreide",[23] fühlte er sich dazu berechtigt, von einer allgemeinen Ökonomie sprechen zu dürfen.

Neue Entdeckungen in der Ethnologie gaben Bataille Argumente an die Hand, dass in vormoderner Zeit und bei einigen außereuropäischen Völkern die Konsumtion Vorrang hatte vor der Produktion. Seine Beschäftigung mit der Biologie überzeugte ihn außerdem davon, dass die Krise der modernen Gesellschaft mit Naturprozessen erklärt werden könne. Die Analogie des natürlichen und des ökonomischen Wachstums sah er in der elementaren Tatsache begründet, dass „der lebende Organismus dank des Kräftespiels der Energie auf der Erdoberfläche grundsätzlich mehr Energie erhält, als zur Erhaltung des Lebens notwendig ist. Die überschüssige Energie (der Reichtum) kann zum Wachstum eines Systems (zum Beispiel eines Organismus) verwendet werden. Wenn das System jedoch nicht mehr wachsen und der Energieüberschuss nicht gänzlich vom Wachstum absorbiert werden kann, muss er notwendig ohne Gewinn verloren und verschwendet werden, willentlich oder nicht, in glorioser oder in katastrophischer Form."[24]

---

23 Bataille a.a.O. S. 35
24 a.a.O. S. 45

Es sind also gerade die Grenzen des Wachstums, die das Phänomen der Verausgabung erzwingen. Die bittere Erfahrung, dass die Verschwendungsorgien des 20. Jahrhunderts in den katastrophalen Formen zweier Weltkriege stattfanden, gab der Generation von Fuller und Bataille ihr politisches Profil. Beide erkannten, überschüssige Energie berge ein immenses Gefahrenpotential und ebenso große Hoffnungen. Laut Bataille steht Energie immer dann zur Verfügung, wenn die Wachstumskräfte, die sie absorbierten, an ihre Grenzen stoßen. Energieüberschuss ist das Resultat abgeschlossenen Wachstums. Die Kreativität, die hierdurch freigesetzt wird, löst sich von ihrem biologischen und ökonomischen Zweck, sie lässt Natur und Kultur erblühen „und demonstriert fortwährend ihre nutzlose Herrlichkeit". Heterogene Architektur wäre also Ausdruck einer den Frondiensten des natürlichen Wachstums und der Kapitalakkumulation entronnenen Energie. Aus ihr, prognostizierte Bataille, speise sich die wahre Souveränität des Menschen, die nur in Augenblicken der Ekstase und im Rausch zurück zu gewinnen sei.

Energie ist eine ambivalente Macht, in der gewaltige konstruktive *und* destruktive Potentiale schlummern. Sie ist ein Geschenk der Sonne, die für den überschüssigen Energievorrat der Natur sorgt. Die Sonne verschwendet sich an die Erde, sie tankt das *spaceship earth* ständig auf, ohne dies in Rechnung zu stellen. Ihre „Ökonomie" repräsentiert in Batailles Theorie das, was Fuller das „größte System" nannte, das keinem anderen subsumiert werden kann. Und so wie Fuller und Bataille in der Letztbegründung ihres Denkens übereinstimmten, so teilten sie ihre Bewunderung für die solare Energie. Betonte der Amerikaner bereits 1938, die Quelle aller Kräfte, die der Mensch nutzt, sei die Sonne, formulierte der Franzose nur wenige Jahre später: „Der Sonnenstrahl, *der wir sind*, findet am Ende die Natur und den Sinn der Sonne wieder: er muss sich verschenken, *sich ohne Berechnung verlieren*."[25]

Architektur muss brennen

Scheerbarts Lichtreligion kehrt in der „fröhlichen Wissenschaft" Batailles als Feier des Sonnenfeuers wieder, das sich grundlos verschwendet und damit ein Naturgesetz zum Ausdruck bringt, das die bürgerliche Sparsamkeitsökonomie als Absurdität entlarvt und ebenso die ihr zugrunde liegende pietistische Moral, die verleugnet, dass die sexuelle Aktivität „die Tätigkeit der Sonne fortsetzt".[26] In der Nachfolge Max Webers machte Bataille den Protestantismus verantwortlich für die ethische Rationalisierung, die das „natürliche" Prinzip der Verschwendung durch das Gebot des Geizes ablöste. Während aber der Soziologe diesen Prozess „nur" verstehen und erklären wollte, verurteilte ihn der Philosoph als eine Entzauberungsstrategie, die den Menschen um die Möglichkeit seiner ekstatischen Selbstüberschreitung beraubte und das Band von Religion und Ökonomie durchschnitt.

---

25 a.a.O. S. 291
26 Ebenda

Die Suche nach den Erfahrungen des verloren gegangenen Heiligen im Heterogenen bekehrte Bataille zu einem modernen Sonnenkult, zu dessen Jüngern wir auch Fuller zählen dürfen. Doch gehörte er einer anderen Kaste an: war Bataille ein aztekischer Priester, der den Überfluss der Sonnenenergie pries, widmete sich Fuller, dieser „Fool on the Hill", dem Problem, wie es uns gelingen könnte, „mehr Strahlungsenergie der Sonne an Bord unseres Raumschiffs einzufangen, als wir verlieren, wenn die Erde Energie abgibt".[27] Suchte der Franzose seine Philosophie mit wenigen naturwissenschaftlichen Erkenntnissen aufzubessern, trachtete Fuller nach einer Methode, das Physische und das Metaphysische als Einheit zu denken, und prägte hierfür den Begriff der Synergie.

Hierunter verbirgt sich die Option auf Praxis. Sprach ich davon, dass der überschreitende Pionier Kurs auf die reale Ordnung nimmt, während der überschreitende Ketzer aus der Praxis desertiert, und behauptete ich zudem, dass dem Ingenieur die Idiosynkrasie Durands gegen Verschwendung zur zweiten Natur wurde, gilt es nun eine Differenzierung vorzunehmen: *Fuller transformierte das moderne Verbot des Überflüssigen in das Gebot der Wissensvermehrung.* Latent schwang ja in der Sparsamkeitsökonomie immer schon der Gedanke einer Verwandlung von Quantität in Qualität mit. Allerdings handelte es sich hierbei um die Idee eines Qualitätssprungs, der nicht durch eine Zunahme von Quantität, sondern durch deren Abnahme erwirkt wird! Nur so ist Fullers Motto „Mehr mit weniger" zu verstehen, das etwas anderes im Schilde führte als das berühmtere Mies'schen Diktum „Weniger ist mehr".[28] Steht dieses im Banne homogenisierter Architektur, die ihren Purismus mit Fortschritt verwechselt, meint Fullers Motto, dass in Zukunft ein Mehr an technischem und humanem Fortschritt nur durch ein Weniger an Kraftaufwand zu erreichen ist. Insbesondere durch eine radikale Reduktion der immensen Mühen, die aufgeboten werden, um die nicht erneuerbaren Energien der Erde auszubeuten.

Fuller wollte die bürgerliche Ökonomie durch eine Praxis ersetzen, die reflektiert, dass wahrer Reichtum in der Zunahme von Wissen besteht. Für ihn wie für Bataille war das Verbot der Verschwendung Ausdruck eines selbstzerstörerischen Nichtwissens, das davon ausgeht, die Güter der Erde seien viel zu knapp bemessen, als dass wir uns ihrer ohne Verteilungskämpfe bemächtigen könnten. Statt für die kriegerische Verausgabung des Reichtums plädierte der dionysische Franzose für eine entfesselte Erotik, während der apollinische Amerikaner davon träumte, den gesellschaftlichen Überfluss einer von den Fesseln ihrer Spezialisierung befreiten Vernunft zugute kommen zu lassen, die das Sparsamkeitsgebot der Moderne in eine geistige Konzentrationsleistung verwandelt, um die Bewegungsgesetze des Universums zu entschlüsseln.

Fuller wusste sich in der Tradition des deutschen Astronomen Johannes Kepler, der den Planetenbewegungen auf die Spur gekommen war und auf diesem

---

27 Fuller: Bedienungsanleitung, S. 77
28 a.a.O. S. 234

45

Weg bereits „die tensionale Kohärenz des Sonnensystems entdeckt" hatte.[29] Mit
dieser eigenwilligen Deutung einer Pioniertat, die über 400 Jahre zurücklag, versuchte der Amerikaner das die traditionelle Architektur beherrschende Prinzip
der Kompression bzw. des Tragens und Lastens zu verabschieden, das auf der
Annahme solider Körper beruht. Er ersetzte es durch das *Tensegrity*-Prinzip, das
davon ausgeht, dass sich in der Welt im Großen wie im Kleinen nichts berührt:
Planeten und Atome umkreisen in unvorstellbar großen Abständen ihren Nu-
kleus, gehalten nur durch Gravitationskräfte, deren Geometrie sich Fuller ein
Leben lang widmete. Hierbei stieß er auf die Erkenntnis, dass die besondere
Eigenart der Konstruktionsgesetze der Natur als *Weg des geringsten Widerstands* zu
beschreiben sind, und folgerte, dass sich die größten Wirkungen im Mikro- und
Makrokosmos zumeist auf unscheinbare Ursachen zurückführen lassen.[30]

Fuller sah in der Möglichkeit, mit winzigen Ursachen größte Wirkungen zu er-
zielen, die einzig Erfolg versprechende Strategie, das Verhalten der Menschheit
so zu beeinflussen, dass sie dem Kreislauf katastrophaler Selbstverausgabung
entrinnt. Diese Strategie bestehe zunächst darin, darauf zu verzichten, die Menschen verändern zu wollen. Stattdessen gälte es, nach dem Grundsatz „Mehr
mit weniger" zu verfahren und eine Veränderung der Umwelt in Angriff zu
nehmen, die unser Denken und Handeln in die richtige Richtung lenkt. Aus der
Tatsache, dass die Natur mit ihren Kräften geizt, leitete Fuller die Überlegenheit
seiner Konzepte über die Heilsversprechen moderner Ideologien ab. Er setzte
auf die Entfaltung ungenutzter geistiger Ressourcen und die Entwicklung spar-
samer Techniken, um die zerstörerischen Kraftaufwendungen einzudämmen,
denen Bataille das Ventil der Erotik anbot.

Kleine Nachbemerkung

Zeigt sich eine begehbare Brücke, befürchten wir schon die ersten Risse. Architektur ist immer auch Reparatur und desgleichen ihre Theorie. Auszubes-
sern ist der Übelstand der Bodenlosigkeit, der zu den sichersten Erfahrungen
der Moderne gehört. Und so stehen wir nun am Ende eines Textes, der die
„transzendentale Obdachlosigkeit" (Georg Lukács) der Moderne auf das Bau-
en projizierte, damit sich die kreativen Potentiale der Ketzer und Pioniere vor
dem Hintergrund der schwankenden Grundfesten der Architektur nur umso
überzeugender schildern ließen. Das hat mit Personenkult nichts zu tun. Der

---

29 Joachim Krausse u. Claude Lichtenstein (Hg.): Your Private Sky. R. Buckminster Fuller. Design als Kunst einer Wissenschaft, Baden/Schweiz 1999, S. 408
30 In einem Playboy-Interview erklärte Fuller die Strategie des geringsten Widerstands so: „Stellen Sie sich die *Queen Mary* vor – das ganze Schiff fährt vorbei und dann kommt das Ruder.
   Und da ist am Ende des Ruders ein winziges Ding, das man Trimmklappe nennt. Das ist ein
   Miniaturruder. Bewegt man jetzt diese kleine Trimmklappe, dann bildet sich ein Unterdruck,
   der das Ruder herumzieht. Es braucht überhaupt keine Kraftanstrengung." Joachim Krausse
   kommentiert diese Technik, mit der sich ein riesiger Dampfer lenken lässt, mit den Worten:
   wir haben es hier „mit einer merkwürdigen Kettenreaktion zu tun, in der das schwächste Glied
   zugleich das machtvollste ist. Das zeigt, dass Fuller die Rhetorik und Symbolik der Macht an
   einer entscheidenden Stelle unterläuft." (*Your Private Sky* a.a.O. S. 228/29)

Star ist das Produkt einer Sehnsucht, die ein großes Publikum einigt. Ketzer und Pioniere spekulieren hingegen nicht auf Originalität, um in der Masse aufzufallen, sondern um einer modernen Identität zuzuarbeiten. Wer sie entdeckt, dem kehren sie kurz ihr Antlitz zu, um sogleich wieder unter den Akteuren des Lebens zu verschwinden, *die wir selber sind.*

Populismus
oder: How to become a Famous Architect?

*Becoming a famous architect shouldn't take too long,
but don't expect too much. First, pay a visit to any well
stocked newsagent. Buy one copy of each design
magazine. You will use these to find out what not to do.*

Als Otto Wagner 1896 seinen berühmten Text „Moderne Architektur" publizierte, war sein eigenes Bauen in jenem Jugendstil angekommen, den Adolf Loos mit all seinem polemischen Talent niederringen und bis aufs Messer bekämpfen musste, damit in Wien die Bahn für die moderne Architektur der zwanziger Jahre frei wurde. Die hatte sich bereits in Wagners Text angedeutet, nicht aber in seinen Bauten. Oder verstehen wir hier etwas grundfalsch? Behaupten wir zu Unrecht für die Väter der Moderne eine Diskrepanz des Denkens und Handelns? Es ist doch eine Tatsache, dass sie das Neue wollten, doch hierzu noch nicht über die Mittel verfügten. Erfüllte sich Wagners ehrgeiziger Anspruch, Sempers „Theorien nach oben und unten zu vollenden", nicht erst in Le Corbusiers *Maison Domino?*

Das mag ja der Fall sein, doch kann man genauso beweisen, dass gewisse Gesichtspunkte in Wagners Text, die von seinen Nachfahren erst gar nicht beachtet wurden, weil ihnen andere Themen auf den Nägeln brannten, ebenfalls modern genannt werden dürfen und mit seiner damaligen Baupraxis und seinem Bekenntnis zum Jugendstil bestens korrespondierten. Zu diesen Gesichtspunkten gehört eine Frage, deren Lösung immerhin als „vornehmster Zweck" seiner Schrift bezeichnet wird. Es handelt sich um das Problem, dass ein rundum fähiger Architekt, der über genügend Wissen und Erfahrung verfügt, immer schon zu alt ist, als dass man „jugendlich frische Ideen" von ihm erwarten dürfe. Es sei daher kein Wunder, dass er nicht genügend gewürdigt werde. Schuld daran seien eine veraltete „Formenwelt" und eine „an die Menge gerichtete Sprache, die ihr in den meisten Fällen völlig unverständlich" bleibe.

*Now go to your local remaindered book store. Buy a
copy of a design book with lots of pictures in, ten to
fifteen years old. You will use this to copy your new
designs from.*

Waren Wagners moderne Nachfahren einhellig der Meinung, dass das Problem mangelnder Verständlichkeit durch die Erschaffung eines „neuen Menschen" aus der Welt geräumt werden könne, der sich mit der Ästhetik der Avantgarde voll und ganz identifiziert, griff der Wiener Baumeister bereits Diskussionen vor, die uns erst wieder in den sechziger Jahren begegnen. Er deutete die Diskrepanz von Experten- und Massengeschmack als einen gesellschaftlichen Konflikt, der zwischen Stil und Mode ausgetragen wird. Wagner bemerkte, dass die „moderne Menschheit" mit den Werken der Architekten nicht deshalb Mühe habe, weil sie über keinen Geschmack verfüge, sondern weil sie ihre ästhetischen Urteile aus einer subtilen Auseinandersetzung mit der Mode beziehe, während die Experten ihren Geschmack in akademischen Stildebatten fortbilden. Wagner folgerte: „Dieses erstaunliche Feingefühl der Allgemeinheit in Bezug auf die Mode einerseits, und andererseits diese Gleichgültigkeit betreffs künstlerischer Werke findet seinen Grund im Folgenden: Vorerst ist die Mode das Näherliegende, Leichtfaßliche, leichter zu Beeinflussende, das Vorbereitende des Stils, während der Stil selbst den erstarrten, schwerer zu beeinflussenden und geläuterten Geschmack repräsentiert."

Wagner wollte nicht die „Allgemeinheit" erziehen, wie seine Nachfolger, er suchte umgekehrt vom „erstaunlichen Feingefühl" zu profitieren, mit dem der „Mann auf der Straße" die Entwicklungen in der Mode zu beurteilen und zu beeinflussen weiß. Aus diesem Grund heißt es bei ihm: in der Mode bereite sich der künftige Stil von Kunst und Architektur vor. Wagner war mit dieser Überlegung, die man als eine Vorwegnahme der Partizipationsdebatten der siebziger Jahre lesen kann, deutlich weiter in die Moderne vorgedrungen als Giedion, der noch 1956 in „Architektur und Gemeinschaft" von den Imaginationen des Architekten schwärmte, die der Bevölkerung verloren gegangen seien. Wagner hingegen vermutete die Kraft der ästhetischen Imagination nicht länger bei den Experten, sondern in den Träumen der modernen Großstädter. Er war kein Populist, sondern dachte demokratischer als die gesamte Architektenavantgarde der zwanziger Jahre, die Marx näher stand als Tocqueville. Ja, Wagner war sogar „amerikanischer" noch als Loos und ahnte möglicherweise, dass es in der Moderne zu einer ungeahnten Liberalisierung des Konsums kommen würde, die sich bereits im Jugendstil zart andeutete, um im Zeitalter der Pop-Kultur vehement durchgesetzt zu werden.

> *On the way home, choose a name for your cutting edge design firm. Something punchy, arty, and a little stupid should do. There are not too many rules about this but make sure it doesn't include "urban" or "studio".*

Versteht man den Jugendstil als Vorbote des Pop, verbarg sich im Rekurs auf Volkstümlichkeit ein erster Hinweis auf den Populismus. Dessen philosophischer Urahn ist Rousseau gewesen. Seine Losung „Zurück zur Natur" sollte deutlich machen, dass der Prozess der Zivilisation in eine Sackgasse führt, wenn er sich nicht an den natürlichen Bedürfnissen unverbildeter Menschen orientiert. Soweit das hinlänglich bekannte Plädoyer für Volkstümlichkeit aus dem Munde eines Enzyklopädisten. Weitgehend unbekannt ist, dass Rousseau nicht nur Philosoph und Schriftsteller war, sondern ebenfalls ein Musiktheoretiker und begabter Komponist, der mit seinen Stücken Beispiele für eine unkomplizierte, melodiöse und volkstümliche Musik geben wollte. Mit dem Singspiel „Le devin du village", das von 1753 bis 1829 auf dem Spielplan der Pariser Oper stand, landete er einen großen Erfolg. Man könnte auch sagen, mit ihm bekommen wir eine tief in der Geschichte gründende Wurzel der Pop-Musik zu fassen, der in Jacques Offenbach der erste große Komponist der Straße erwuchs ...

Zugleich wirkte Rousseau wie kaum ein zweiter Philosoph des Zeitalters der Aufklärung auf die moderne Architektur ein. Deren Antiurbanismus ließe sich ohne seine Kulturkritik kaum verstehen. Behauptete Wagner: „das Modernste des Modernen in der Baukunst sind unsere Großstädte", waren die ihm auf den Fersen folgenden Architekten weit mehr davon überzeugt, dass die „modernste Modernität" mit der denkbar innigsten Verschränkung von Artefakt und Natur, Architektur und Landschaft bewiesen werden müsse. Von Verständlichkeit und Populismus aber wollten sie, die mit aller Gewalt die Ablehnung der verstaubten Akademie-Gelehrsamkeit betrieben, nichts wissen. Die Entmachtung des Expertengeschmacks zugunsten der ästhetischen „Vorlieben wirtschaftlich eingeschränkter Gruppen", wie Denise Scott Brown in ihrem Aufsatz „Learning from Pop" (1971) formulierte, musste ebenso wie der Gedanke der Partizipation *gegen* die modernen Architekten und ihre Epigonen durchgesetzt werden.

> *Now you need a project. It must be a radical design of a house. It needs a catchy title. Pick a popular word or phrase, then add house to the end of it. If it sounds good, it is good.*

Dabei hatte alles so gut angefangen. Walter Benjamin hatte in seinem Aufsatz „Erfahrung und Armut" (1933) beschrieben, dass die Menschen keine Erfahrungen mehr machen und untereinander austauschen können, weil sie verstummt sind wie die Soldaten, die von den grausigen Schlachtfeldern des Ersten Weltkriegs zurückkehrten. Er war der Meinung, die Erfahrungsarmut des 20. Jahrhunderts habe dazu geführt, dass sich die Menschen nach Räumen sehnen, „in denen sie ihre Armut, die äußere und schließlich auch die innere, rein und deutlich zur Geltung bringen können." Längst gebe es diese Räume, die von den Architekten der „neuen Armut" konzipiert würden. Benjamin schwärmte von den kargen Interieurs des Bauhauses und prognostizierte, in ihnen könnten die Menschen endlich ihre große Müdigkeit ablegen. Müde seien sie, weil sie durch all das Neue und Alte, das auf sie einstürme, daran gehindert würden, ihre Gedanken auf einen „ganz einfachen, aber großartigen Lebensplan" zu konzentrieren. Sobald sie sich aber in die spartanisch möblierten Zimmer des Neuen Bauens schlafen legten, dann überfalle sie ein Traum, der sie für die ganze „Traurigkeit und Mutlosigkeit des Tages entschädigt und das ganz einfache aber ganz großartige Dasein, zu dem im Wachen die Kraft fehlt, verwirklicht zeigt."

Und nun kommt es in Benjamins Gedankengang zu einer völlig unerwarteten Wendung, indem der Anschein erweckt wird, es seien die hehren Ambitionen der modernen Architekten, (die ihre ästhetische Armut nicht verstanden und mit den Träumen der Menschen verwechselten, für die sie bauten) bereits von den ersten Lebenszeichen der Pop-Kultur übertrumpft worden: „Das Dasein von Micky-Maus ist ein solcher Traum des heutigen Menschen. Dieses Dasein ist voller Wunder, die nicht nur die technischen überbieten, sondern sich über sie lustig machen. Natur und Technik, Primitivität und Komfort sind hier vollkommen eins geworden und vor den Augen der Leute, die an den endlosen Komplikationen des Alltags müde geworden sind, erscheint erlösend eine Dasein, das auf die einfachste und zugleich komfortabelste Art sich selbst genügt, in dem ein Auto nicht schwerer wiegt als ein Strohhut und die Frucht am Baum so schnell sich rundet wie die Gondel eines Luftballons."

Now is time to develop your mystique. This is all important, because it is what you are selling. Remember, you won't have to design a building for at least ten years. And in this time you will live off your mystique, so make it good.

In der Parteinahme für die arbeitende Bevölkerung, die arm ist an Geld und an Erfahrungen, plädierte Benjamin für eine Populärkultur des entauratisierten Neuen Bauens und des humoristischen Animationsfilms, die beide von Menschen entwickelt worden seien, „die das von Grund auf Neue zu ihrer Sache gemacht und es auf Einsicht und Verzicht begründet haben." Das neue Bewusstsein der Kunst basiert auf der Einsicht in die realen sozialen Verhältnisse und dem Verzicht auf Geist und Geld, den morschen Säulen bürgerlicher Identität. Die geknechteten Massen sollen den Kapitalismus in ihrem Lachen ersäufen. Benjamin wusste, es ist dies ein barbarisches, die alten Machtverhältnisse *zersetzendes* Lachen. Mit ihm sollte ein weitaus schlimmeres Barbarentum verjagt werden: das der Wirtschaftskrise und des kommenden Weltkriegs, der seine Schatten weit voraus warf.

Das Kino scheint mühelos jenen Gipfel der Zauberei zu erklimmen, den sich der Illusionskünstler Etienne-Louis Boullée für die Architektur erhoffte. Er spekulierte bereits auf ein Massenpublikum, das er mit seinen spektakulären Bauten auf die Knie zwingen wollte. Es war darum nicht Le Corbusier, der ihn beerbte, wie Emil Kaufmann meinte. Es war Hollywood. Der von Benjamin beschriebene Luftballon mit Gondel lieferte dem Kinopublikum der dreißiger Jahre die Interpretation des *Newton Kenotaph*, während die modernen Architekten den verbissenen Ernst der Aufklärung in das Projekt der Verwissenschaftlichung ihres Metiers verlängerten. Grandioser konnte man den trickreichen Lichtkünstler Boullée, diesen ersten Rattenfänger in der Geschichte der Architektur, nicht missverstehen. Erst nach 1968 wuchs das Verständnis für ihn, und zehn Jahre später zerplatzte die Seifenblase moderner Besserwisserei in dem Feuerwerk, das Bernard Tschumi zur Eröffnung des Parc de la Villette abbrennen ließ.

In order to alert the magazines, you must write a press release. This should be full of your mystique. Fax your press release to the magazines. Be prepared to have a radical opinion on anything that may crop up in conversation.

Es ist beschämend, dass die Architekturtheorie hierzulande den uns von Benjamin vor die Füße geworfenen Gedanken der Vollendung der modernen Architektur im Walt-Disney-Film gänzlich unbeachtet ließ. Sogar die Apologeten der Pop-Kultur hätten davon lernen und die merkwürdige Idee ihrer Domestizierung aufgeben können, die bei Denise Scott Brown anklingt. Der Pop ist ja selbst schon eine Art domestizierter Protest, der eher entfesselt denn geläutert werden muss. Die in ihm spürbare Vulgarität und das barbarische Lachen sind nur auf den ersten Blick als Versuche der Entsublimierung zu werten. Hierauf machte Rem Koolhaas in *Delirious New York* (1978) aufmerksam: In den Themenparks von *Coney Island* erzwang sich Manhattans Proletariat eine Freizeitkultur, mit der sich der Kapitalismus trotz aller bürgerlicher Moralbedenken einverstanden erklären konnte, nachdem er das Amüsement der Massen als hoch profitable Form der Libertinage durchschaut und für seine Zwecke instrumentalisiert hatte.

Die Enthemmungsmechanismen des Pop sind so vital wie affirmativ. Kraftvoll widersetzt er sich nur den ethischen und ästhetischen Diktaten elitärer Kultur. Sprach Loos vom „armen, reichen Manne", den der Architekt seines Reichtums wegen bevormundet, adressiert der Pop sein Freizeitangebot an den „reichen, armen Menschen", der, obschon besitzlos, immerhin über Möglichkeiten verfügt, sich flüchtige Amüsements zu gönnen, die ganz nach seinem Geschmack konzipiert scheinen. Pop ist die Demokratisierung des Konsums: der Käufer soll Mitspracherecht erhalten in der Gestaltung einer Lebenswelt, die im Ganzen Warencharakter annimmt. Die modernen Architekten haben dies nicht gewollt, sie haben der Kommerzialisierung und Vulgarisierung der Kultur einen Riegel vorschieben und sogar die Straßenreklame ihrer ästhetischen Normierung unterwerfen wollen. Zugleich halfen sie aktiv mit, die Weichen dieser Entwicklung zu stellen. Sie taten es im Sog sozialdemokratischer Politik, die darauf verzichtete, auf die realen Herrschaftsverhältnisse einzuwirken. Man ließ die Klassenverhältnisse unberührt, die sich in der Produktion spiegeln, und widmete sich allein der Ausgestaltung der Reproduktionssphäre. Der Pop ist das Ende des Lieds: er amputierte nur noch den pädagogischen Zeigefinger der Lebensreformer, der im expandierenden Reich des Konsums nichts mehr zu melden hat.

> *Now its time to relax. Head on down to a fashionable architects bar (you will recognize it by its converted industrial look, expansive bar snacks, and people with strange glasses on). Enjoy yourself.*

Von fern lockt die Konditor-Utopie, dass sich der Konsum zum Schlaraffenland ausweiten und die böse Welt der Produktion verschlingen möge. Populismus ist das Steckenpferd des kalten Verstandes, Pop die Romantik der *coolen* Herzen. Beides verschwistert sich im Wunsch nach Popularität, wobei uns die einen „blühende Landschaften" und die anderen das Nirwana versprechen: „flowers, perfume, candy, puppies, love, generational solidarity and *killing your parents*"

(Kurt Cobain). Letzteres wollte schon Heinrich Hoffmanns Zappel-Philipp, während für die früh vergreisenden Architekten und alle anderen Langweiler *with strange glasses on* weiterhin gilt: „Und die Mutter blickte stumm auf dem ganzen Tisch herum …"

Welcome to the world of international design.
 Die englischen Zitate bieten die gekürzte Version von
 "How to become a Famous Architect?" gefunden auf
 der Website von: *Fashion Architecture Taste (FAT) London*

53

Die Geburt der Moderne in der Provinz

Es ist ja merkwürdig genug, wenn Moderne und Provinz in einem Atemzug genannt werden. Provinz steht gemeinhin für Biederkeit und Rückständigkeit, für Spießertum und Ignoranz, während wir unter Moderne das Gegenteil verstehen. Sie ist der Motor, der die Menschheit in eine bessere Zukunft zu beschleunigen verspricht. Wenn wir uns allerdings die Schocks der politischen und ästhetischen Avantgarden des 20. Jahrhunderts vor Augen führen, dann meint Moderne nicht nur Wandel und Fortschritt, sondern Katastrophen, Kriege und Revolten. Andererseits wird ja auch der idyllisch anmutende Stillstand der Provinz oft genug durch Rassismus und Fremdenfeindlichkeit konterkariert. Längst sind wir von der Allgegenwärtigkeit des Terrors überzeugt. Und obschon wir wissen, dass auch der technische Fortschritt vor keiner Grenze mehr halt macht und dass Moderne und Traditionspflege keinen Widerspruch bilden, glauben die meisten Einwohner von Metropolis immer noch mit sicherem Instinkt zwischen Provinz und urbaner Kultur unterscheiden zu können.

Selbstverständlich geht das nicht ohne Vorurteile ab, doch nimmt sich der Hochmut der „Urbanisten" vergleichsweise harmlos aus gegenüber der Tatsache, dass in der globalisierten Welt nahezu alle Regionen Gefahr laufen können mitsamt ihren prächtigsten Städten, Kulturlandschaften und Kulturdenkmälern, Industrie- und Forschungszentren zu provinzialisieren. Hatte nicht Donald Rumsfeld mit seiner höhnischen Rede vom „alten Europa" all jene Politiker lächerlich machen und zu Hinterwäldlern stempeln wollen, die der USA im Irak-Krieg die Gefolgschaft verweigerten? Es war dies die unverhohlene Drohung eines Menschen, der nur die Sprache der Macht kennt. Sie allein entscheidet darüber, welche Weltregionen zu einem provinziellen Schattendasein verdammt werden und welche nicht.

Indessen: wo viel Schatten ist, fällt auch viel Licht. Menschen mit großen Ambitionen fühlten immer schon die Anziehungskraft der Provinz. Im 20. Jahrhundert bildete sie die natürliche Geburtsstätte der Avantgarde. Seit jeher diente die Provinz als idealer Rückzugsort der sich regenerierenden und neu formierenden Künstlereliten, als Refugium einer rebellischen Intelligenz, die das städtische Leben floh. Schon ihre Stichwortgeber, die Utopisten, siedelten ihre Phantasiegebilde mit Vorliebe auf dem Land und nicht selten in der Wildnis an. Die Großstadt wurde als Sündenbabel gebrandmarkt, als Brutstätte des „falschen Lebens", der Verelendung, sozialen Ungerechtigkeit und rücksichtslosen Konkurrenz. Den anonymen Stadtgesellschaften wurden Gemeinschaften aus solidarisch handelnden Menschen gegenüber gestellt, die ihr Lebensglück aus praktizierter Nächstenliebe beziehen.

Blühende Landschaften, gering bevölkert von gesunden und wohlgeformten Menschen, boten immer schon ideale Experimentierfelder für Philanthropen aller Couleur, die sich, vom politischen und kulturellen Leben der Großstädte angeekelt, aufs „unschuldige Land" zurückzogen, um dort ungestört an der moralischen Verbesserung des Menschengeschlechts arbeiten zu können. In der „pädagogischen Provinz" tummeln sich aber nicht nur „reine Toren" unter der Knute moralisierender Reformer, dort findet sich auch manche Künstlerkolonie und Gelehrtenrepublik.

Ihnen gehören jene ehrgeizigen Geister an, die im metropolitanen *Kampf um Aufmerksamkeit* unterlagen, weil sie dem Großstadtpublikum nicht geben wollten, wonach es am meisten verlangt: Amüsement, Glanz und Glamour. Denn das gehört ja gerade zur Dialektik der Moderne, dass ihre berühmtesten Protagonisten nicht selten ihre grimmigsten Gegner waren. Und weil die große Stadt seit jeher mit den Schattenseiten der Moderne identifiziert wird, mit ihren schlimmsten Übeln und grellsten Verführungen, ihrer Gottesferne und Unmoral, weil den Städten immer schon alle Laster dieser Welt angedichtet wurden, waren die unversöhnlichsten Kritiker der Industriegesellschaft und der kapitalistischen Ökonomie stets von einer blindwütigen Großstadtfeindschaft erfüllt.

Die Provinz bot sich als idealer Nährboden einer Moderne an, die sich von der, die in den Metropolen zuhause ist, grundsätzlich unterscheidet. Nicht aber, weil sie kleinmütiger und kompromissbereiter wäre, sondern im Gegenteil, weil sie viel radikaler, strenger und im ganzen unbarmherziger scheint als die städtische. Mit gewissem Recht kann man für das 20. Jahrhundert behaupten: Die *provinzielle Moderne* war der Exerzierplatz einer radikalen Avantgarde, der es um Katharsis, Umwälzung und Erneuerung ging – letztendlich um die Überführung von Kunst in Lebenspraxis. Ganz anders dagegen die *urbane Moderne*, die immer schon von Liberalität und Toleranz geprägt war, die den heterogenen Charakter der Kultur, das Miteinander von Kunst, Medien- und Unterhaltungsindustrie, niemals aus den Augen verlieren durfte und sich in gleicher Weise um den wissenschaftlich-technischen wie um den ästhetisch-ethischen Fortschritt kümmern musste.

Nach dem Vorbild des großen Reformators, der aus der Einsamkeit seiner Klause in die Stadt zurückkehrt und den Tempel reinigt, der zum Bordell wurde, schöpften auch die Avantgardisten Mut und Kraft in der Abgeschlossenheit der Provinz, wo sie ihre programmatischen Werke schufen, die sie wie Sturmfackeln in die Städte trugen, um in der „großen Welt" Furore zu machen. Doch die Toleranz der Städter gegenüber neuen Lehren ist meist von zwiespältigem Charakter: Avantgardisten dürfen provozieren, ihr Publikum beschimpfen und die Einheit von Kunst und Leben predigen – das Großstadtpublikum zeigt sich fasziniert, doch glaubt es ihnen nicht. Hierfür ist es meist zu abgebrüht. Zudem bildet es keine homogene Gruppe. Der Begriff „Kunstgemeinde" bezeichnet kein Spezifikum städtischer Kultur. Er klärt uns nur über das Zerbröseln des großen Publikums in kleine spezialisierte Gruppen auf.

Die historischen Avantgarden rüttelten am elitären Charakter der Kunst, zerrten sie aus dem Reservat der Museen, Theaterbühnen und Konzertsäle, doch während sie neben dem bürgerlichen Publikum, das sie verprellten, das kleine Expertenpublikum etablierten, stürzten sich die Massen in die Arme der Kulturindustrie. Diese musste nur auflesen und in moderne popkulturelle Produkte verwandeln, was die Metropole achtlos am Rand ihrer Boulevards liegen ließ: schrille Revuen, Musicals, Varietees, Kabaretts, *ballrooms*, Schau- und Wettkämpfe aller Art. Die Popkultur reproduziert auf ihre Weise jene urbane Verknüpfung von Tag- und Nachtleben, Triebverzicht und Regression, Kunst und Kitsch, womit der verschärfte Rationalisierungsdruck in den großen Städten besser auszuhalten war. Die „schlafende" Provinz zog unterdessen Avantgarde-Bewegungen an, die sich der urbanen Dialektik von Modernisierung und Faschingslaune verweigerten. Sie wollten eine von der städtischen Kultur gereinigte, kompromisslose Moderne durchsetzen – mit Ausnahme der Futuristen, die lärmende Städte und schnelle Autos liebten.

Antonio Sant'Elia gehörte zu den wenigen Architekten, die ihren antibürgerlichen Affront mit einem Bekenntnis zum rasanten Modernisierungstempo der Metropolen verbanden. Doch machte sein Beispiel keine Schule. Allein die Tatsache, dass Paris nach dem Zweiten Weltkrieg keine Kunsthauptstadt mehr war, deutet schon darauf hin, dass die Avantgarden seit längerem andere Aufenthaltsorte bevorzugten. Allen voran die Architekten, die, nachdem sie ihre Politisierung für beendet ansahen, der Großstadt den Rücken zukehrten, um auf dem Land Siedlungen zu bauen, die nach der antiurbanen Rezeptur der Charta von Athen entworfen waren. Und das, obschon sie sich mit Emphase für die moderne Technik und die Industrialisierung des Bauens ausgesprochen hatten und Le Corbusiers Mahnung beherzigen wollten, von den Ingenieuren zu lernen. Doch hielt sich der Meister ja selbst nicht daran und schlug Sant'Elias Forderung in den Wind, die Dynamik der Stadt aufs Bauen zu übertragen. Zu sehr war den Architekten die traditionelle Konstitution ihres Metiers zur zweiten Natur geworden, das in den Jahrtausenden, in denen der Mensch sesshaft wurde, zur Immobilie erstarrt war.

Ließ der konkrete Rationalisierungsdruck in den Städten das Bedürfnis nach einer *Unterhaltungskunst* wachsen, die modern war, eben weil sie sich den Regeln dieser Rationalisierung unterwarf, verschaffte demgegenüber der verlangsamte Fortschritt in der Provinz einer *Avantgardekunst* Luft, die modern sein wollte, indem sie das Gegenteil tat und sich der instrumentellen Vernunft verweigerte. Die Protagonisten des Neuen Bauens, obschon in der Mehrzahl Rationalisten, entschieden sich für letzteres, nachdem sie beschlossen hatten, einen Schlussstrich unter die urbane Kultur des 19. Jahrhunderts zu ziehen. Die Freude Gottfried Sempers an großstädtischem Faschingstaumel und bunter Maskerade, die noch in Otto Wagner und dem Jugendstil nachhallte, schlug bei den kommenden Generationen in blanken Hass gegen jegliche Form des Ornamentierens und Verkleidens um. Unter Berufung auf Adolf Loos wurde die verzierte Fassade, dieses Signum urbaner Architektur, für unmoralisch und unästhetisch erklärt.

Die Provinz war und ist heute noch der Nährboden einer Intelligenzia, deren rigorose Ethik in den Turbulenzen der großen Städte unterzugehen droht. Die Avantgarden wollten den Gordischen Knoten, den das pulsierende metropolitane Leben geschürzt hatte, mit einem Hieb durchtrennen, um ein Dasein, das stets unüberschaubarer und widersprüchlicher zu werden drohte, im Reinigungsbad ästhetischer Strenge, Klarheit und Wahrhaftigkeit von seinen Schlacken zu befreien. Aus der Sicht der modernen Architektur erschien die urbane Kultur hässlich, unhygienisch und verlogen. Also zog man sich aufs Mittelmeer zurück, um dem Chaos der großen Städte während einer Kreuzfahrt das Fürchten zu lehren (CIAM IV). Aufgeräumt und nach Funktionen neu gegliedert werden sollten diese Orte des Schreckens, in denen soziale Gegensätze besonders krass, die Ausdünstungen stinkender Fabriken besonders krankheitserregend und die Kriminalität besonders blutrünstig erschien. Die Städte waren ein authentisches Produkt der Moderne und wurden gerade deshalb von den Lebensreformern auf das schärfste kritisiert.

Ausgerechnet in einer Phase, in der die Moderne nicht mehr nur erlitten wurde, sondern ihre Augen in Menschen aufschlug, die aktiv am Aufbau einer neuen Gesellschaft mitwirken wollten, sahen viele Künstler, Architekten und Intellektuelle in den Städten nicht länger Orte des humanen Fortschritts und der Hochkultur, sondern Brutstätten der Entsublimierung und raschen Triebbefriedigung. Wahr daran ist, dass Konsum und Amüsement der wohlfeile Trost ist, den Metropolen ihren unter großem Anpassungsdruck leidenden Bürgern im Überfluss gewähren, solange sie sich als zahlungskräftig erweisen. Urbane Kultur war immer schon modern und postmodern zugleich: eher ironisch als ernst, lasterhaft als gewissenhaft, farbenfreudig als monochrom, verschwenderisch statt sparsam. Muße verspricht Langeweile und ebenso die mit erhobenen Zeigefinger vorgetragene Belehrung. Mehr als alle Wahrheit lieben die vergnügungssüchtigen Städter grandiose Spektakel und aufregende Skandale.

Dagegen bot die Provinz ausreichend Platz für die Präsentation und Erkenntnis des Wesenskerns der Architektur. Die Stadt erwies sich hierfür als zu eng. Geradezu beleidigend eng für Bauten, auf die kein Schatten fallen sollte. Befreit werden wollten sie aus den engen Straßenschluchten der Städte und als einsame Körper, „ehrlich" konstruiert, ins helle Licht mediterraner Landschaften gestellt werden. Letztere bildeten die neue Projektionsfläche für das Verhältnis von Kultur und Natur, denn darum ging es ja in erster Linie: dass die Artefakte ihre lebensreformerische Kraft und Legitimität aus der Nähe zu einer Natur schöpften, die sich der „fehlgeleitete" Zivilisationsprozess noch nicht unterworfen hatte. Allein aus diesem Grund wanderte der von Walt Whitman und der europäischen Romantik inspirierte Frank Lloyd Wright in die Weite der Prärie, um dort den Grundstein der modernen Architektur zu legen, und ließ sich später in Taliesin (Ascona) nieder, wo er die Postmoderne antizipierte.

Auch in Europa bemühte man sich um einen neuen Dialog mit der Landschaft. Dabei sollte der architektonische Raum aus den Reglements der Stadt entgrenzt und ins Fließen gebracht werden. Das gebaute Artefakt, das sich mit seinen scharfen Kanten klar und deutlich vor den organischen Formen der Landschaft abzeichnete, sollte mit diesen durch eine Raumkonzeption versöhnt werden, welche die Grenzen zwischen beiden Sphären wieder verwischte. Die inszenierte Differenz war ein Kunstgriff, damit das Drama der Synthese – die Vermählung von Architektur und Natur – nur umso emphatischer in Szene gesetzt werden konnte. Es entstand so eine faszinierende Dialektik zwischen den die Natur distanzierenden rationalistischen Gebäudeformen einerseits und der Vorstellung eines unendlichen Fließraums andererseits, der durch Gebäude und Landschaft hindurch strömen und den Gegensatz zwischen Architektur und Landschaft, Innen und Außen, Privatheit und Öffentlichkeit aufheben sollte.

Die urbane Kultur hat zweifellos einen Hauptbeitrag zur Ausbildung der modernen Lebenswelt geleistet. Doch blieb dieser Beitrag nicht unumstritten. Modernisierungsprozesse garantieren nun mal keine gerechte Verteilung des technischen und humanen Fortschritts, den sie versprechen. Die Avantgarden, die diesen Umstand kritisch reflektierten, glaubten den Kältehauch der Moderne am deutlichsten in den Städten verspürt zu haben. Also zogen sie sich in die Provinz zurück, um die Idee einer *versöhnenden Moderne* zu konzipieren, die den Widerspruch von Kultur und Natur, Kunst und Alltag, Kopf- und Handarbeit, Stadt und Land, Armut und Reichtum auflösen sollte. Gelehrt wurde diese „bessere" Moderne in Reformschulen wie dem Bauhaus, gelebt in utopischen Gemeinschaften wie auf dem Monte Verità und propagiert in einer Vielzahl gemalter, gedichteter und gebauter Manifeste.

Selbstverständlich war es nie der Ungeist der Provinz gewesen, der die Avantgarden anzog, sondern ihre landschaftlichen Vorzüge. Desgleichen ihre Abgeschiedenheit und Nötigung zum Verzicht. Neigt die Metropole zu Verschwendung und Protzerei, bekennt sich die Provinz zur Sparsamkeit. Sinnenfreudig und ausgelassen ist nicht der Provinzbürger, sondern die Landbevölkerung. Und ebenfalls das enteignete und verarmte Landvolk, das in die Städte floh. Erst mit ihm bildete sich die moderne Kumpanei von Amüsement und urbaner Kultur aus. Jetzt erst versprach es zu einem profitablen Geschäft zu werden, dass zahlungswillige Massen nach getaner Arbeit zerstreut werden wollten. Ihre Vorfahren waren aus dunklen Ställen in die barocke Pracht der Kirchen geflohen. Doch das Großstadtproletariat strömte aus den lärmenden Fabriken in nicht weniger laute Revuen und Themenparks, die ihren Träumen nach Verausgabung reiche Nahrung geben sollten.

Dass Lärm mit Lautstärke und Hektik mit Schnelligkeit vergolten werden sollte, rief natürlich die Kritiker auf den Plan. Zornig verurteilten sie die Produktion von schönem Schein und die Betonung schriller Oberflächen. Doch gibt es keine Reklameordnung, die von modernen Planern ausgeheckt wurde, der es gelang, die in den Metropolen ausufernde Warenästhetik einzudämmen (das gelang nur der realsozialistischen Mangelökonomie). Umso mehr rückte die Abschaffung einer Großstadtkultur, die ihre Abende nach dem Lustprinzip gestaltet, auf der Agenda der modernen Architekten ganz nach oben. Tony Garniers berühmte *Cité industrielle* demonstriert diesen Sachverhalt mit der Macht des großen Vorbilds, an dem kein ambitionierter Planer vorbeikam. Im Zentrum seiner modernen Idealstadt finden sich ausschließlich Bildungseinrichtungen: politische Versammlungssäle, ein Theater, eine Kunstgalerie, eine Bibliothek und ein historisches Archiv. Auch für großzügige Sportanlagen ist gesorgt, doch gibt es keinen Hinweis auf Vergnügungsstätten und Amüsierviertel. Kein einziges Filmtheater ziert diese Stadt, die als Zuhause für hart malochende Stahlarbeiter gedacht war.

Offensichtlich begünstigte die avantgardistische Idee der Versöhnung von Kunst und Alltag eine Provinzialisierung urbaner Kultur. Sie tritt uns in den geschriebenen und gezeichneten Manifesten als moralisch gesäuberte *künstliche Moderne künstlicher Menschen* entgegen, die der in den Großstädten existierenden *konkreten Moderne konkreter Menschen* als leuchtendes Vorbild dienen sollte – als heilige Stadt Zion. An dieser Gegenüberstellung änderte sich auch nach dem Zweiten Weltkrieg nichts. Beide Ausformungen der Moderne – die reale und die sich dagegen aufbäumende artifizielle – erleben bis heute ihre Fortsetzung. Und darum wird auch die Selbstkritik der Moderne kein Ende finden, die den Finger in die Wunde jener entfesselten Rationalisierungsprozesse legt, die in der Realität der urbanen und in den Phantasmagorien der provinziellen Moderne ihr Unwesen treiben.

Überdruss und Überfluss
Architektonische Umwertungen

Von Beginn an steckten moderne Architekten in dem Dilemma, für die Exklusivität ihres Bauens universelle Geltung zu beanspruchen. Damit manövrierten sie sich in einen Widerspruch, der sich nicht auflösen lässt, über den sie aber ihre Parteigänger und ihre Kritiker erfolgreich zu täuschen wussten. Das geschah mit Hilfe eines Tricks. In ihrer heroischen Phase präsentierte sich die moderne Architektur zwei Blicken: dem des *Experten* und dem des *Laien*. Sprechen wir zunächst vom Laien. Natürlich profitierte er davon, dass moderne Gebäude funktional sein wollten. Doch sollte ihm in ihrer Nützlichkeit zugleich ein neuer Begriff von Schönheit aufgehen, obschon ja davon auszugehen war, dass die breite Bevölkerung darauf bestehen würde, das „Schöne" weiterhin dort zu vermuten, wo schnöde Zwecke nichts zu suchen haben.

Die modernen Architekten störte das wenig. Sie beriefen sich auf eine marxistisch und messianisch grundierte Sozialpsychologie und unterstellten den sogenannten Großstadtmassen, sie würden unter einer Verkümmerung ihrer sinnlich-ästhetischen Bedürfnisse leiden. Dies sei bedauerlich *und aussichtsreich* zugleich, da sie den Weg in eine Welt gerechter Armutsverteilung weise. Walter Benjamin war es, der in diesem Zusammenhang von einem grassierenden Erfahrungsverlust sprach, der im Zeitalter der entfesselten Technik von immer größeren Bevölkerungskreisen Besitz ergreife. Dem reduzierten Gefühlshaushalt pauperisierter Schichten konfrontierte er die leer geräumten Interieurs moderner Architekten und stellte dabei fest, dass der seelischen Verarmung der Menschen die ästhetische des Bauhauses nur zu gut zu Gesicht stehe.[1]

Aus der Analogisierung psychischen und architektonischen Elends entsprang eine Geschmackskultur, die auf formale Askese setzte und gerade darum einen zweiten Blick trainieren half, der konträre Erfahrungen ermöglichte. Dieser zweite Blick war dem Experten vorbehalten. Ihm entpuppte sich der Purismus der Moderne als eine Maske, hinter der sich vielerlei Reize verbergen konnten. Auf seinen Streifzügen traf er auf subtile Formen ästhetischer Verausgabung, die im Verborgenen blühten. Sie schienen unter der Hand entwickelt und zu einer Art Schattenexistenz verurteilt. Mies van der Rohe war darin ein Meister. Detailliebe und hohe Qualitätsanforderungen schienen ihm die Diskretion des Verbotenen zu garantieren. Verboten aber war der Luxus. Hinter dem Wunsch seiner Geheimhaltung keimte der Glaube, die soziale Spaltung der Gesellschaft sei mit der Verbergung des Reichtums schon halb aus der Welt.

Die Ambivalenz moderner Bauästhetik bestand darin, dass der Laie lernen sollte, *das Schöne mit dem Nützlichen zu verwechseln*, um sich in einer Askese zu üben,

---

1 Walter Benjamin: Erfahrung und Armut, in: ders., *Illuminationen*, Frankfurt a. M. 1961, S. 313-318

die seiner Geldbörse und „reduzierten" Sinnlichkeit entsprach. Im Unterschied dazu durfte der Experte *das Nützliche mit dem Schönen verwechseln* und sich auf die Suche nach einem verborgenen Luxus machen, der sich im Detail, im Material, in der Verarbeitung und Großzügigkeit lichter Räume verbarg. Anstrengend war das eine wie das andere, beugten sich ja beide Akteure derselben Moral. Diese regelte den Zugang zur modernen Architektur durch den Alltagsfleiß des einen und den Kunstfleiß des anderen. Das gleich lautende Moment erweckte den Eindruck, die Avantgarde stehe kurz vor der Versöhnung von Kunst und Alltag. Dabei liegt doch ihr Verdienst vor allem darin, unsere Sinne für die Unterschiede beider Sphären durch ihre absichtsvolle Verwechslung geschärft zu haben.

Das Janusgesicht moderner Architektur lässt sich nicht nur als Explikationsgestalt einer gespaltenen Gesellschaft beschreiben, es erklärt zudem das Problem, mit dem man es zu tun bekommt, wenn eine zum Berufsoptimismus verurteilte Disziplin in die Fänge einer „traurigen Wissenschaft" gerät. Als solche hatte Theodor W. Adorno eines seiner Hauptwerke, die *Minima Moralia* (1951), bezeichnet. Unübertrefflich spiegelt sie das depressive Klima wider, in dem die Nachkriegsmoderne baute. Ihre Unwirtlichkeit war nicht nur Produkt geringer Baukosten, sondern das Resultat einer Bußübung am falschen Gegenstand. Statt die neuen Generationen in eine Umwelt einzubetten, an die sich „blühende Phantasien" verschwenden durften, wurden die Gestaltungsdiktate der Moderne unter den Auspizien einer negativen Theologie restauriert. Natürlich geschah dies aus Angst, ein Volk, das schuldig geworden war, architektonisch zu verwöhnen und dabei auf die falschen Muster zu verfallen, die den Deutschen als Spätfolgen des Faschismus hätten ausgelegt werden können.

Das alles ist zu einsichtig, als dass man fragen wollte, wie Prozesse zu verhindern gewesen wären, die sich nahezu naturwüchsig vollzogen. Suchen wir darum besser eine Antwort darauf, wie Entwicklungen, die seit der Postmoderne kritisiert werden, durch die Koalition von *positiver Philosophie* und *festlicher Architektur* zu korrigieren sind. Nicht unsere Vergangenheit ist vom Tisch, wohl aber ihre Bewältigung durch eine misslaunige Linke, in der „das Elementarereignis des 20. Jahrhunderts, die Aufhebung der materiellen Massenarmut in der Ersten Welt, ohne Echo" blieb.[2] Sie streute nur weitere Asche auf das Haupt einer Architektur, die des Ornaments schon lange überdrüssig war. Doch mit welchem Resultat? War es nicht das Tabu der *ekstatischen* Verausgabung, die schon dem alpinen Architekten Bruno Taut vorschwebte, das die *vulgären* Verschwendungsrituale einer Eventkultur entfesseln half, die gerade dabei ist, die Zukunft unseres Planeten zu verspielen?

Vulgär ist diese Kultur nicht, weil sie Lateinlehrern und Buchhändlerinnen missfällt, sondern weil sie sich einer Technik bedient, in die „kontranaturale, reduktionistische und herrische Intentionen" eingegangen sind. Die Verschwendung, die unser Leben begleitet, beruht auf der „allotechnischen" Verfügbarkeit billiger fossiler

---

2 Peter Sloterdijk: Sphären, Band III: Schäume, Frankfurt a. M. 2004, S. 675

Energie. Zu ihrem zügellosen Verbrauch intoniert die herrschende Moral unbeirrt das Lied vom heilsamen Mangel. In ihrem Schlepptau befindet sich weiterhin ein Bauen, das sich in den Täuschungsmanövern einer kostspieligen Askese gefällt. Wichtiger wäre die Förderung einer Architektur, mit der inmitten eines selbstzerstörerischen Überflusses eine Festkultur aufblühen könnte, die auf naturanaloge Technologien vertraut und schon deshalb die destruktive Verschwendung akkumulierten Kapitals einzudämmen verspräche.[3]

Bevor jedoch die Bilder neuer Synthesen von Kultur und Technik präzisiert werden können, muss die Analyse weiter getrieben werden. Lassen wir also nicht unerwähnt, dass in dem Maß, in dem sich die „Massen" gegenüber der puristischen Architektur als spröde erwiesen, weiterhin aufs Lustprinzip pochten und unterhalten werden wollten, den Architekten die *Ästhetik des Subtilen* zur zweiten Natur wurde. Der dogmatische Funktionalismus und der Propagandafeldzug des *International Style* sind ein guter Gradmesser dafür, wie allmählich ein Kanon des Erlaubten und des Verbotenen entstand, der den Architekten in Fleisch und Blut überging. Oder sollte man besser sagen, dass die Rangfolge von funktionalem Argument und stilistischer Vorliebe ebenso wenig zu beantworten ist wie die Frage nach dem Erstgeburtsrecht von Huhn oder Ei?

Wie immer man dazu stehen mag, Tatsache ist, dass sich das vernünftige Plädoyer für Licht, Luft und Sonne, für soziale Gerechtigkeit und technischen Fortschritt, für „ökonomische" Grundrisse und Konstruktionen, für Rationalisierung und Typisierung sehr rasch in ästhetische Idiosynkrasien verwandelte. Nun konnten Architekten gar nicht anders, als flache Dächer, schmale Stützen, weiße Wände, glatt geschliffenen Beton und großzügige Verglasungen anzuhimmeln. In ihrer platonischen Liebe zu scharfen Kanten kam schon bald zum Vorschein, was der Moderne von Anfang an innewohnte: die Schönheitsmetaphysik einer Freimaurerloge, zelebriert von einer verschworenen Priesterschaft, die höchste Gewissheit suggerierte, wo allerhöchste Zweifel angebracht waren.

Noch heute lehren Priesterarchitekten an unseren Universitäten und Akademien die hohe Schule des subtilen Geschmacks. Hierzu berufen sie sich auf das Ideal des Generalisten, um im Seminar den Ton anzugeben, der auf den großen Baustellen verhallt. Zu viele Spezialisten sind dort am Werk, denen kein „Alleskönner" mehr das Wasser reicht. So bleibt dem Schönheitsmetaphysiker nur mehr der blinde Verlass auf die Fachingenieure und sein eigenes Evangelium, das die Einheit von Ethik und Ästhetik predigt. Dennoch ist es die Gestaltung im engeren Sinne, der weiterhin sein Hauptinteresse gilt. Und sie ist es umso mehr, wenn er meint, sie aus moralischen Gründen verleugnen zu müssen.

---

3 Zum Gegensatz einer kontranaturalen und naturanalogen Technik vgl. Peter Sloterdijk und Hans-Jürgen Heinrichs: Die Sonne und der Tod. Dialogische Untersuchungen, Frankfurt a. M. 2001, S. 328 ff.

Architekten sind Meister der Vermittlung künstlerischer Entscheidungen im Hinweis auf funktionale, technische und wirtschaftliche Gründe. Schon die Protagonisten des modernen Bauens hatten einen Sinn dafür, dass das Ökonomische entgegen aller landläufigen Meinung betriebswirtschaftlich *und* kulturtheoretisch von Belang ist. Man erkennt es daran, dass einer Kostenberechnung, die einem engen Budget zu folgen vorgibt, ebenso gut eine preisgünstige wie relativ kostspielige Sparsamkeitsästhetik zugrunde liegen kann. Das klassische Opfer solcher Raffinesse ist die öffentliche Hand. In ihren Bauvorhaben bietet die Kulturökonomie der Bauökonomie nicht nur Paroli, sondern fährt ihr regelmäßig in die Parade. Boris Groys beschreibt daher die Ökonomie der Kultur als einen Versuch, „die Logik der kulturellen Entwicklung selbst als eine ökonomische Logik der Umwertung der Werte zu verstehen."[4]

Exakt um solch eine Umwertung ging es schon im Kampf der modernen Architektur gegen die traditionelle Baukunst. Unverhofft erfuhr das Wohnen der Armen in den kargen Interieurs Ferdinand Kramers und Hannes Meyers eine enorme Aufwertung. Was dem traditionellen Publikum als Unkultur galt, gewann größte Aufmerksamkeit und sah sich ins Zentrum der Avantgarde katapultiert. Umgekehrt wurde der Zierrat bürgerlichen Wohnens zu Kitsch erklärt. Noch heute stehen die meisten Architekten im Bann ihrer Verachtung des Ornaments, worin sich der Selbsthass einer ehemals unangefochtenen „Königsdisziplin" verbirgt, der die Herren der Welt ihre prächtigsten Bauten verdankten, und die eben aus diesem Grund tiefer als alle anderen Künste in die Niederungen des modernen Alltags hinabsteigen musste ...

Anders heute: Der puristische Geschmack, der genauso zwischen den Ritzen einer aufwendig betriebenen Backsteinkultur hervor lugt wie aus den Stoßfugen Schweizer Betonerotik, besitzt keine Sonderrechte mehr. Abermals hat sich eine Umwertung der Werte angekündigt. Was in der Moderne nur unter der Hand geschah und in der Postmoderne erstmals offen angesprochen werden konnte – eine Architektur der festlichen Verausgabung – beginnt sich am Horizont abzuzeichnen. Das Entsetzen der Soziologen hält sich in Grenzen, und das Publikum applaudiert. Wir scheinen tatsächlich auf einem guten Weg. Trumpft die Architektur auf, darf sich die Theorie wieder mäßigen. Schon das ist ein Gewinn.

Architekturtheorie muss nicht länger Recht behalten wollen, sondern an das Rechte denken. Hierzu gehört die Einsicht, dass wir am Anfang einer Entwicklung stehen, in der die vom modernen Wahrheitspathos emanzipierte Architekturtheorie und die von der Sparsamkeitsökonomie befreit aufspielende Architektur sich mit den am mutigsten in die Zukunft zielenden Ideen der philosophischen und technischen Intelligenz unseres Jahrhunderts anfreunden müssen. Erst hiernach können wir beim Aufbau einer Kultur mithelfen, die sich freimacht von Übellaunigkeiten, puristischer Geheimniskrämerei und vulgärer Verausgabung.

4 Boris Groys: Über das Neue. Versuch einer Kulturökonomie, Frankfurt a. M. 2004, S. 16

Abwesende Schrift und monströse Stille
Architektur und Aisthesis

1. Während die Werke der Malerei an das Auge und die Werke der Musik an das Ohr adressiert sind, scheint es für die Architektur kein spezifisches Sinnesorgan zu geben. Folgende Beschreibung drängt sich auf: Zwar erreichen uns Gebäude aus der Ferne nur über den Gesichtssinn, doch im Prozess der Annäherung und ganz sicher beim Betreten eines Hauses, wenn uns die Architektur buchstäblich verschlingt, wirkt sie auf unsere sämtlichen Sinne ein. Das kann so weit gehen, dass man die Augen schließt, um den Raum, in dem man sich befindet, zu hören und zu riechen. Schließlich tritt man an einzelne Bauteile heran, an Wände, Gesimse oder Säulen, um sie zu betasten, um die unterschiedlichen Eigenschaften der Oberflächen, das Glatte und das Raue, zu fühlen. Neugierig und begehrlich gleiten unsere Hände über reliefartige Erhebungen und wuchernde Ornamente ...

Die Fülle der sinnlichen Anreize, die uns Bauwerke bieten, ist darauf zurückzuführen, dass sich die Architektur aus mehreren Disziplinen zusammensetzt. Dennoch kam die Rede vom Gesamtkunstwerk erst mit Wagners Musikdramen auf, als das Bauen seine synthetische Kraft längst eingebüßt hatte. Um so wehmütiger schauten Einzelne auf die heroischen Epochen zurück, als der Architekt „in seiner Person die Bildhauerei, die die Fassaden bearbeitete, die Malerei, die seine Wände und Fenster illuminierte, und die Musik, die seine Glocken zum Dröhnen brachte und seinen Orgeln Leben einhauchte", zusammenfasste. Von Frank Lloyd Wright stammt diese Formulierung, die begründet, warum die Baukunst Augen *und* Ohren beansprucht. Später ging er noch weiter und behauptete, die Architektur sei bis zur Renaissance des Menschen größte Schöpfung gewesen, bei der er sich *all seiner fünf Sinne* bediente: „By way of eye, ear, and finger, by tongue and even by nostril he was creating out of himself greater delights for a super-self."

Doch was bedeutet das? Appelliert die Architektur nur deshalb an Auge, Ohr, Finger, Zunge und Nase, weil sie ein Spektakel ist, ein Kirmes wirbelnder Eindrücke, der all unsere Sinne in Atem hält? Denken wir an Boullée, wissen wir, dass die Verführung groß ist, die Möglichkeiten der Architektur zu nutzen, über die unterschiedlichsten Kanäle in unser Inneres zu gelangen, um die Menschen im Ganzen zu ergreifen und emotional zu überwältigen. Doch blieb es lange Zeit bei der bloßen Ankündigung. Bis uns Rem Koolhaas mit *Delirious New York* vor Augen führte, ganz Manhattan sei nach der Methode eines die Menschen übertölpelnden Massenspektakels erbaut worden, das zuvor im kleineren Maßstab auf *Coney Island* getestet worden war.

Koolhaas liebt das Paradoxe. Er ist ein Kulturkritiker, der sich dem Fortschritt nicht in den Weg stellen will. Schon gar nicht, wenn der Prozess der Zivilisation ein gewaltiges Zerstörungswerk im Schilde führt. Gottfried Semper hat genauso gedacht und nach ihm Nietzsche. Beide begrüßten die Mechanismen der

Zersetzung und eine Architektur des Spektakels, in deren Feuerwerk die Ideale der klassischen Baukunst verglühen. Doch gibt es ja zwischen Zerstörung und Restauration noch ein Anderes, das uns an der Architektur fasziniert: Räume, die uns die Erfahrung einer Stille bescheren, wie wir sie aus keiner anderen Kunst her kennen, auch nicht aus der Natur. Spektakel und Karneval mögen die emanzipatorischen, Klassizität und Rationalismus die autoritären Ziele der Architektur sein, ihr Ausgangspunkt aber ist die Stille, die jedes Geräusch und jedes Licht verschluckt, um zugleich das Leben aus sich zu entlassen. Man nehme dies bitte nicht als Tatsache, sondern als eine These, von der ich mir einige Einsichten erhoffe.

In seinem Buch *Silence* (1954) behauptete der Komponist John Cage, das Hören der Musik werde durch das Sprechen behindert, dadurch also, dass die Menschen den Tönen und Klängen, denen sie ausgesetzt werden, stets „ins Wort fallen". Ähnliches könnte man von anderen Künsten sagen. Beispielsweise von der Malerei. Auch in ihr läuft ja das Sehen, das sie uns abfordert, immer wieder Gefahr, durch Plaudereien gestört zu werden. Sprechen scheint ein Versuch, dem *horror vacui* zu entrinnen und damit der Stille, die sich in den Künsten entfaltet. Der Wunsch nach Unterhaltung lenkt uns von entscheidenden ästhetischen Erfahrungen ab. So lautet die allgemeine Befürchtung.

Die Stille der Kunst lässt den Lärm verstummen, der zerstörend, okkupierend und bestimmend in ihr Reich einbricht. Stille bedeutet nicht, dass nichts zu hören ist, sondern sie stellt sicher, dass das Ungehörte gehört und das Ungesehene gesehen werden kann. Zugespitzt formuliert: Erst in der Stille kann überhaupt das Hören und das Sehen beginnen. Entsprechend meinte Cage mit *silence*: Der plappernde Mund, aber auch der sich in der gesprochenen Sprache verschwendende Verstand sollen endlich Ruhe geben, damit sich die unbekannten Klänge und Farben, damit sich alle übersehenen Formen und überhörten Geräusche ungehindert ausbreiten können.

Cages Vorstellung von der Stille weiß sich in einer Denktradition, in der das Vorbild und Erlebnis der Natur die Kulturleistungen des Menschen in Frage stellen. Ich habe schon mehrmals auf die Bedeutung der amerikanischen Transzendentalisten für die moderne Architektur und Kunst hingewiesen, weswegen ich das hier nicht wieder tun möchte. Es muss der Hinweis reichen, dass, ob nun von Louis Sullivan, Frank Lloyd Wright, Buckminster Fuller oder von Charles Ives und John Cage die Rede ist: in allen Fällen handelt es sich um überzeugte Anhänger Ralph Waldo Emersons und Henry David Thoreaus. Beide stellten das Erlebnis der Natur über eine Kunst, die sich etwas darauf einbildet, Artefakt zu sein bzw. überwundene Natur. Eine Kulturtechnik, die sich als Antithese zur Natur, als urbanes Produkt geistreicher Salons oder verstaubter Akademien versteht, verachteten die Transzendentalisten und ihre Schüler.

Die Stille, die Cage einklagte, ist mithin der Versuch, eine in sich selbst verliebte, auf Reinheit und Autonomie pochende Kunst zum Schweigen zu bringen, damit die Stimmen der Natur und die Geräusche des Alltags um so vernehmlicher werden. *Silence* soll hörbar machen, was zu verstummen droht, aber nach der Logik Emersons und Thoreaus überlebenswichtig ist, sowohl für das schöpferische Individuum wie für die demokratische Gesellschaft im Ganzen. Man könnte es den Quell des Lebens nennen, den Prozess des Wachstums, der uns inspiriert, kreative Instinkte weckt, unser Selbstbewusstsein stärkt und in letzter Konsequenz das wachruft, was Thoreau den zivilen Ungehorsam nannte. Der Dichter Walt Whitman, ebenfalls Transzendentalist, fand hierfür die Worte:

> *Jetzt seh ich das Geheimnis, wie die tüchtigsten Menschen*
> *gebildet werden:*
> *Dadurch, dass sie aufwachsen in freier Luft, essen und*
> *schlafen mit der Erde.*
> *Hier ist Raum für eine große persönliche Tat.*

Frank Lloyd Wright stimmte in diesen Hymnus ein, als er 1945 in seiner visionären Schrift „Usonien" formulierte: „Without fresh air, fresh food, sunlight, good green land underfoot (...) human life cannot develop." Etwa zehn Jahre zuvor hatte er wegen dieses für den Menschen unverzichtbaren *Bildungscharakters der Natur* sein wohl spektakulärstes Wohnhaus gebaut: Fallingwater. Versteckt wie eine Einsiedelei im tiefen Wald, thront es stoisch und wagemutig über einem Wasserfall, um die prahlende europäische Moderne mit einer Architektur zu beschämen, die statt Propaganda Mimikry betreibt und selber zu Baum und Felsen geworden ist, damit die aus dem lauten Pittsburgh anreisenden Bewohner wieder Wind, Wald und Steine spürten. Wright versuchte ein Haus „zur Musik des rauschenden Wassers" zu komponieren, dessen schwerelosen Stahlbetonterrassen wie Nebelschwaden durch den Wald ziehen, während die Mauern aus roh behauenen Steinen aufgrund ihrer Struktur und Farbe mit der Umgebung verschmelzen.

Die Bauteile aus Stahlbeton wollte Wright mit Blattgold verkleiden, um den poetischen Eindruck von glitzerndem Wasser auf fallendem Herbstlaub hervorzurufen. Gottfried Semper wäre von einer solchen Goldmaske tief beeindruckt gewesen, die die Materialität der Architektur transzendiert, dem Bauherrn aber war das zu teuer. Das ist sehr schade, doch gibt es einen anderen Aspekt, der mir noch interessanter erscheint: Vor kurzem las ich, Besucher von Fallingwater fühlten sich oft befremdet vom Innern des Hauses, das „mit seinen niedrigen Decken, seinen geradezu klaustrophobisch engen Treppenaufgängen (...) höhlenartig, dunkel, feucht, kalt und karg" erscheine. Schon Kenneth Frampton sprach davon, dass Fallingwater „eher wie eine möblierte Höhle (*a furnished cave*) als ein Haus im traditionellen Sinne" wirke.

Nun, ein traditionelles Haus sollte Fallingwater gewiss nicht sein. Schließlich wollte Wright mit diesem Bauwerk den Siegeszug des International Style stoppen, der über sein Lebenswerk hinweg zu gehen drohte. Um ein deutliches Zeichen zu setzen, wer der wahre Meister des Neuen Bauens ist, entschied er sich für eine extreme Topographie als Grundstück und für eine nicht weniger extreme Dramaturgie der räumlichen Abfolgen, die von der Spannung leben zwischen der archaischen Dunkelheit im Innern und der lichten Leichtigkeit der schwebenden Terrassen außen. Zudem wurde ein Stück gebauter Architekturtheorie in Szene gesetzt. Hierzu muss man wissen, dass das *Spektakuläre* eines Hauses, das auf einem Wasserfall thront, seine Legitimation in der *Spekulation* fand, eine „Fontäne des Lebens" zu sein.

Urheberin dieses Begriffs war Margaret Fuller, die bedeutendste Frau unter den Transzendentalisten und Großtante Buckminster Fullers. Mit der „Fontäne des Lebens" war nahezu hundert Jahre vor Fallingwater eine starke Metapher in Umlauf gebracht worden, die im Sinne von Emersons Emblematik produktiv wurde, weite Kreise zog und in Sullivans berühmter Skizze des keimenden Saatkorns in *A System of Architectural Ornament* (1923) Karriere machte. Fontäne und Keim kann man als die Geburtshelfer der organischen Architektur betrachten, die in Fallingwater ihr Meisterstück ablieferte. Zugleich scheint mir dieses Gebäude auch einen Hinweis auf den ästhetischen Ursprung der Architektur zu liefern, der mit der Natur der Transzendentalisten wenig oder gar nichts zu tun hat. Denn bevor die „Fontäne des Lebens" zu sprudeln beginnt und die Architektur auf Felsen, Wald oder Wasser trifft, *ist sie der Ort einer sich selbst genügenden Stille.*

Sie muss hierzu keine „möblierte Höhle" sein wie Fallingwater. Es können ebenso gut sehr weite und hohe Räume sein, es können sehr unterschiedliche architektonische Atmosphären sein, in denen uns die Erfahrung der Stille überfällt. In Fallingwater scheint dies der Fall in jenen kühlen und dunklen Räumen zu sein, in die sich keine Stimmen verirren, die sogar taub bleiben für das Rauschen des Wasserfalls. Hier ist die Architektur ganz bei sich, um sich aus ihrer Finsternis und Verborgenheit allmählich zu jenem Spektakel zu entwickeln, das dem ankommenden Besucher die durch die grünen Bäume golden hervor blitzenden Betonbrüstungen geboten hätten.

Was ich sagen will, ist dies: Im Unterschied zur Denktradition der Transzendentalisten, die eine Stille favorisierten, die ein Medium des Verdrängten und Übertönten sein soll, in der die Architektur zum Resonanzkörper der Natur wird, zum Verstärker des Regens, den der Einsiedler Thoreau genoss, als er auf das Dach seiner Blockhütte am Walden-See prasselte, im Gegensatz also auch zu John Cage, zur Stille aller ungehörten Geräusche und Klänge, gibt uns die Architektur, bevor wir sie in ihrer ganzen Pracht erkennen, das Beispiel einer „Stille der Stille".

Sie widerspricht der *monströsen Stille*, jenem „unendlichen Getöse" der Natur, wovon Thoreau ein Lied singen konnte. Für die Transzendentalisten war die Stille immer konkrete Erfahrung und Metapher zugleich, da sie nicht nur die

Stimme der Natur hörbar macht, sondern stets auch die göttliche Vernunft, die sich in der zauberhaften Polyphonie der Landschaft Neu-Englands und den zuweilen ohrenbetäubenden Konzerten der Wildnis in gleicher Weise ausspricht. Die architektonische Stille aber ist eine andere. Sie hält Distanz zur Natur und unterscheidet sich ebenfalls von dem, was Wright an der heroischen Baukunst schätzte, wenn die Glocken läuten und der Organist alle Register zieht...

Und es gilt eine weitere Differenz zu beachten. Thoreau vertraute seinen Tagebüchern an, in seinem Boot in der Ruhe des Walden-Sees höre er „fast auf zu leben und fange an zu *sein*". Damit hatte er bewusst oder unbewusst ein berühmtes Motiv aufgegriffen, das Rousseau in seinen „Träumereien eines einsamen Spaziergängers" beschrieben hatte. Dort wird die Erfahrung des reinen Daseins, der ungetrübten Präsenz, auf die gleiche Situation zurückgeführt, die Hölderlin zu den Worten inspirierte: „Vorwärts aber und rückwärts wollen wir/ Nicht sehn. Uns wiegen lassen, wie/ Auf schwankem Kahne der See". Man spürt sogleich: Es geht hier um höchste Dinge, die sich hinter unbedeutenden Vorgängen verbergen – um einzigartige Daseinserfahrungen, die sich einer beseelten Natur verdanken.

Auf den ersten Blick scheint es sich mit der architektonischen Stille ähnlich zu verhalten, die stets von Räumen ausgeht, deren Atmosphäre stärker ist als die Gefühle und Gedanken, die mit uns eintreten. Dann verstummen wir und beginnen uns auf zwei Dinge zu konzentrieren. Zum einen erwachen jene Sinne, die das Bauen mehr als andere Künste anspricht: Tastsinn und Geruchsinn. Sprechen wir zunächst hiervon. Als ein beständig mit den Füßen durch die Welt stapfendes Wesen, das bisweilen die Hände zur Hilfe nehmen muss, um sich seinen Weg aus der Dunkelheit zu tasten, steht der Mensch in Dauerkontakt mit der Architektur. Mit dem Riechen verhält es sich ähnlich, in der Regel haben aber Küche und Parfümerie unseren Nasen Diffizileres zu bieten. Doch interessiert der Geruchssinn ja nicht nur in seiner organischen, er interessiert uns auch in seiner „intellektuellen" Funktion.

Dem Ohr verdanken wir die Musik, dem Auge die Malerei und vieles andere mehr, nur die Nase hat uns keine autonome Kunstgattung beschert. Andererseits behaupten die Gehirnforscher, die Fähigkeit des episodischen Gedächtnisses, sich aufgrund kleinster Hinweise der kompliziertesten Erlebnisse zu entsinnen, sei aufs Engste mit dem Geruchssinn verknüpft. Die hieraus abgeleitete These, unser Gedächtnis sei in der Evolution als „Geruchsgedächtnis" entstanden, scheint die späte Bestätigung einer Theorie, die einer der bedeutendsten Schriftsteller des 20. Jahrhunderts formulierte: Marcel Proust. Er stützte sein Hauptwerk *Auf der Suche nach der verlorenen Zeit* auf die Behauptung: „Wenn von einer weit zurückliegenden Vergangenheit nichts mehr existiert, nach dem Tod der Menschen und dem Untergang der Dinge, dann verharren als einzige der Geruch und der Geschmack, um das unermessliche Gebäude der Erinnerung zu tragen."

Die präzise Erinnerung an die Gärten von Combray, der Stadt seiner Kindheitstage, überwältigte Proust, als ihn der lang entbehrte Geruch eines in Lindenblütentee getauchten Gebäckstücks in die Nase stieg, und er den Geschmack der *Petite Madeleine* auf der Zunge spürte. Sein Jahrhundertroman hätte vielleicht auch durch den spezifischen Geruch eines Gebäudes hervorgerufen werden können. Dennoch verwenden Architekten im Gegensatz zu den Geruchsdesignern der großen Automobilkonzerne kaum einen Gedanken auf den Duft ihrer Räume. Dass Gebäude unsere Nasen beschäftigen, scheint eine Tatsache ohne Folgen für den Entwurf, die nur zum Handeln zwingt, wenn es irgendwo stinkt.

Hierzu scheint zu passen, dass der in der architektonischen Stille geförderte Geruchssinn eher selten das episodische Gedächtnis aktiviert. Nicht jedem Geruch entsteigt ja eine erinnerungswürdige Vergangenheit. In den meisten Fällen führt die Konzentration auf das Tasten und Riechen, wozu uns die dunkle „möblierte Höhle" verurteilt, zu einer gewaltigen Regression, zur Rückverwandlung in einen blinden und gehörlosen Wurm, den Hermann Finsterlin zum Adressaten seiner Architektur machte. In ihr sollten Menschen sich zu „Gallwespenbabies" zurück entwickeln, die in expressionistischen Schneckenhäusern gedeihen wie Embryos im Mutterleib.

Der Geruchssinn fordert von uns einen extremen Spagat zwischen Trieb und Intellekt, regressiven Wünschen und komplizierten Gedächtnisschüben. Die Behauptung liegt nahe, die Heterogenität der Nase stehe in kurioser Analogie zur Dialektik des Bauens. Ich komme darauf zurück, indem wir uns jetzt dem zweiten Phänomen widmen, auf das uns die architektonische Stille einstimmt: auf die Schrift. Sie spannt einen Bogen aus der Mitte der Stille ins Zentrum des Spektakels. Während wir sie entziffern, kehren wir allmählich in die Realität zurück.

2. Das Verhältnis der Schrift zur sinnlichen Rezeption der Architektur ist so dialektisch wie die Leistungen des Geruchsinns. Zu ihm und zur taktilen Erfahrung bildet die Schrift den intellektuellen Widerpart, aber auch ein Supplement. Der Tastsinn findet seine Entsprechung in ihr, weil die berührende Hand das Verbinden und Trennen, Entwirren und Verflechten unserer Sätze in die Luft schrieb, noch ehe einzelne Graphen in Knochen und Steine geritzt wurden. Zu Duftreizen wiederum bildet die Schrift eine notwendige Ergänzung, weil sie den Geruch, der „das unermessliche Gebäude der Erinnerung" trägt, unsterblich macht. Die Schrift fixiert die Erinnerung. Aus diesem Grund hatte der kränkelnde Proust zur Feder gegriffen, damit sich der Inhalt seiner „Geruchskonserven" nicht verflüchtigt, nachdem er sie geöffnet hatte.

Bevor wir uns ganz der architektonischen Schrift widmen, sei ein Letztes noch zur architektonischen Stille gesagt: Sie erstreckt sich zwischen der Bipolarität des Menschen, zwischen seiner Vernunft und seiner Triebnatur. Sie tut dies, indem sie an unsere niederen Sinne appelliert, die aktiver werden, wenn die

Ohren abschalten und die Augen sich schließen, wenn alles um uns zu Geruch und „haptischer Substanz" wird. Doch während die Hände noch tasten, um Oberflächen zu entziffern, ruft die Stille unseren Intellekt wach, und unsere Augen beginnen sich wieder zu öffnen.

So viel Regression und Reflexion zugleich gestattet nur die Architektur. Das mag daher rühren, dass es ihr nicht gelingt, uns emotional derart zu überschwemmen wie die Musik. Hierzu fehlt es ihr offenbar an dynamischer Kraft. Die architektonische Stille reißt uns nicht fort, einem Ozean zu. Ihr Erlebnis löst keinen Tränenfluss aus. Sie hält uns eher fest, wenn wir uns zu verlieren drohen und gibt uns das Gefühl, an einem Ort zu sein, von dem aus sich die Richtungen unseres Denkens, Fühlens und Handelns neu bestimmen lassen. Das gilt selbst für „dekonstruktivistische" Bauten.

All das geschieht im Zustand des Staunens. Mit offenem Mund stehen wir in den großartigen Räumen der Stille, mit denen uns die Architektur immer wieder überrascht. In ihnen pendeln wir zwischen Sprachlosigkeit und Schriftgelehrtheit hin und her, bis uns das Spektakel der Formen, Klänge und Farben aus der Versunkenheit wieder weckt und der lärmenden Welt zurückgibt. Wir vergessen dann den Geruch, die Hände schrecken vor weiteren Berührungen zurück, und es verblasst die Schrift vor unseren Augen.

Der Titel *Architektur und Aisthesis* will daran erinnern, dass die sinnliche und die geistige Rezeption der architektonischen Stille ineinander verschwimmen. Sie treten erst auf dem langen Weg auseinander, den die Baukunst im Lauf der Jahrhunderte in die lärmenden Zentren der abendländischen Kultur zurückgelegt hat. Dort also, wo die Stille von dem abgelöst wird, was Jacques Derrida den okzidentalen Phonozentrismus nannte. Doch bevor der Verdacht aufkeimt, ich wolle meine Thesen mit einer Philosophie aufpeppen, die schon Peter Eisenman auf ihre architekturtheoretische Eignung hin befragte, komme ich ein weiteres Mal auf Frank Lloyd Wright zu sprechen, der auf seine Weise die Bedeutung der Schrift hervorzuheben und für die Architektur fruchtbar zu machen wusste.

1901 hielt er den Vortrag *Die Kunst und Fertigkeit der Maschine*, in dem er einen Faden aufgriff, den Victor Hugo in seinem Roman *Der Glöckner von Notre Dame* (1832) gesponnen hatte. In dieser um 1480 spielenden Erzählung wird die Architektur als steinerne Schrift der Menschheit gepriesen und zugleich ihr Tod durch den Buchdruck prognostiziert. Das Bauen, heißt es, war „bis zu Gutenberg die wichtigste, die allgemeine Art des Schreibens. In dieses granitene Buch, welches das Morgenland angefangen und das griechische und römische Altertum weitergeführt hatten, schrieb das Mittelalter die letzte Seite."

Wright nannte *Notre Dame* den „brillantesten Essay, der bisher (!) über Architektur geschrieben wurde". Ihm gefiel sehr, dass dort die Architektur als „universale Schrift der Menschheit" definiert wurde. Zugleich machte er sich die These zueigen, das Bauen habe mit dem Aufkommen des Buchdrucks seine Bedeutung als universelle Schrift eingebüßt. Wrights Betrachtung gilt der *abwesenden Schrift* in der Architektur, der Flucht des Denkens aus den „granitenen" in die gedruckten Bücher. Begründet wird diese Flucht mit Gutenbergs Druckmaschine, die der Schrift eine unzerstörbare Bleibe gegeben hat. Ein Bauwerk wird abgerissen oder zerfällt, der in hoher Auflage vervielfältigte Gedanke aber ist ewig.

Man sehe nur, klagt Wright, wie die Architektur von dem Zeitpunkt an, als ihr Schriftcharakter verblasste, vertrocknete: „Wie man das Wasser sinken, den Saft verströmen, das Denken der Zeiten und Völker sich daraus zurückziehen fühlt. (...) Auf erbärmliche Weise wurde sie zu einer klassischen Kunst." Das gedruckte Buch löste die Architektur ab, weil es sie geistlos machte. In diesem Zustand der Schwäche und des Sprachverlustes rettete sich das Bauen in einen programmatischen Klassizismus und verwandelte sich in eine einsilbige Kunst.

Freilich hatte das Denken die Architektur nicht gänzlich verlassen. Das fachliche Know-how nahm ja gewaltig zu. Man könnte darum sagen, dass Gebäuden weiterhin große Mengen eines Erfahrungswissens inkorporiert wurden, die sich in keiner gedruckten Schrift fanden. Doch genau das interessierte Wright wenig. Schließlich gibt jedes Artefakt einen Teil des spezialisierten Wissens preis, dem es sein Zustandekommen verdankt. Die gotischen Kathedralen aber spiegelten darüber hinaus den gesamten kulturellen Diskurs der Gesellschaft wider, in deren Mitte sie entstanden waren.

In Erinnerung dieser Tatsache wollte Wright die Moderne als eine Epoche begründen, in der Ähnliches wieder möglich sein könnte. Die Architektur sollte – mit neuen Inhalten gefüllt – wieder zu ihrer grandiosen Schriftbedeutung zurückfinden, ohne dass damit eine Restauration vergangener Herrschaftsformen einhergehen würde. Wright besann sich daher der Architekturtheorie, in der ja ein Teil des emigrierten Denkens vermutet werden konnte. Er hoffte auf diese Weise auf eine Idee zu stoßen, wie der kulturelle Diskurs der Moderne dazu bewegt werden könnte, ins Bauen zurückzukehren.

Der Abstecher in die Theorie lohnte sich. Wright erkannte: Architekten können nur dann wieder Bücher bauen, wenn sie den gleichen Mut wie Gutenberg aufbringen und über Möglichkeiten der maschinellen Reproduktion der „steinernen" Schrift nachdenken. Hierzu müssten sie allerdings die Hürde einreißen, welche die Arts and Crafts Bewegung gegen die moderne Maschine aufgerichtet hatte: ihre technikfeindliche Ideologie, die ihre Wurzeln nicht zuletzt in dem Misstrauen hat, das die abendländische Philosophie seit jeher gegenüber der geschriebenen Sprache hegte.

Letzteres ist zumindest die These Derridas, die er in seiner *Grammatologie* (1967) verfochten hat. In ihr versuchte er nachzuweisen, dass Sprechen und Schreiben in falscher Konkurrenz zueinander stehen. Platon habe hierfür gesorgt mit der Behauptung, Wahrheit lasse sich nicht aufschreiben, sie lasse sich nur aussprechen. Fortan wurde das, was man für wahr halten wollte, mit der Seele in Zusammenhang gebracht, von der man annahm, sie klinge in der Stimme mit und garantiere die Authentizität des Gesagten. Dem beseelten Wort stellte man das geschriebene gegenüber, das als eine Technik denunziert wurde, die den Gedanken korrumpiert. Und nun erst die Druckmaschine – sie verzerrte ja die zur Handschrift entfremdete Botschaft der Stimme ein weiteres Mal.

Wright versuchte sich offenbar von diesem Vorurteil zu lösen und begann darüber nachzudenken, ob die Produktion architektonischer Texte in ähnlicher Weise wie einst die Buchstabenschrift maschinell beschleunigt und verbilligt werden könnte, damit der Geist wieder Einkehr halte in die Architektur. Unter Geist wird Wright vor allem die Lehre der Transzendentalisten verstanden haben, ihre große Naturliebe und Begeisterung für die amerikanische Demokratie – Themen, die schon Sullivan beschäftigt hatten. Sie musste man nur einer Technik „an die Fersen heften", mit deren Hilfe die Architektur zu rationalisieren war.

Das Stichwort Rationalisierung weist uns darauf hin, dass wir es mit einer ökonomischen Überlegung zu tun haben. Sie macht es möglich, dass wir der Schrift einen anderen Namen geben können. Wir erfahren ihn von Adolf Loos. Während Wright einklagte, die Maschine müsse eine Renaissance des gebauten Buches einleiten, wurde Loos nicht müde zu erklären, weshalb Architekten, die sich mit Dichtern verwechseln, Sand im Getriebe moderner Volkswirtschaften sind. Zugleich sprach er statt von Schrift von Ornament. Das scheint die Sache konkreter zu machen.

Doch Vorsicht, Ornament ist bei Loos kein ästhetischer, es ist ein ökonomischer Begriff, trotz und gerade weil er es für unökonomisch hielt. Mit Bataille könnte man von der Verschwendungsökonomie des Ornaments reden, da es sich dem Prinzip der Verausgabung verdankt: der Verausgabung von Geld, Material, Arbeitskraft und Arbeitszeit. Das Ornament macht uns darauf aufmerksam, dass Schrift immer Luxus ist. Loos machte allerdings einen Unterschied zwischen einem Luxus, der ästhetisch gerechtfertigt, und einem Luxus, der unrentabel und deshalb unmoralisch ist. Entsprechend gäbe es also eine erlaubte und eine unerlaubte Schrift.

Wright war ebenfalls der Meinung, dass Ornamente, die nur unter den größten Kosten und Mühen angefertigt werden können, einer modernen Gesellschaft nicht gut zu Gesicht stehen. Wir alle wollen ja an kulturellen Ereignissen partizipieren, ohne uns dabei ruinieren und unseren Kunstgenuss Menschen verdanken zu müssen, die unseretwegen Fronarbeit verrichten. Jede schweißtreibende Arbeit, die zur Kunstproduktion aufgewendet wird, gereicht einer modernen Kultur zur Unehre. Loos wollte daher allen Disziplinen das Prädikat Kunst absprechen, die zur Herstellung ihrer Ornamente die Menge der entfremdeten Arbeit erhöhen, die zur Aufrechterhaltung der bürgerlichen Ökonomie sowieso schon notwendig ist.

Aus diesem Grund plädierte er für die Entfernung der Schrift aus der Architektur und untermauerte dies mit dem Ausschluss des Bauens aus dem Reich der Kunst. Vermutlich hätte er Wright gesagt, es ist doch gar nicht schlimm, dass die Architektur durch Gutenberg zur „Geistlosigkeit" verurteilt wurde. Nun muss sie sich nicht länger grämen und mit einem Denken belasten, das mehr will als gut funktionierende Häuser zu bauen. Für Loos hatte die Architektur endlich die volle Konsequenz aus dem verlorenen Wettstreit um die universale Schrift der Menschheit zu ziehen und aus der Not ihres intellektuellen Rückstands die Tugend intelligenter Wohnungszuschnitte zu machen: funktionale Raumkomposition statt ästhetische Schrift.

Das klang sehr fortschrittlich, entsprang aber einer konservativen Prognose zur Entwicklung der architektonischen Produktionsmittel. Loos diktierte dem moderne Bauen den Verlust der Schrift, weil ihm im rückständigen Österreich offenbar nicht eingefallen war, den handwerklichen Status der Architektur zu überdenken. Seinem Beispiel folgend bekannte sich die moderne Bewegung zur „Ästhetik des Geizes", die dazu führte, dass die leer gefegten Oberflächen ihrer Baukörper zu Projektionsflächen für Träume wurden, die sie nicht selbst evozierten.

Es waren die modernen Massenmedien, die nun die Texte produzierten, die das Neue Bauen aus seinen Fassaden entfernt hatte. Le Corbusier hat diesen Sachverhalt mit aller Deutlichkeit in der Villa Schwob (1916) inszeniert, deren Straßenfassade vom Motiv des leeren Bilderrahmens beherrscht wird. Man könnte sie auch als eine Kinoleinwand beschreiben, die darauf wartet, dass auf sie ein Disney-Film projiziert wird. Anders Wright. Er wollte die Architektur als Schriftkunst restituieren und aus der industriellen Fertigung heraus eine neue Ornamentik entwickeln. Also dachte er über die Herstellung von Fassaden nach, die aus maschinell produzierten Bauelementen bestehen. Sie sollten die neuen Letter sein, aus denen er seine Texturen zusammensetzen wollte.

Ich füge an dieser Stelle einen kleinen Exkurs ein, bevor ich verrate, wie Wright seine Aufgabe löste. Ich möchte das tun, um das Beziehungsgeflecht von Schrift, Ornament und Textur um das Textil zu erweitern und um wenige Hinweis zu Semper, der die kommunikative Funktion der Fassade hervorgehoben, die Architektur auf die textile Kunst und den Stilbegriff auf ein Schreibwerkzeug zurückgeführt hat. Es waren genau diese Bemühungen, die zu seiner Popularität in Chicago führten.

In seinem 1869 erschienen Aufsatz *Über Baustile*, der von Sullivans Kollegen John Welborn Root zusammen mit einem deutschen Emigranten ins Amerikanische übersetzt wurde, erinnert Semper daran, dass unser Wort „Stil" vom lateinischen *stilus* herrührt, womit ein Schreibinstrument gemeint war. Im Wörterbuch kann man nachlesen, dass es sich hierbei um einen eisernen oder knöchernen Griffel handelte, mit dessen Spitze auf Wachstafeln geschrieben wurde, während man etwaige Fehler mit dem breiten Ende des Stiftes, dem *stilum vertere*, tilgen konnte, indem das Wachs einfach wieder glatt gestrichen wurde. Zum zweiten meint *stilus* aber auch das Schreiben, Abfassen und Komponieren eines Textes, und weil etwas kunstvoll Komponiertes von Stil zeugt, ging von dem lateinischen Wort schon bald die Wortbedeutung aus, die wir kennen.

Stilus ist ein Geschriebenes, das Stil hat im Sinne einer Kunst oder Kunstfertigkeit. Das spontan dahin plätschernde Sprechen wird im Akt des Schreibens diszipliniert und in Form gebracht. Dabei droht die Lebendigkeit der Stimme verloren zu gehen, gewiss, doch gewinnt der Aspekt der Komposition an Bedeutung. Sprache, so könnte man sagen, konstituiert sich in der Dialektik des unbändigen, bilderreichen Redens und des klassifizierenden, Struktur und Begriffe bildenden Schreibens.

Semper verknüpfte das grapheologische Moment, das dem Stilbegriff innewohnt, mit dessen historiographischem Aspekt, mithin die Lehre von der Schriftwerdung der Sprache mit der Vorstellung, die Schrift sei das Gedächtnis des Gesprochenen. Mit dieser These antizipierte er gewissermaßen Derridas These, gesprochene und geschriebene Sprache seien gleichwertig, und letztlich seien alle Kulturzeugnisse eine Art Schrift, die eine Spur in der Welt hinterlassen und auf diese Weise geschichtsbildend gewirkt haben.

Entscheidend ist für mich, dass Semper den Gedanken der *architecture parlante*, dem die französischen Revolutionsarchitekten anhingen, konsequent weitergedacht hat. Für Boullée und Ledoux war abgemacht, dass ein Bauwerk, das als bedeutend gelten will, sein Programm und seine Funktion symbolkräftig ins Bild gesetzt haben muss. Architektur war für sie ein steinerner Text, der bereits einem Massenpublikum seinen kulturellen Zweck lauthals zu verkünden weiß. Ich sage lauthals, weil sich die Rede von der *architecture parlante* auf das gesprochene Wort bezieht. Die Revolutionsarchitektur wollte die Menschen überreden wie ein antiker Rhetor. Sie wollte weniger bewahrende Schrift sein als vielmehr Symbol einer neuen Zeit und Gesellschaft, die sich selbst neu erfinden und dabei an die Zukunft und nicht an die Vergangenheit denkt.

Obschon Semper im politischen Sinne weit mehr ein Revolutionär genannt zu werden verdient als die Revolutionsarchitekten, immerhin stand er während des Dresdner Mai-Aufstands 1849 auf der Barrikade, war es ihm nicht um die propagandistische Funktion der Architektur zu tun. Ihm, dem Kulturtheoretiker, ging es weniger um eine sprechende als um eine schreibende Architektur. Nicht das steinerne Wort, sondern die steinerne Schrift faszinierte ihn. Er brach aus der phonozentrischen Betrachtung der Architektur als programmatische Rede, die das moderne Bauen von Boullée bis Le Corbusier bestimmte, aus und betätigte sich eher im Sinne Derridas als architektonischer Grammatologe. Das war ja auch der Grund, weswegen er den textilen Ursprung der Architektur behauptet und der Textur ein größere Bedeutung eingeräumt hatte als der Tektonik, die das Thema Schinkels war.

In seinem Architekturverständnis spielen Technik und Konstruktion eine geringere Rolle als die symbolisch-kulturelle Funktion des Bauens. Farbgebung und Ornamentik sind keine überflüssige Zutat, sie bilden den Kosmos der Architektur, denn Kosmos heißt im Griechischen beides: Zierrat und Himmelszelt. Eine Zier ist der Himmel aufgrund der Sterne, die ihm wie Ornamente aufgestickt scheinen.

Sempers These, die textile Kunst sei der Ursprung der Architektur gewesen, macht nur dann Sinn, wenn man alle Kunst und also auch die Architektur zur Schrift erklärt. Bevor die gesprochene Sprache ihre Schriftform und ihren Stilus fand, gestikulierten immer schon die Hände der miteinander Sprechenden, um das Gewebe unserer Sprache anschaulich zu machen. Es waren dies die gleichen Hände, die Knoten, Flechtwerke und Teppiche herstellten und auf diese Weise bekundeten, dass Kultur im Miteinander sprechender Münder und flechtender Hände begründet ist.

Der kulturelle Text war also von Anfang an beides: verflochtene Worte und gewobene Textilien. Bevor das Buchstabenwissen durch bewegliche Lettern massenhaft reproduziert und vertrieben wurde, gab es bereits in Gestalt des Textils ein manufakturiertes Gewerbe zur Verfertigung kultureller Texte. Nach Semper hatte vor allem Wright erkannt, dass die Frage nach der Schrift grundsätzlich mit dem Phänomen der Industrialisierung verknüpft ist. Doch während Semper noch zweifelte, ob der Künstler die moderne Maschine ästhetisch in den Griff bekommen könnte, betrachtete Wright, wie Kenneth Frampton so schön formulierte: „die Maschine optimistisch als den Phönix, der sich aus der Asche seiner gewöhnlichen Kitschproduktion erheben würde, um eine demokratische Kultur von einmaliger Qualität und Tragweite hervorzubringen."

Um diesen Prozess zu beschleunigen, erfand Wright den textilen Block, den er als fest, leicht, dauerhaft und technisch perfekt beschrieb. Es handelte sich um vorfabrizierte Betonsteine, die zum Aufbau zweischaliger Außenwände dienten. Außerdem konnte ihnen bei der Herstellung ein reliefartiges Muster aufgeprägt werden. In La Miniatura, einem Haus in Kalifornien, das Wright 1923 für Alice Millard baute, kam sein textiles Block-System zum ersten Mal voll zur Geltung. Dabei zeigte sich, dass mit diesen Steinen nicht nur ein erdbebensicherer Bau zu realisieren war, sondern eine Textur von großer ornamentaler Kraft. Wright bemerkte hierzu, zum ersten Mal könne ein Bau mit einem Material hergestellt werden, „das zu einem Muster oder Design gewoben wurde, wie ein alter Orientteppich."

Kein anderer Architekt hat Semper so wörtlich genommen und ist dabei so weit gegangen, seine Tätigkeit mit der eines Webers zu vergleichen. Die moderne Bewegung jedoch blieb hiervon eher unbeeindruckt. Glücklicherweise ist es nicht dabei geblieben. Inzwischen scheint die Wiedergewinnung der Architektur als Schrift und kulturelles Ereignis in aller Munde. Längst gehören Berühmtheiten wie Herzog und de Meuron zu den aufmerksamen Lesern Sempers und Frank

Lloyd Wrights. Man merkt es auch daran, dass mit ihren Gebäuden der architektonische Diskurs über die Expertenzirkel hinaus gewachsen ist. Ornamente reden nun mal kein Fachchinesisch. Sie berücksichtigen, dass den Architektur begeisterten Laien Kräfteverläufe wenig kümmern. Auch keine Kompositionsregeln. Das Tabu der Moderne über die Fassade ist gebrochen. Die Folge ist: ästhetisch ambitionierte Architektur beginnt populär zu werden. Es scheint ganz so, als wolle endlich auch das Bauen in der Moderne ankommen.

Building Codes und Design Codes
oder: Votum für die Einheit von Theorie und Praxis

Nichts fördert die Verwissenschaftlichung und Historisierung der Theoriebildung so sehr, wie mangelnde Tuchfühlung mit der Praxis. Die Tatsache, dass aus Kunsttheorie Kunstgeschichte, aus Literaturtheorie Literaturwissenschaft und aus Musiktheorie Musikwissenschaft wurde, hat ihren Grund darin, dass Maler, Schriftsteller und Komponisten die theoretische Reflexion ihres Metiers an Wissenschaftler delegierten, die selber keine Künstler sind. Ähnliches geschieht seit längerem auch mit der Architekturtheorie. Praxisferne und Verwissenschaftlichung sind zwei Seiten einer Medaille.

Architekturtheorie ist Legitimationstheorie, doch statt Propaganda zu machen für einen bestimmten Architekturstil oder ein erfolgreiches Büro, stellt sie das Bauen radikal infrage. Aber bei aller Kritik, Verneinung, Feier und Wiedergeburt des Architektonischen bleibt eine Gewissheit bestehen: Wie alle anderen Künste – wie Musik, Literatur, Film, Theater, Tanz und Malerei – zählt selbstverständlich auch die Architektur zu den unverzichtbaren ästhetischen Aktionsfeldern des Menschen. „Schönheit" und Nutzen, ob sie nun programmatisch in eins fallen oder provokativ auseinander treten, bilden ihre Hauptkomponenten und machen die Architektur zum Gegenstand kultureller Diskurse. Aus diesem Grund gibt es ja auch kein Definitionsmonopol, weder für den erfahrenen Baumeister und gepriesenen Stararchitekten, die beide für sich reklamieren, sie allein wüssten, was Architektur sei, noch für mächtige Politiker und kapitalstarke Investoren, die glauben, der regionalen und internationalen Baukultur die Richtung vorgeben zu können.

Legitimation und Definition der Architektur bilden die Gegenstände eines Fachs, dessen Grenzen porös sind. Nicht nur gegenüber der Gesellschaft und ihrem legitimen Mitspracherecht in Sachen Kunst und Kultur, sondern genauso gegenüber sämtlichen Wissenschaften, deren Argumente und Methoden das Bauen seit jeher inspirieren. Architekturtheorie ist der Versuch, diejenigen Elemente eines Entwurfs oder eines Gebäudes zu identifizieren, die uns träumen lassen. Sie interpretiert die Symbolisierungsleistungen der Architektur, reichert sie mit neuen Erzählungen an und verteidigt sie gegen die instrumentelle Vernunft, die das Bauen ganz und gar der Ökonomie unterwerfen möchte.

So wie das avancierte Bauen unsere ästhetischen Erfahrungen bereichert und unser Verhalten im Raum gegen die Norm korrigiert, so bleibt es doch immer den Nöten des Alltags unterworfen. Die Architektur steht vermittelnd zwischen beiden Polen, zwischen Leben und Kunst, und die Architekturtheorie hilft ihr dabei, das Gleichgewicht zu halten. Diesem Gleichgewicht widmete sich seit der Antike die Proportionslehre, die zwar im 18. Jahrhundert entmachtet wurde, doch war sie damit nicht aus der Welt. Das Verhältnis von Ästhetik und Alltag unterliegt auch und gerade in unserer Zeit einer ständigen Justierung durch Regeln, die heutzutage freilich unter anderen Begriffen verhandelt werden. Zum Beispiel unter dem Begriff der Kodifizierung.

Der Antagonismus der modernen Architektur

Bevor hier Fragen der Kodifizierung angesprochen werden können, muss ich kurz auf das zu sprechen kommen, was man den Januskopf der modernen Architektur nennen könnte. Gemeint ist damit, *dass die moderne Architektur Wasser predigte und Wein trank.* Präzise gesprochen: auf den ersten Blick erscheint die moderne Architektur *clean*, puristisch, asketisch, spröde und lustfeindlich. Sie förderte den Putzteufel, der seit den Shakern in jeder modernen Hausfrau steckt, und sie will uns noch heute mit ihren sauberen weißen Fassaden und sonnigen Zimmern zu einer gesunden, hygienischen und diätischen Lebensweise überreden. Auf den zweiten Blick aber erkennen wir hinter dem Verbot von Luxus, Farbe, Schmuck und Ornament einen gesteigerten Hang zu Qualität und Kostbarkeit. Genauer: zur Qualität der Verarbeitung und Kostbarkeit der verwendeten Materialien.

Hinter der modernen Propaganda des Verzichts versteckte sich das Bedürfnis nach dem Besonderen und Wertvollen. Die Kostbarkeit eines Kunstwerks, eines Gebäudes oder eines Möbelstücks richtete sich an die Experten und Parteigänger der modernen Bewegung. Der Verzicht war dagegen an den „kleinen Mann" adressiert, dem im 20. Jahrhundert jene Einfachheit (*simplicity*) und Behaglichkeit (*comfort/conveniance*) zugute kommen sollte, die das Bürgertum bereits im 18. Jahrhundert für alle Menschen gefordert, dann aber für sich reserviert hatte. Nun sollten diese Errungenschaften endlich auch dem Proletariat in kleiner Münze ausbezahlt werden. Und die neue Währung erwies sich immerhin als stark genug, um die „Wohnung für das Existenzminimum" finanzieren zu können.

In dem Maße, in dem die „roten Kommunen" (Lyon, Wien, Frankfurt, Berlin etc.) die Losung der Brüderlichkeit nach dem ersten Weltkrieg auf die obdachlosen Massen zu erweitern suchten, verschärfte sich die Schlichtheitsformel der bürgerlichen Baukultur zum Asketismus. Doch war es nicht das Proletariat, das die radikalisierte Einfachheit im Bauen forderte, es war die europäische Architektenavantgarde. Sie sorgte dafür, dass sich die *Simplicity*, mit der das frühe Bürgertum gegen die Prunksucht einer arbeitsfaulen Aristokratie aufbegehrt hatte, in der Weimarer Republik in eine antibürgerliche Armutsästhetik (Walter Benjamin) verwandelte.

Mit der Armutsästhetik kennen wir aber erst *eine* Form der bürgerlichen Selbstkritik. Auf der Schwelle zum 20. Jahrhundert, als die bürgerliche Kultur völlig erschöpft schien und sich zunehmend dem Verdacht des Selbstbetrugs ausgesetzt sah, erschien plötzlich die verpönte Verschwendungskultur des *ancien regimes* in neuem Licht. Der politisch entmachtete Adel und die Künstlerboheme fanden sich darin geeint, dass sie die bürgerliche Sparsamkeit verachteten. Einst Ausdruck des moralischen Aufbegehrens, hatte sie sich zum Dogma verhärtet

78

und in der Kunst einen Aufstand provoziert. Und zwar mit einer Vehemenz, mit der die Architektur nicht mehr Schritt zu halten wusste. Standen noch im Barock Musik, Tanz und Malerei im Schatten architektonischer Prachtentfaltungen, war das moderne Bauen den Exzessen der Klänge, Formen und Farben expressionistischer und surrealistischer Kunstwerke längst nicht mehr gewachsen.

In Trotzreaktion hierauf radikalisierte sich die „Simplicity-Ästhetik" der bürgerlichen Baukultur zur *Neuen Einfachheit* der modernen Architektur und damit zu einem Funktionalismus, der, mit den Worten Adolf Loos': die Architektur für immer aus dem Reich der Kunst ausschließen sollte. Man war der Meinung, dass sich die Verausgabungspotentiale der autonomen Künste nicht auf das Bauen übertragen ließen, das in der Realität der kapitalistischen Ökonomie fest verankert schien. Dennoch blieb die Architektur von der ästhetischen Verausgabung und „Aristokratisierung" der Künste keineswegs verschont. Das lässt sich nicht nur am Jugendstil, sondern ebenso an Adolf Loos zeigen, der den Habitus des englischen Gentlemen angenommen hatte und die Luxusbedürfnisse seiner Bauherrn mit kostbaren Holzvertäfelungen und Marmorflächen zu befriedigen wusste.

Lässt sich derart der Antagonismus der modernen Architektur auf die Polarisierung zweier Ökonomien zurückführen: auf die Sparsamkeits- und die Verausgabungsökonomie, kann die Genese ihrer Einflussnahme auf das Bauen in folgenden vier Thesen gebündelt werden:

I. **Traditionelle Architektur** war ein Luxusgut, das auf der Verausgabungsökonomie und Verschwendungsästhetik der Feudalaristokratie basierte und vorwiegend repräsentative Aufgaben wie den Palast- und Kirchenbau umfasste.

Traditionelle Architektur = Verausgabungsökonomie + Verschwendungsästhetik

II. **Moderne Architektur (1)** des 18. und 19. Jahrhunderts basierte auf der Sparsamkeitsökonomie und Schlichtheitsästhetik des Bürgertums, das die Menge der Gebäude, die den Namen Architektur verdienen, um eine große Anzahl öffentlicher und privater Bauaufgaben erweiterte. (Hierzu rechne ich natürlich nicht die Prunkfassaden der Gründerzeit, die bereits als eine Art Wiederkehr der traditionellen Verausgabungsästhetik bzw. Refeudalisierung der Bourgeoisie betrachtet werden müssen.)

Moderne Architektur (1) = Sparsamkeitsökonomie + Schlichtheitsästhetik

III. Moderne Architektur (2) des 20. Jahrhunderts basierte auf einer radikalisierten Sparsamkeits- bzw. Umverteilungsökonomie und einer Armutsästhetik, die die technischen, hygienischen etc. Errungenschaften der Moderne allen sozialen Schichten zukommen lassen wollte. Die Folge war, dass nahezu sämtliche Bauaufgaben, von der Universitätsklinik bis zum Arbeiterhäuschen, zur Architektur erklärt wurden.

Moderne Architektur (2) = radikalisierte Sparsamkeitsökonomie + Armutsästhetik

IV. Avantgardistische Architektur ließ sich vom Futurismus, Konstruktivismus, Expressionismus und Surrealismus inspirieren und erfuhr später im Situationismus und der Popkultur ihre Fortsetzung. Sie basiert auf einer Verausgabungsökonomie und Verschwendungsästhetik, die eine Radikalisierung der sozialistischen Umverteilungsideen im Schilde führt, mit denen schon die Armutsästhetik sympathisiert hatte. Nun sollte aber nicht mehr der Schlichtwohnungsbau im Vordergrund stehen, sondern die Realisierung utopischer Projekte. Schon Charles Fourier hatte Versailles zum Prototyp eines universellen Existenzmaximums machen wollen. Die Folge war: das Arbeitsfeld der Architekten schloss nun nicht mehr nur alle notwendigen, sondern sämtliche fiktiven und visionären Bauaufgaben mit ein.

Avantgardistische Architektur = Verausgabungsökonomie + Verschwendungsästhetik

Im Folgenden möchte ich zeigen, dass die beiden Ökonomien, die das Janusgesicht der modernen Architektur verstehbar machen, durch ein zweites Begriffspaar ergänzt und kommentiert werden können, das den Vorteil hat, keinen Widerspruch zu produzieren. Ich glaube, dass sich dieser Umstand produktiv auf unser bisheriges Moderneverständnis auswirken wird, das unter der Diktatur des *Entweder-Oder* steht. Es besteht Hoffnung, dass dieser Zustand durch ein demokratisches *Sowohl-Als auch* abgelöst werden könnte. Hierbei soll uns das neue Begriffspaar helfen. Es lautet *Building Codes* und *Design Codes*.

Die Kodifizierung der Architektur

Mit *Building Codes* sind sämtliche technische, wissenschaftliche und juristische Normierungen gemeint, die unsere kollektiven Ansprüche an die Architektur im Planen und Bauen manifest werden lassen. Auf der informellen Ebene gerinnen sie zum „Gesetz des Handelns" (praktische Rationalisierung) und auf der formellen Ebene zu Rechtsgütern wie DIN-Normen und Baurichtlinien (theoretische Rationalisierung). *Building Codes* bilden die normierte Realität des Bauens ab. Sie sind Produkte des politischen Handelns in der Sphäre des Alltags. (Ihre Leitbegriffe lauten: Universalisierung, Objektivierung, Homogenisierung, Standardisierung, Typisierung – gesellschaftlicher Ausdruck)

Mit *Design Codes* sind alle ästhetischen Rationalisierungen und Zeichensysteme gemeint, die im Dienst der sinnlich-symbolischen Repräsentationen unserer kollektiven und individuellen Ansprüche an die Architektur stehen. Ästhetische

80

Kodifizierungen gehören meistens nicht schon zum Bestand der *Building Codes*, und für viele wird dies auch niemals zutreffen, vor allem dann, wenn sie utopische Ideen repräsentieren. *Design Codes* bilden die normierte Idealität des Bauens ab. Sie sind Resultate des ästhetischen Handelns in der Sphäre der Kunst. (Leitbegriffe: Universalität und Singularität, das Allgemeine und das Besondere, Objektivierung und Subjektivierung, Homogenisierung und Heterogenisierung, Typisierung und Individualisierung – kollektiver und persönlicher Ausdruck)

Die Beschäftigung mit *Building Codes* und *Design Codes* ermöglicht es uns, in einem ersten Schritt die Ökonomien der Sparsamkeit und der Verausgabung von ihren ästhetischen Pendants abzulösen: von der Armuts- und von der Verschwendungsästhetik. Mit der Folge, dass die beiden feindlichen Ökonomien zum Bestandteil der *Building Codes*, und ihre antagonistischen Ästhetiken zum Bestandteil der *Design Codes* werden. Entgegen meiner bisherigen Betrachtung scheint es nämlich nicht so wichtig zu sein, für welche der beiden Ökonomien und Ästhetiken sich Architekten entscheiden. Viel wichtiger ist es zu wissen, in welcher Kodifizierungssphäre wir uns aufhalten, wenn wir über moderne Architektur sprechen.

Das hört sich ziemlich kompliziert und verwirrend an. Zur Klärung komme ich darum kurz auf eine These zu sprechen, die seit der Zeit der russischen Konstruktivisten in den Köpfen „progressiver" Architekten spukt. Sie lautet: Architektur ist entgegen allem Augenschein kein statischer Zustand. Dass sie statisch wirkt, sei allein Folge von „Informationsreduktionen", die entweder *zwangsläufig*, zum Beispiel aus Gründen maßstäblicher Verkleinerung, oder *freiwillig* geschehen, wenn Architekten gestalterischen Konventionen folgen. Abermals geraten wir mit dieser Gegenüberstellung in eine Entweder-Oder-Debatte. Aus diesem Grund mache ich einen mehrstufigen Vorschlag. Hierzu verhandele ich zunächst einmal die *zwangsläufige* Reduktion der Architektur unter dem Stichwort der *Building Codes*.

Wir alle können im Prinzip in den wie auch immer engen Spielräumen politischer Beteiligung an der Aufstellung und Modifizierung von DIN-Normen und Baurichtlinien mitwirken. So viel ist freilich sicher: *Building Codes* bieten keinen Nährboden für das, was wir unter Affekt, Exzess, Heterogenität oder Unbestimmtheit verstehen, mithin unter Begriffen, die die Theorie stützen, Architektur sei kein statischer Zustand. Die Rede vom Affekt und Exzess scheint hingegen dort gut aufgehoben, wo die *freiwilligen* Reduktionen Platz greifen, die allem Anschein nach viel leichter korrigiert und wieder rückgängig gemacht werden können als DIN-Normen. Die freiwillige Kodifizierung der Architektur nenne ich *Design Codes*. Sie eröffnen individuelle Möglichkeiten mit Traditionen und Konventionen zu brechen und eine Architektur zu entwickeln, die sich sowohl aus dem Bann der herrschenden Moden und Trends, als auch aus den engen Grenzen der ökonomischen und juristischen Rationalisierung des Bauens zu befreien weiß. Daher kommt es uns ja auch so vor, als seien es allein die *Design Codes*, die den konkreten Bedürfnissen des Individuums eine Stimme verleihen.

Der Leser wird sich jetzt fragen, weshalb ich mich so vorsichtig ausdrücke? Ganz einfach deshalb, weil *Design Codes* in ein mehr als fragwürdiges Licht rükken, wenn wir sie als Verwandte jenes kriegerischen *decorum*-Begriffs betrachten, den Heiner Mühlmann in seinem „Entwurf einer kulturgenetischen Theorie" vorschlug, der 1996 unter dem Titel „Die Natur der Kulturen" erschien. Schaut man die *Design Codes* mit Mühlmanns kulturskeptischen Augen an, dann ist es nicht sicher, ob in ihnen die „Verbesserung der Welt", die wir von der Architektur fordern, besser aufgehoben ist als in *Building Codes*.

Das lässt sich an der Weißenhof-Siedlung zeigen: Vom Deutschen Werkbund aufgefordert, die *Building Codes* des 20. Jahrhunderts zu entwickeln, um die Industrialisierung und Standardisierung des Bauens zu fördern, betrieb die Architektenavantgarde mit weit größerem Ehrgeiz *die ästhetische Symbolisierung der Moderne auf Kosten einer faktischen Modernisierung des Bauens.* Letztere machte sich ausgerechnet ein Heimatschützer zur Aufgabe: Paul Schmitthenner. Im Unterschied zu den Weißenhofarchitekten bediente er sich traditioneller *Design Codes* und entwarf weiterhin Häuser mit Satteldächern. Doch hinter den Konventionen, denen er folgte, verbargen sich fortschrittliche Holzkonstruktionen, die sämtliche Rationalisierungsversuche übertrafen, wie sie etwa von Gropius und May in Dessau und Frankfurt durchgeführt wurden.

Der springende Punkt ist: Schmitthenners faktische Modernisierung des Bauens wurde nicht Gegenstand des politischen Handelns. Obgleich er Mitglied der NSDAP war, fanden seine Ideen nach 1933 keinen Eingang in die *Building Codes* der Blut-und-Boden-Ideologie. Die Nazis übertrugen ihm zwar die Oberleitung über die Kochenhofsiedlung, die in Stuttgart als reaktionäre Konkurrenzveranstaltung zum Weißenhof inszeniert wurde, jedoch mit der Auflage, dass dort nur konventionelle Holzbautechniken zum Zuge kommen sollten. Wir erkennen an dieser Stelle eine merkwürdige Koinzidenz: Denn so, wie die Nazis aus Schmitthenners antimodernem *Design Code* politisches Kapital schlugen und dabei seine Ideen für einen modernen *Building Code* verleugneten, so hatte die Architektenavantgarde in den Zwanziger Jahren ihre modernen *Design Codes* politisiert, noch ehe sie über moderne *Building Codes* verfügte.

Diese lieferte erst Ernst Neufert, ein Bauhaus-Schüler der ersten Stunde und späterer Mitarbeiter Albert Speers, rund 15 Jahre später in Buchform nach, als er seine weltberühmte „Bauentwurfslehre" veröffentlichte. Wir müssen also noch einen zweiten Schluss ziehen: die *Building Codes* des 20. Jahrhunderts waren dazu verurteilt, zunächst eine Zeitlang im Verborgenen zu blühen – zum einen im Windschatten der modernen *Design Codes* linker Avantgardearchitekten, die in der Weimarer Republik den Ton angaben, und danach im Schatten der antimodernen *Design Codes* der Nazis, nachdem Ernst Neufert zum Reichsnormungsbeauftragten berufen worden war.

An dieser Stelle liegt die Behauptung nahe, dass ein Bauen, das den Menschen zugute kommt, beides hätte synthetisieren müssen: den *Design Code* eines

Corbusier (dem Rayner Banham nachsagte, er entwerfe so, als würden die Menschen immer noch mit Kerzen durch ihre Zimmer irren – was soviel heißen sollte wie: seine Häuser mögen avantgardistisch aussehen, faktisch sind sie unmodern) und den *Building Code* eines Paul Schmitthenner. Herausgekommen wäre gleichsam das industriell vorgefertigte Holzhaus auf Pilotis mit Flachdach, freiem Grundriss und Bandfenstern.

Das klingt eher komisch als überzeugend, und tatsächlich fiel ja auch das Ergebnis einer solchen Synthese anders aus. Es lässt sich nachschlagen in Konrad Wachsmanns 1930 erschienenem Grundlagenwerk über den modernen Holzhausbau, worin neue Möglichkeiten der Rationalisierung und industriellen Fertigung des Holzbaus gezeigt werden, mithin die Normierung von Maßen und Richtwerten. Und was entdeckt man dort: dass sich der „Avantgardist" Wachsmann in seiner Beschäftigung mit den *Building Codes* der Moderne mehr als einmal für eine Wohnhaustypologie entschied, die der Formensprache Schmitthenners näher stand als der Corbusiers!

Ist das Zufall, oder sind die Fortschritte in der Modernisierung der *Building Codes* so elementar, dass die parallele Modernisierung der *Design Codes* an Bedeutung verliert? Noch provokativer gefragt: Stehen die *Design Codes*, woran im Namen von Kultur und Kunst appelliert wird, bloß der Entfaltung der *Building Codes* im Wege? Jener Codes also, die u. a. unsere Gesundheit, Unversehrtheit und Privatsphäre gewähren wollen? Corbusier scheint das geahnt zu haben, als er 1922 seine „Mahnungen an die Herren Architekten" aussprach, um sie aufzufordern, von den Ingenieuren, den Pionieren der modernen *Building Codes*, zu lernen. Corbusier wusste, dass die Aufgabe des Neuen Bauens im Wesentlichen darin bestehen würde, die *Building Codes* der Ingenieure in *Design Codes* zu übersetzen. In jenes berühmte „Fünf Punkte"-Programm zum Beispiel, das er seinen Häusern für den Weißenhof mitgab.

Das aber hieße ja: die *Design Codes* der Moderne hätten nur den Weg gebahnt, auf dem die *Building Codes* der Ingenieure Eingang in die Architektur fanden. Selbstverständlich gibt es Kollegen, die das behaupten. Sie sind davon überzeugt, dass sich die moderne Architektur erst heute realisieren lässt, weil das meiste, was die klassische Moderne ästhetisierte, endlich gebaut, also technisch und konstruktiv umgesetzt werden kann. Mit anderen Worten: das Know-How der Ingenieure steht den Architekten nicht mehr nur in verschlüsselter Form von *Design Codes* zur Verfügung. In Gestalt von *Building Codes* ist es längst zum normativen Bestandteil zeitgenössischen Bauens geworden.

Heißt das im Gegenzug, dass *Design Codes* in dem Moment nutzlos werden, in dem die von ihnen sinnlich-symbolisch repräsentierten Anliegen Eingang in *Building Codes* gefunden haben? Mit dieser Frage sind wir bei meiner Schlussthese angekommen. Sie reflektiert darauf, dass die strukturelle Differenz zwischen *Building Codes* und *Design Codes* eigentlich nur darin besteht, dass sich erstere in sehr langsamen Zyklen bewegen, während sich letztere in immer kürzeren Abständen erneuern. Aus diesem Grund sage ich:

- Die „langsamen" *Building Codes* bezeichnen gerade wegen ihres Normen stiftenden Charakters den Bereich, in dem das Bauen als „dynamisch, mobil oder veränderbar" und als Ausdruck allgemeiner *und* partikularer Interessen verhandelt werden sollte. Wir müssen erst die Architektur nach ihrer Flexibilität und Aufnahmebereitschaft befragen, danach klären, welche gesellschaftlichen und individuellen Bedürfnisse in sie eingehen sollen, bevor die Vielfalt der Wünsche, die auf das Bauen einstürmt, zu genormten Daten, Maßen, Gewichten, bauphysikalischen Berechnungen und ökonomischen Standards objektiviert werden darf. Kurzum, die Theorie – Architektur sei kein statischer Zustand – sollte, wenn überhaupt, dann nur dort, wo sie nicht zuhause ist: in der Sphäre der *Building Codes,* verteidigt werden.

- Die „schnelleren" *Design Codes* sollten demgegenüber gerade aufgrund ihres Normen brechenden Charakters das Feld bestellen, auf dem sich die Architektur als „beständig und solide": als Fels in der Brandung des sozialen und ökonomischen Wandels erweist. Deshalb gehört die Tatsache, dass die Architektur einen statischen Zustand behauptet, in der Sphäre der *Design Codes* verhandelt.

Um meine Argumentation anschaulicher zu machen, zeige ich ein Diagramm, das die von mir gebrauchten antagonistischen Begriffe „befriedet", indem es sie unterschiedlichen Handlungssphären zuordnet:

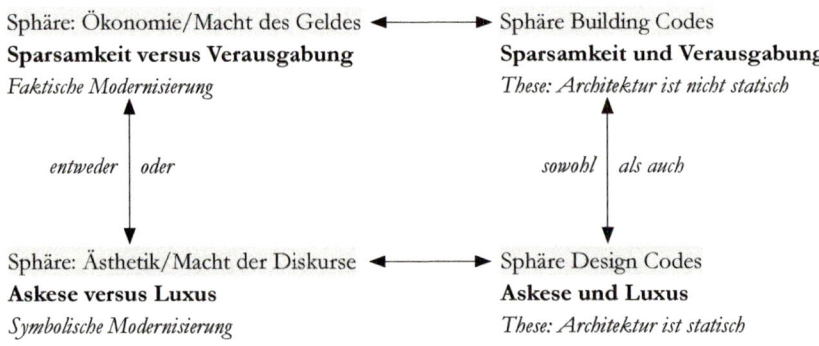

In dieser Darstellung bilden die beiden Theorien, Architektur sei ein statischer bzw. kein statischer Zustand, keinen Widerspruch mehr, weil sie sich nicht länger in ein und derselben Sphäre befinden. Zugleich gilt für das Verhältnis der beiden Kodifizierungssphären: was sich in *Building Codes* als faktische

Modernisierung des Bauens niederschlägt, muss nicht notwendig auch auf der Ebene der *Design Codes* thematisiert werden. Und umgekehrt: die sinnlich-symbolische Interpretation unserer Welt, die in *Design Codes* anklingt, muss weder auf der Ebene der *Building Codes* nachvollzogen werden, noch mit der Realität der sich in Gesellschaft, Ökonomie, Wissenschaft und Technik vollziehenden Modernisierungsprozessen übereinstimmen.

Der Widerspruch zwischen Sparsamkeit und Verausgabung, der in der Sphäre der Ökonomie nicht versöhnt, sondern nur zugunsten der einen oder anderen Position entschieden werden kann, stellt sich auf der Ebene der *Building Codes* als Produkt unterschiedlicher Auffassungen dar, die Berücksichtigung finden können, ohne dass dabei die Frage gestellt würde, welche der beiden Auffassungen recht hat und welche nicht. In ähnlicher Weise können Verzicht und Verschwendung, die die Sphäre der modernen Ästhetik beherrschen, auf der Ebene der *Design Codes* als zwei durchweg interessante Optionen betrachtet werden, die sich ergänzen können, statt sich gegenseitig ausschließen zu müssen. Sobald die faktische Modernisierung die symbolische entlastet und umgekehrt, dann sind Fragen nach dem statischen und dynamischen Charakter der Architektur und nach dem Vorrang von Sparsamkeit oder Verausgabung keine Grundsatzfragen mehr, sondern bereichern die Handlungsmöglichkeiten von Bauherren, Architekten und Nutzern. Oder mit anderen Worten gesprochen: die Theorie wird praktisch.

Der Wettstreit der Laubenvögel
Eine Tierfabel

Am Hof zu Ulm war der alljährliche Sängerkrieg der Vögel zu Ende gegangen und die Lerche, deren Koloraturen das Publikum zu Begeisterungsstürmen hingerissen hatten, mit dem Siegerkranz geehrt worden, da erhob sich Nobel, der König der Tiere, und verkündete, das Sängerfest sei nicht zu Ende, er habe noch eine Überraschung. Sogleich ging ein wildes Geschnatter los, das er mit herrischer Geste zum Schweigen brachte. Dann brüllte er: „Von der anderen Seite der Welt ist vor wenigen Tagen ein bemerkenswertes Völkchen eingetroffen, um unsere Hilfe zu erbitten."

Schwarz befrackte Frösche bliesen daraufhin ihre Backen auf und brachten dreimal hintereinander einen sauberen Tusch heraus, dann sprangen die Flügeltüren am Ende des Thronsaals auf. Sie waren breit und hoch genug, dass Elefanten und Giraffen hindurch passten. Erwartungsvoll schaute die Versammlung in die Höhe und – sah nichts. Erst als die Blicke zu Boden sanken, gewahrte man ein Grüppchen unscheinbarer Vögel, die sich verschämt am Spalier der Gäste vorbei drückten. Am Thron angekommen, zwitscherte ihr Anführer, dessen gelber Nacken und rote Stirn ihn aus dem grauen Einerlei seiner Gefährten hervorhoben: „Majestät, ich entbiete euch den Gruß eures Bruders, des Tigers." Huldvoll neigte Nobel das Haupt und wollte den Namen des kleinen Kerls erfahren. „Sericulus", flötete dieser, woraufhin die Königin „ei, wie vornehm!" rief und alle Tiere hinaus in den Garten komplimentierte.

Krächzend, grunzend und brummend bewegte sich die Gesellschaft nach draußen. Es war ein gutes Stück zurückzulegen, vorbei am *Parterre de compartiment*, dem einst prächtigsten Bereich des Parks, der direkt ans Schloss grenzte. Der Hofgärtner, ein alter Rabe, war gestorben und hatte all sein Wissen mit ins Grab genommen. Also kam man überein, die in arabesken Mustern angeordneten Blumenbeete durch Gras zu ersetzen. Das war nicht ganz ohne Reiz, da die alten Buchsbaumhecken stehen geblieben waren. Freilich waren sie aus der Form geraten, da sie niemand mehr beschnitt. Nach einer Weile passierte man das Nymphäum, eine einst sehr ansehnliche, nun aber baufällige Säulenarchitektur, die einen mit Pflanzen überwucherten Brunnen im Halbkreis umstellte. Eilig verabschiedeten sich Gans und Ente aus dem Tross der Tiere und hüpften in den Brunnen. Ein kühles Bad schien ihnen attraktiver als alles, was da noch kommen mochte.

In Sichtweite zum *Teatro verde*, das unter Nobels Vater viele Aufführungen erlebt hatte, bot sich den Tieren ein grandioses Schauspiel: Auf einem Sandplatz, von ägyptischen Tiergötterstatuen umgeben, drängelten sich die faszinierendsten Bauwerke. Wie von Zauberhand errichtet standen sie da. Dergleichen hatte man nie zuvor gesehen. Überall hörte man fragen, wer all die anmutigen Lauben und Lusttempelchen, die eleganten Türmchen und Schattenalleen errichtet haben mochte? Alles war so wunderhübsch dekoriert und ornamentiert, dass man sich kaum satt daran sehen konnte. Nobel rieb sich die Pfoten und brüllte: „Diese wundervollen Bauten stammen von unsren kleinen Gästen!" Ungläubig starrten die Tiere auf die fremden Vögel. Ausgerechnet sie sollten solch staunenswerte Kunststücke zustande gebracht haben?

Meister Biber, unter den hiesigen Architekten der berühmteste, strebte geschäftig in die erste Reihe, um sich die Produkte einer mit dem Schnabel arbeitenden Konkurrenz aus der Nähe zu betrachten. „Kaum zu glauben", wiederholte er mehrere Male: „tadellos!", und hatte doch nur einen kurzen Blick darauf geworfen, als wollte er sich und seine Landsleute davor bewahren, bei genauerer Betrachtung ein noch positiveres Urteil abgeben zu müssen. Nervös kreiste das Richtscheit in seinen Händen. Er, dem immer größte Anerkennung zuteil wurde, fühlte sich den wahren Meistern seiner Kunst konfrontiert. „Schaut vielleicht gut aus, muss aber nichts halten", beruhigte ihn eine vertraute Stimme. Es war der Dachs, der als Autorität in Sachen Höhlenbau und Untertunnelung galt. Er hatte sich neben seinen Kollegen gedrängt, um seinerseits die beunruhigenden Fertigkeiten der Fremdlinge in Augenschein zu nehmen. Ingenieur Dachs und Architekt Biber ahnten nicht, dass die schockierendste Wahrheit noch ausstand.

„Werte Festgesellschaft" – Sericulus räusperte sich kurz – „wir kommen aus einem Land, in dem die Vogeldamen sehr anspruchsvoll sind. Jedenfalls lassen sie sich nur schwer zur Hochzeit überreden. Hierzu reicht es nicht aus, ein hübsches Liedchen zu trällern oder sich mit bunten Federn zu schmücken. Nicht einmal die verwegensten Flugkünste überzeugen sie. Um erfolgreich zu sein, müssen wir Vogelmänner alles zusammen können!" Bei den Zuhörern machte sich Skepsis breit. Sie waren sämtlich Spezialisten und zurecht stolz darauf, entweder als mutige Kletterer oder Taucher, als Sturzflieger oder Weitspringer, als Schnell- oder Langläufer zu gelten. Jetzt hörten sie zum ersten Mal von einer Welt, in der man mehrere Künste zugleich beherrschen musste.

Man muss nicht alles glauben, dachte die Lerche und trällerte: „Warten wir erst mal ab, ob sie ebenso gut singen können wie wir, bevor wir in Sack und Asche gehen." Napoleon, der Hahn, stolzierte auf Sericulus zu und stichelte: „Da ihr um eure Damen solch hohen Aufwand treibt, handelt es sich gewiss um große Schönheiten. Umso bedauerlicher finde ich, dass ihr sie nicht mitgebracht habt." Keiner rechnete damit, dass sich unter den unscheinbaren Gästen derart anspruchsvolle Damen befinden könnten. Umso größer war das Erstaunen, als Sericulus protestierte: „Ei, wir haben doch unsre Frauen dabei!" Und ein wenig betreten hinzusetzte, ihre Schönheit falle vielleicht nicht gleich ins Auge. Doch da sprang ihm schon die Königin zur Seite und beschied: „Natürlich sind eure Frauen schön, denn sie sind selbstbewusst. Und ihr fremden Vogelmänner seid klug, weil nur kluge Männer selbstbewusste Frauen mögen."

„Und nicht bloß klug", entgegnete Sericulus. „Jeder von uns besitzt mindestens zwei Talente, wobei es in der Regel darauf hinausläuft, dass wir uns dazu entschließen, entweder Modedesigner und Meister der Balztanzkunst zu werden, oder unser Glück als Baumeister und Sänger zu machen. Die den ersten Weg einschlagen, sind die Paradiesvögel. Sie konnten uns nicht begleiten, da ihre schweren und kostbaren Roben nur Kurzstreckenflüge gestatten. Die anderen, die singen und bauen, heißen Laubenvögel. Zu ihnen gehören meine Gefährten und ich."

„Entschuldigen Sie mal", rief da die Nachtigall, „ich möchte was fragen: Leute wie ich, die nur eine Sache gut können, die gibt es also bei euch nicht?" Aber ja doch, wurde ihr geantwortet, die gebe es freilich auch, was ein wenig zur allgemeinen Beruhigung beitrug. Indessen nicht lange, weil Sericulus hinzufügte, das seien meist keine Künstler. „Wie bitte?", empörte sich der Dachs und musste sich die Erklärung gefallen lassen, dass am andern Ende der Welt nur das Kunst genannt werde, was aus Liebe geschehe oder um seiner selbst Willen. Im Unterschied zu nützlichen Tätigkeiten wie dem Nestbau. Die Bauten, die vor seinen Augen stünden, wollten nur schön sein!

„Architektur, die nur schön ist, gibt es nicht", widersprach der Specht. Bevor Meister Biber, der stets auf die richtigen Proportionen beim Bauen achtete, seinen vorwitzigen Kollegen korrigieren konnte, erwiderte Sericulus, ihre Häuser würden weder bewohnt, noch auf andere Weise genutzt. Es handle sich um reine Kunstübungen. Auch das Tanzen, Malen und Singen erfülle in ihrer Welt keinen andren Sinn, als das schöne Geschlecht und kunstliebende Publikum zu ergötzen. Da hierauf einige der anwesenden Rehe und Auerhähne äußerten, ein derart hübscher Brauch sollte auch hierzulande eingeführt werden, rief Nobel enthusiastisch aus: „Dazu empfängt man ja Gäste aus der Ferne: um Anregungen zu bekommen!"

Es war nun an der Zeit, im Programm fortzufahren. Nobel ermunterte Sericulus den Grund ihres Besuchs zu nennen. Dieser bat darauf, ein wenig ausholen zu dürfen, damit ihr Anliegen verständlich werde: „So wie bei euch alljährlich ein Sängerkrieg veranstaltet wird, gibt es bei uns zwei wichtige Wettkämpfe: den der Modemacher, den die Paradiesvögeln unter sich ausfechten, und den Wettstreit der Architekten, der von uns Laubenvögeln bestritten wird. Bei ihm bildeten sich im Lauf der Jahre zwei Parteien heraus. Wir nennen sie die Gärtner und die Maler. Die Besten von ihnen haben mich begleitet, um ein Beispiel ihres Könnens zu geben. Wir sind weit gereist, um von euch zu erfahren, welche Disziplin mehr Anerkennung verdient. In unserer Heimat ist hierüber ein bitterer Streit entbrannt."

Das Publikum gab Laute des Mitgefühls von sich und Sericulus zog sorgfältig seine längste Schwanzfeder durch den Schnabel. Es fiel auf, dass dies aus Verlegenheit geschah, da ihm traurig zumute war. Er fuhr mit stockender Stimme fort: „Bislang gewannen stets die Gärtner, da man sie für die besseren Sänger und geschickteren Architekten hielt. Das dekorative Talent der Maler wurde geringer geschätzt und ebenso die Art ihres Gesanges. Doch in diesem Jahr kam es anders: bei der Auszählung der Stimmen fiel eine knappe Mehrheit auf einen Maler. Er heißt Satinus." Bei diesen Worten zeigte Sericulus auf einen Gefährten, der ihm ähnlich sah, jedoch einen halben Kopf größer war. Satinus tippelte nach vorn und verbeugte sich.

„Alle Achtung", sagte die Königin, „Er muss ein Genie sein, wenn Er die eherne Vorherrschaft der Gärtner brechen konnte." Satinus verneigte sich ein weiteres Mal, doch sein Kollege gab zu bedenken, dass dieser Sieg zu großen Tumulten geführt und die gesamte Bevölkerung in Aufruhr versetzt habe. Sogar von Betrug bei der Stimmenauszählung sei die Rede gewesen, weshalb an eine Siegesfeier nicht zu denken war. Sein letzter Satz lautete: „Die Frage, ob die schönste aller Künste, die Musik, besser mit der Architektur oder mit der Malerei harmoniert, droht unsre Kultur zu spalten."

„Ja, ja" seufzte der Uhu, der das Amt des Hofphilosophen innehatte, „Ozeanien wird derzeit von einer *Querelle* in Unruhe versetzt". Der große Eulenvogel besaß das Privileg, auf der Rückenlehne von Nobels Thron hocken zu dürfen. „Wenn sich der Herr Philosoph herabließe, uns in verständlichen Worten auseinanderzusetzen, was eine 'Querelle' ist, wären wir ihm sehr verbunden", zischte Reinecke Fuchs, und Nobel machte ein gequältes Gesicht, da er eine langatmige Erklärungen befürchtete. „In der Heimat unserer weit gereisten Freunde", erklärte die große Eule und klappte ein Auge auf, „tobt zur Zeit ein Grundsatzstreit, der auch uns erreichen könnte. Er entscheidet darüber, ob wir weiterhin in einer Welt, die von der Musik bestimmt wird, leben wollen oder lieber in einer bunten Bilderwelt."

„Was hat das mit dem Bauen zu tun?", murrte der Dachs. Der Uhu plusterte sich auf: „Hat der Herr Ingenieur noch nie davon gehört, dass aus dem Bauen nur dann Architektur wird, wenn es sich mit der Musik verbindet?" Die Königin schaltete sich ein und wollte unbedingt wissen, wodurch sich eine Welt auszeichne, in der man lieber Gemälde anschaut statt dem Gesang der Vögel oder dem Zirpen der Grillen zu lauschen? „Zunächst einmal dadurch, dass die Augen zum wichtigsten Sinnesorgan werden", erklärte der Uhu geduldig, „während die Ohren und der Tastsinn allmählich verkümmern." Welche Kunst wäre denn für den Tastsinn da, höhnte Nobel, dem gelehrte Dispute auf den Nerv gingen.

„Die Architektur", platzte Meister Biber heraus und fand keine Zeit mehr, sich für seine vorlaute Antwort zu schämen, da ihm die grabende Zunft begeistert zustimmte. Der Maulwurf tat sich dabei besonders hervor. Wegen seiner Blindheit erzürnte ihn die ständige Bevorzugung des Visuellen. Er schimpfte, dass nur noch von schönen und nicht mehr von wohlriechenden Blumen oder ausschließlich von bunten und nicht von glatten Steinen die Rede sei. Mehrmals rief er: „Architektur ist eine haptische Kunst!" und hielt wie zum

Beweis seine Schaufelhände hoch, was zu allgemeiner Heiterkeit und Spöttelei führte. Da begann er zornig herumzufuchteln und zu hüpfen. Ein Spaßvogel schrie: „Schaut, der Herr Karajan", und die Affen wälzten sich schreiend auf dem Boden.

Nobel, der sich ebenfalls amüsierte, merkte gleichwohl, dass die Angelegenheit aus dem Ruder zu laufen drohte, und rief seinen Hofstaat zur Ordnung. Das allgemeine Gekreisch und Gezappel erstarb, und der arme Maulwurf stand wie ein Unglücksrabe mit hängenden Armen da. Sericulus nutzte den Moment, um wieder an sein Anliegen zu erinnern: „ Unser Herr, der Tiger, wünscht sich ein Ende dieses Streits herbei. Er will wissen, wie Ihr darüber denkt und hofft, dass Euer Richtspruch uns Frieden bringt." Geschmeichelt erwiderte Nobel, er empfände es sehr ehrenvoll, zusammen mit seinen Untertanen den Streit der Gärtner und Maler entscheiden zu dürfen und verfügte, dass jetzt die beiden Parteien ihre Arbeiten erläutern sollten, danach würde man in gewohnter Weise zur Abstimmung schreiten.

Der Gärtnervogel, der Satinus unterlegen war, machte den Anfang. Er war amselgroß und am unscheinbarsten von allen. Kurz nannte er seinen Namen – Ambros – und hüpfte dann zu dem Bauwerk, das am aufwendigsten konstruiert war. Offenkundig galt in der Weltgegend, aus der er stammte, der Grundsatz, dass ein Gebäude umso spektakulärer sein musste, desto schlichter sich sein Erbauer gab. Ambros wies das Publikum darauf hin, dass er zwischen zwei Pfeilern, die lotrecht in die Erde gesteckt waren, Reisig und kleine Zweige so dicht miteinander verflochten hatte, dass daraus ein ebenmäßiges zeltförmiges Gebilde entstanden war. Beiläufig erwähnte er, in seiner Heimat, wo ihm weit mehr Zeit für die Ausführung der Bauten zur Verfügung stünde, wüchsen diese doppelt so hoch.

„Wie soll das gehen?", entsetzte sich der Dachs, „das wären ja gute zwei Meter". „Ganz recht", erwiderte Ambros und setzte noch eins drauf, indem er betonte, seine Konstruktion schon mehrere Male erfolgreich als Zwillingsbau ausgeführt zu haben. Diese waren nicht nur zweimal so hoch, sondern auch doppelt so breit! In das allgemeine Staunen, das seine Behauptung auslöste, platzte die nächste Enthüllung, dass er auch den kunstvolle Garten vor seinem Gebäude selbst entworfen und angelegt habe.

Dieser hübsche Vorgarten hatte von Beginn an die Aufmerksamkeit der Damenwelt auf sich gezogen. Es fiel freilich auf, dass dort nichts angepflanzt war. Nach hiesigem Verständnis handelte es sich eher um einen Hof, der mit wertvollen Dingen gepflastert war. In der Mehrzahl waren es Edelsteine und kostbare Muscheln, die ein apartes Mosaik bildeten, auf dem seltene Federn und Blütenblätter lagen. Ambros erläuterte kurz die Regeln, nach denen er diese Schmuckstücke verteilte, hüpfte dann in sein Bauwerk und begann ohne weitere Erklärung zu singen. Oh, welch schöner kräftiger Gesang war da zu hören! Wie ein Trichter verstärkte die Laube seine Stimme. So manchem, der hierfür anfällig war, wurde bewusst, dass die Akustik die unverbrüchliche Verwandtschaft von Musik und Architektur unter Beweis stellt. Zumindest war es, solange Ambros sang, eine ohrenfällige Tatsache, dass dieses Gebäude und die Klänge, die ihm entströmten, zu einer Einheit verschmolzen, die das Publikum sehr ergriff.

Schon während der letzten Takte seines Liedes brandete Applaus auf. Bevor sich Ambros verneigen konnte, folgte das nächste Ereignis, das sich den Zuschauern nicht gleich als einstudierte Szene zu erkennen gab. Ein andrer Vogel, der sich aus der Gruppe der Fremden gelöst hatte, schien neidisch auf den Sänger und begann ihn wild zu attackieren. Offenbar wollte er in sein Reich eindringen, um es zu zerstören und Baumaterial zu stehlen. Insbesondere hatte er es auf die Kostbarkeiten, die im Garten auslagen, abgesehen. Die beiden Rivalen fochten nach allen Regeln der Kunst, flatterten heftig gegeneinander, hackten mit ihren Schnäbeln und schlugen wild mit den Flügeln. Doch trotz der Wut, die sie erfüllte, kämpften sie doch ritterlich, damit niemand zu Schaden kam.

Das Publikum war begeistert und wollte nicht aufhören zu klatschen. Nobel bat nach einer Weile um Ruhe, damit nun auch der Maler zum Zuge kommen konnte. Satinus führte die Zuschauer vor sein Bauwerk. Auf den ersten Blick war nichts Bemerkenswertes daran. Er hatte Zweige von gleicher Stärke und Größe gesammelt und in zwei Reihen mit engem Abstand in den Boden gerammt. Auf diese Weise waren zwei parallel verlaufende Palisadenwände entstanden, die einen schmalen Gang bildeten, durch den Satinus bequem hindurch hüpfen konnte. Die Stäbe hatte er an der Spitze nach innen gebogen, um ein Gewölbe anzudeuten, in dessen Mitte ein deutlicher Spalt klaffte. Hierüber unbekümmert forderte er das Publikum auf, ins Innere zu schauen.

Die kleinen Tiere wuselten geschwind nach vorn und erspähten eine Art Kirchenschiff, das ihnen gewaltig hoch erschien. Die großen Tiere mussten lange anstehen, bis die Reihe an jeden einzelnen von ihnen kam, sich niederzuknien oder auf den Bauch zu legen, damit sie was erkennen konnten. Mit der Zeit nahm das Drängeln und Schubsen gewaltig zu, da diejenigen, die noch nichts gesehen hatten, durch die Begeisterung derer, die sich wieder aufrichteten und zur Seite traten, enorm angestachelt wurden.

Nobel hatte als erster hineinschauen und sich anhören dürfen, wie es dem Künstler gelungen war, die Innenwände so hübsch auszumalen. Hierzu hatte er eine Farbe aus blauen Beeren hergestellt und diese mit einem Pinsel, der aus feinsten Gräsern seiner Heimat hergestellt war, in expressiven Formen auf beiden Wänden verteilt. In die noch nasse Farbe hatte er seltene Federn geklebt, wodurch eine herrliche Komposition aus blassblauem Hintergrund und dunkelblauen Tupfern entstanden war. Sie verwandelte die Innenwände seiner Laube zum Himmelzelt. Kein Zweifel, Satinus war ein großes Talent und der König entschlossen, ihm eine Stelle als Hofmaler anzubieten.

Endlich wollte man auch Satinus singen hören. Er stellte sich in Positur, breitete seine Flügel aus und rannte zunächst wie von einer Tarantel gestochen vor seiner Laube herum. Dabei stieß er laute Schreie aus, als handle es sich um die Ouvertüre einer Oper, in der Mord und Totschlag die bestimmenden Motive seien. Dann schien er sich eines anderen zu besinnen, blieb an Ort und Stelle stehen und ließ eine bunte Melodienfolge seiner Kehle entströmen. Sie hörte sich sehr befremdlich an, gewann dann aber vertrautere Züge, bis man schließlich bemerkte, dass er ein geschickter Stimmenimitator war, der die wenigen Motive, die er selbst erfunden haben mochte, in musikalische Wendungen einbettete, die von heimischen Singvögeln stammten. Sogar den schwierigen Lerchentriller wusste er wiederzugeben.

An dieser Stelle zum Schluss gekommen, hätte er das Publikum für sich gewonnen. Doch im Hochgefühl mehrfachen Szenenapplauses ließ sich Satinus von seiner Nachahmungskunst derart fortreißen, dass er nicht länger nur schöne Vogelstimmen kopierte, denn das schien ihm zu simpel – drum äffte er nun noch quakende Frösche, krächzende Raben und, als vorläufigen Höhepunkt, sogar das Knarren der Bäume im Sturm nach. Immer ärger wurde es, dass selbst diejenigen im Publikum, die von seiner stupenden Fertigkeit beeindruckt waren, schließlich erkennen mussten, dass jedes Zuviel an Kunstfertigkeit Züge des Lächerlichen in sich trägt und ins Groteske abzugleiten droht.

„Aufhören!" wurde gerufen und die Königin machte ein entsetztes Gesicht. Nobel, der das Bellen und Grunzen, das nun zu hören war, saukomisch fand, wusste intuitiv, dass es ein kapitaler Fehler wäre, die Angelegenheit auf die leichte Schulter zu nehmen. Offenbar bewiesen seine Untertanen in solchen Dingen wenig Humor. Schade eigentlich. Warum durfte Kunst nicht amüsant sein? Nach einem inneren Seufzer brüllte er: „Aus! Schluss damit!", und verfügte mit dem Expertengespräch zu beginnen.

Ein Halbkreis wurde gebildet, damit Fachleute des Bauwesens, der dekorativen Künste und der Musik zwischen dem Publikum und den Bauwerken der Laubenvögel Platz fanden. Meister Biber und Kollege Dachs befanden sich darunter, auch die Grille, der Zaunkönig sowie einige Bienen und Ameisen, die man aber nur schlecht verstand. Napoleon, der Hahn, drängelte sich auch dazu, ohne dass einer wusste, welche Expertise er besitzen mochte. Der Biber meldete sich zuerst zu Wort und ließ keinen Zweifel daran, dass der Bau des Gärtners ästhetisch und in konstruktiver Hinsicht denen des Malers bei weitem überlegen seien. Die Grille, die sich in Ambros verliebt hatte, stimmte wispernd zu und hob seine Atemtechnik hervor. Napoleon schüttelte missbilligend den Kopf und lobte umgekehrt die Phantasie des Malers.

So ging es eine Weile hin und her, doch war bei allem Wohlwollen nichts daran zu ändern, dass der Mehrheit der Experten die Darbietung des Satinus nicht gefallen hatte. Aus diesem Grund sprach man sich für Ambros aus, und der Hofstaat bestätigte mit trampelnden Füßen, dass die Architektur, die sich mit der schöneren Musik verbündet hatte, als Sieger aus dem Wettkampf hervorgegangen war.

Ob dies kluge Votum Ozeanien erreichte? Man darf es vermuten. Jedenfalls griff die „Querelle" nicht auf das Reich des Löwen über, in dem die akustischen Künste noch über mehrere Generationen hinweg für bedeutender gehalten wurden als die visuellen.

Architektur im Zeitalter der Paranoia
oder: Urhütten im Schrebergarten

Über Ursprung und Bedeutung der Architektur

Mit der Frage nach dem Ursprung und nach der Bedeutung der Architektur trat die Architekturtheorie auf den Plan. Als Antwort erfand sie die Urhütte. Genauer gesagt: mehrere konkurrierende Urhüttenerzählungen. Doch welcher können wir trauen? Im Folgenden möchte ich zeigen, dass diese Frage in die Irre führt. Zwar scheinen sich die unterschiedlichen Urhüttenversionen mächtig zu unterscheiden, doch zielen sie alle in die gleiche Richtung.

Gehen wir zunächst der Frage nach dem *Ursprung* nach. Sie förderte im Grundsatz zwei Antworten zutage. Die eine behauptet: als der Mensch die Urhütte baute, war er schon zivilisiert, da er über Sprache verfügte und vergesellschaftet lebte. Die Urhütte repräsentiert sein Streben nach kultureller Verfeinerung. Sie markiert nicht den Anfang der Zivilisation, sie steht bereits am Beginn einer imponierenden Kunst- und Technikentwicklung. So argumentieren die Optimisten. Ihre Auffassung vom Ursprung des Bauens spiegelt ein generelles Bekenntnis zu Fortschritt und Innovation.[1]

Die zweite Antwort lautet, die Urhütte trete immer dann in Erscheinung, wenn das Scheitern der Kultur offensichtlich werde. In diesem Moment wachen Einzelne aus dem elenden Dasein, das die Optimisten mit Zivilisation verwechseln, wie aus einem Albtraum auf. Sie schnüren ihr Ränzlein, verlassen die Städte und bauen sich tief im Wald ihre Blockhütte, um ein Beispiel zu geben für den Neuaufbruch in eine Kultur, die diesen Namen einzig verdient. So argumentieren die Pessimisten. Ihre Erzählung repräsentiert die historisch jüngere Antwort auf die Ursprungsfrage. Darin findet die Urhütte ihren Ort nicht innerhalb der Zivilisation, sondern inmitten der Natur.[2]

Schon an dieser Stelle fragen wir verwundert: Tauchen in unserer Vorstellung, wenn wir das Wort Urhütte hören, nicht stets die gleichen Schemen auf? Zum

---

1 Zu den Optimisten der ersten Stunde gehört Vitruv. Bei ihm lesen wir: „und so schritten von jenem ersten Anfang an die Menschen (...) immer weiter und weiter von der Verfertigung der Gebäude zu den übrigen Künsten und Wissenschaften fort. Dabei gelangten sie von einem wilden, rohen Leben zu einer milden, verfeinerten Humanität." Die Verfeinerung der Sitten wird zu einem Produkt zivilisatorischen Fortschritts erklärt. (Vitruv: Baukunst, Erster Band, Bücher I-V, übersetzt von August Rode, Zürich und München 1987, S. 66/67)

2 „Je ursprünglicher und wilder die Natur, desto feiner, in gewissem Sinn kultivierter ist sie. Diese Kultur geht Hand in Hand mit der Wildnis. Sie ist wie das Licht in der Nacht, eine Lächeln auf dem Antlitz des träumenden Sees." Im Unterschied zu Virtruv diskutierte Henry David Thoreau das Thema der Verfeinerung als ein Produkt der Natur. Selbstverständlich konnte dieser Gedanke erst gedacht werden, als der Prozess der Zivilisation mit dem Eintritt ins Industriezeitalter desavouiert schien. (Henry David Thoreau: Aus den Tagebüchern 1837-1861, hg. v. Susanne Schaup, Oelde 1996, S. 98)

einen die berühmte Abbildung in Laugiers *Essai sur l'Architecture* (1755), die eine Hütte, gebildet aus vier verwurzelten Baumstämmen, zeigt, zum anderen eine lange Reihe primitiver Häuser, die sich ähneln wie die amerikanischen Blockhütten, die spätestens seit den Wild-Westfilmen mythischen Urhütten-Charakter tragen. Ich denke aber auch an Behausungen, in die sich so unterschiedliche Leute wie Henry David Thoreau, Ludwig Wittgenstein, Martin Heidegger, Arno Schmidt oder Le Corbusier zurückgezogen haben. Alles Männer, denen unterstellt werden muss, dass sie ihre kargen Refugien in der Tradition der Urhütte wussten.[3]

Wir fragen also: was bedeutet es, wenn derart widersprüchliche Interpretationen, wie sie über den Ursprung der Architektur kursieren, mit Gebäuden einhergehen, die sich allesamt gleichen? Diese Frage stellt sich selbst dann noch, wenn wir die Urhütten-Typologie um den Wohnwagen erweitern, mit dem Buckminster Fuller durch die USA tourte. Oder um sein Wichita-House, das einer mongolischen Jurte nachempfunden wurde. Versuchen wir zunächst das Gemeinsame zu beschreiben:

Urhütten sind mit einfachsten Werkzeugen und Materialien zu errichten. Ihre Bauzeit ist extrem kurz. Sie lassen sich leicht erweitern, recyceln und demontieren. Sie sind klein und leicht, günstig in Anschaffung und Unterhaltung, verzichten auf jeglichen Schmuck und nicht selten auch auf Elektrizität und fließendes Wasser. Viele weisen nur einen einzigen spartanisch eingerichteten Raum auf. Immer handelt es sich um Orte des Verzichts und präziser Berechnung.

Die moderne Architekturtheorie beschäftigte sich nur ungern mit der Urhütte. Moderne Häuser waren als spezifische Lösungen für präzise Problemstellungen gedacht. Genau das aber scheint bei der Urhütte nicht der Fall zu sein. Freilich: einer wie Corbusier ließ sich davon nicht beirren. Seine auffällige Vorliebe für alte Fischerkaten und prähistorische Pfahlbauten verleiteten darum Adolf Max Vogt, von der Archäologie der modernen Architektur zu sprechen.[4] Für Corbusier war das ganz Neue zugleich das ganz Alte. Er erkannte, dass die Architektur seit Urzeiten Zwecke erfüllt und Bedeutungen repräsentiert, die übers Funktionale weit hinausgehen. Wenden wir uns also den Antworten zu, die auf die Frage nach der *Bedeutung* der Architektur gegeben wurden. Weisen wenigstens sie eine einheitliche Tendenz auf?

Um es gleich zu sagen: dem ist nicht so. Abermals stehen wir vor einem scheinbar unlösbaren Widerspruch, weil die Antworten auf die Bedeutungsfrage eine Einheit bilden mit den Antworten auf die Ursprungsfrage. Doch der Reihe nach. Bei Vitruv lesen wir, der Hausbau sei von den frühen Menschen in

---

3 Frauen kann ich keine nennen, weil außer Märchenhexen keine weiblichen Wesen in Urhütten zu leben pflegen.

4 Adolf Max Vogt: Le Corbusier. Der edle Wilde. Zur Archäologie der Moderne, Braunschweig u. Wiesbaden 1996

friedlichem Wettstreit entwickelt und, so könnten wir heute ergänzen, schon bald mit einem Archetyp moderner Architektur belohnt worden: dem flach eingedeckten kubischen Lehmbau. Doch dauerte es nicht lange, da formierte sich die antike Kritik an der archaischen Moderne: „als aber nachmals während des Winters dieses flache Dach den Regen nicht abhielt, errichteten sie Giebel – *fastigia* – überzogen diese mit Lehm und leiteten, indem sie die Dächer abschrägten, die Traufe ab."[5]

Die Urhütte der Optimisten ist das Produkt einer Optimierung, die zum besseren Schutz vor Wind, Wetter und wilden Tieren vorgenommen wurde. Ihre Bedeutung aber bestand darin, ein Ort der *Versammlung* zu sein. Die Menschen trafen entweder in kleiner Runde am Herdfeuer im Innern ihrer Hütten aufeinander oder in großer Runde draußen an den Lagerfeuern. In jedem Fall ging es darum, ihren Bund zu erneuern und durch lautstarkes Palaver am Leben zu erhalten. Nur im Schutze ihrer Behausungen konnte es zu Versammlungen kommen, bei denen sie in die Lage versetzt wurden, Pläne für ihr gemeinsames kulturelles Fortkommen zu schmieden.

Kommen wir zur zweiten Antwort auf die Bedeutungsfrage. Sie reagiert auf die pessimistische Urhüttenerzählung. Auch in ihr geht es um Schutzräume, doch nicht für Menschen, die Gemeinschaft suchen, sondern die sie fliehen. Sie fühlen sich von den modernen Massenmedien und Kommunikationsnetzen bedroht, denen sie unterstellen, sie wollten die Menschen gefügig machen. Buchstäblich malen sie den Teufel an die Wand, wie es die Künstler der Gruppe Cobra taten, als sie ihre dänischen Urhütte mit Dämonen und Geisterwesen überzogen, die den Angstphantasien kritzelnder Kinder entsprungen schienen.

Trotz des unversöhnlichen Gegensatzes, der sich in den Antworten auf die Bedeutungsfrage spiegelt, lässt sich der Widerspruch zwischen Gesellung und Vereinzelung im *Begriff Versammlung* auflösen. Die optimistische Urhüttenversion begründet ihre Idee vom Fortschritt der Kultur mit dem sprechenden Menschen. Er spricht, um zu kommunizieren und kommuniziert, weil er in Gemeinschaft lebt. Darum wird der Aspekt der Versammlung betont. Aber die pessimistische Erzählung behauptet ja nichts anderes. Auch sie geht von Individuen aus, die sich versammeln. Doch versteht sie hierunter eine Konzentrationsleistung, die auf eine Vergegenwärtigung unserer Erinnerungen, Ideen und Gedanken abzielt.

Mit der Versammlung eines Einzelnen wird die physische Ansammlung mehrerer Menschen keineswegs geleugnet. Im Gegenteil: den Großteil unserer Überlegungen verdanken wir ja anderen. Wir sammeln in uns Schätze an, die wir nur mithilfe anderer heben konnten. So haben wir es also bei den zwei Arten des Versammelns mit den beiden Phasen eines Lern- und Erkenntnisprozesses zu tun. In der ersten geht es um das Verstehen von

---

5 Vitruv, S. 64

Informationen und Argumenten, die wir uns *dialogisch* angeeignet haben, in der zweiten Phase um deren *monologische* Vertiefung, Auswertung und Weiterbildung.

Das Beispiel Wittgenstein

Um ein Beispiel zu geben: Ludwig Wittgensteins berühmter *Tractatus logico-philosophicus* (1922) wuchs auf dem Boden unzähliger Diskussionen, die der junge Philosophiestudent im englischen Cambridge mit seinen Professoren geführt hatte. Er verdankte sich aber auch seiner Flucht in die Fjordlandschaft Norwegens. 1913 reiste er zum ersten Mal dorthin. Wieder zurück in England fasste er den Plan, ins Exil zu gehen, um sich zwei Jahre aus der akademischen Welt zurückziehen.

Wittgenstein wählte seinen Aufenthaltsort in Skjolden, einem Dorf nördlich von Bergen, quartierte sich bei einem Postbeamten ein und freundete sich mit einigen Dorfbewohnern an. Er lebte nicht isoliert, wohl aber weitab der Zwänge, die das akademische Leben mit sich brachte. In Cambridge fühlte er sich oft vom fehlenden Ernst seiner Gesprächspartner angewidert. Wittgenstein war nun mal ein moralischer Eiferer, der mit den Menschen streng ins Gericht ging, am strengsten aber mit sich selber. Das Gefühl der eigenen Verdorbenheit, Unanständigkeit und Gemeinheit durchzog seine Korrespondenz wie „eine Blutspur".

Das behauptete zumindest A. W. Levi nach der Lektüre der Briefe, die Wittgenstein an den Architekten Paul Engelmann schrieb, mit dem er das berühmte Haus für die Schwester in der Wiener Kundmanngasse plante. Levi hält Wittgensteins Ethik für „die subtile Strategie eines stolzen, aber schuldbewussten Homosexuellen, der sich mit großer Scharfsicht (...) über das moralische Urteil seiner Mitmenschen erhoben hat."[6] In jungen Jahren gelang ihm diese Erhebung nur selten, weshalb seine Selbstverurteilung gröber ausfiel als die Verurteilung anderer. Gleichwohl fühlten sich die Freunde oft genug beleidigt. Auch deshalb erschien ihm das Exil als Ausweg.

Doch stellte sich in Norwegen ein neues Übel ein: Wittgenstein machte die Erfahrung einer „geistigen Qual", die sich fast zum Wahnsinn steigerte. Im Januar 1914 schrieb er Bertrand Russell: „Erst seit zwei Tagen kann ich wieder die Stimme der Vernunft durch den Lärm der Gespenster hören und habe wieder angefangen zu arbeiten. Und *vielleicht* werde ich jetzt genesen und etwas Anständiges hervorbringen können. Aber ich habe *nie* gewusst, was es heißt, sich nur noch *einen* Schritt vom Wahnsinn zu fühlen."[7]

Im letzten Moment hatte Wittgenstein die Gespenster abgewehrt. Kurz danach fühlte er sich sogar dem Durchbruch seiner Theorie nahe. Was eben noch unter dem Schatten des Wahnsinns stand, erschien nun als Aufbruch zu neuen Ufern.

---

6 Zitiert nach William W. Bartley (1973): Wittgenstein, ein Leben, München 1999, S. 199
7 Ray Monk: Wittgenstein. Das Handwerk des Genies, Stuttgart 2004, S. 115

Heilfroh überredete er George Edward Moore,[8] ihn zu besuchen, um mit ihm die Ergebnisse seines Nachdenkens zu diskutieren. Als er wieder alleine war, bedauerte er es zutiefst, seine Einsamkeit mit einem Kollegen geteilt zu haben und beschloss, sich an einer schwer erreichbaren Stelle eine Holzhütte bauen zu lassen.

Vor ihrer Fertigstellung verließ er Norwegen, um der lauten Feriensaison zu entgehen. Danach war an Rückkehr nicht mehr zu denken: der *Tractatus* musste im Gefechtslärm des Ersten Weltkriegs zu Ende geschrieben werden. Erst Jahre später konnte Wittgenstein seine Hütte ausprobieren. So 1936, als er Texte verfasste, die zur Grundlage seiner *Philosophischen Untersuchungen* (1953) wurden. Damals meldete er sich wieder bei Moore, diesmal aber, um ihm eine Lageplanskizze zu schicken, die deutlich machte, wie unzugänglich seine Hütte lag. An einen Besuch war da nicht im Traum zu denken.

Umso mehr stellt sich ja die Frage: wuchs nicht in dieser optimalen Einsamkeit die Gefahr, dass ihn die Gespenster von einst wieder heimsuchen würden? Mit dieser Befürchtung wenden wir uns einem neuen Kapitel zu. Wenn Urhütten Orte sind, in denen konstruktive Ideen gedeihen, sie sich aber genau so gut als Treibhäuser für Wahnvorstellungen eignen, dann fragt sich doch, welchen Inhalt diese Vorstellungen haben und welchen Zweck sie verfolgen? Freuds Paranoia-Theorie wird uns hierauf eine Antwort geben.

Zuvor gilt es festzuhalten: Das Beispiel Wittgenstein sollte deutlich machen, dass der Gegensatz, den die Antworten auf die Frage nach dem Ursprung und der Bedeutung der Architektur konstruieren, ein Scheingegensatz ist. Die Urhütte ist Wunsch- und Alptraum zugleich. Die Realität eines entbehrungsreichen Alltags steht ihr genauso ins Gesicht geschrieben wie Vorstellungen eines glücklichen Lebens. Für Thoreau machte das keinen Unterschied. Er machte eine neue Rechnung auf und meinte, wenn Leute auf Straßen mit ihren Umzugsfuhren unterwegs sind, könne er nicht unterscheiden, ob es sich um Reiche oder Arme handele: „Jede Fuhre sieht aus, als enthielte sie den Inhalt eines Dutzends Armeleutehütten. Und wenn schon *eine* solche Hütte Armut bedeutet, dann bedeuten ein Dutzend zwölfmal soviel!"[9]

Genau so funktioniert die Urhütten-Mathematik: Ein Vielfaches von dem zu besitzen, was andere haben, heißt, um exakt diese Menge ärmer zu sein als sie. Mit der Apologie der materiellen Armut sollte der Reichtum der Seelen beginnen. Daran hielten sich schon die Autoren der Weihnachtsgeschichte und inszenierten Christi Geburt in einer Krippe. Der schmucklose und zugleich effektvoll ausleuchtete Stall ist die *theologische* Antwort auf die Frage nach dem Ursprung und der Bedeutung der Architektur. Das Christentum, die Religion

---

8 George Edward Moore (1873-1958) wurde 1925 auf den Lehrstuhl für „Mental Philosophy and Logic" berufen, auf dem ihm Wittgenstein 1939 nachfolgte.
9 Henry David Thoreau (1854): Walden. Ein Leben mit der Natur, München 1999, S. 74

der pauperisierten Massen, feiert die Wiederkehr des Verdrängten als frohe Botschaft: ein Kind ist euch geboren worden!

Theorie der Paranoia (1)

Auch in der Fallstudie „Schreber",[10] in der Freud seine Paranoia-Theorie vorlegte und den narzisstischen Kern des Verfolgungswahns herausarbeitete, spielen christliche Religion und die Themen Empfängnis und Geburt eine wichtige Rolle, doch handelt es sich nicht um eine unbefleckte Empfängnis und ebenso wenig nur um die Geburt eines einzigen Christkindes. Damit gab sich der Größenwahn, mit dem wir es nun zu tun bekommen, nicht zufrieden.

1911 publizierte Sigmund Freud seine „Psychoanalytischen Bemerkungen über einen autobiographischen Fall von Paranoia", die sich auf einen Bericht bezogen, den ein ehemaliger Senatspräsident am Oberlandesgericht Dresden über seine Leiden angefertigt und unter dem Titel „Denkwürdigkeiten eines Nervenkranken"[11] (1903) veröffentlicht hatte. Daniel Paul Schreber hieß der bedauernswerte Autor, dessen Wahnvorstellung in Kürze lautet: er fühlte sich berufen, die Welt zu erlösen und ihr die verloren gegangene Seligkeit wiederzubringen; das glaubte er aber nur dann bewerkstelligen zu können, wenn er sich zuvor aus einem Mann in eine Frau verwandeln würde.

Einem Anstaltsarzt vertraute er an: „Nicht etwa, dass er sich zum Weib verwandeln *wolle*, es handele sich vielmehr um ein in der Weltordnung begründetes ‚Muss', dem er schlechterdings nicht entgehen könne, wenn es ihm persönlich auch viel lieber wäre, in seiner ehrenvollen männlichen Lebensstellung zu verbleiben".[12] Doch war es längst zu spät dazu. Der Senatspräsident fühlte seinen ganzen Körper bereits von „weiblichen Nerven" durchdrungen, aus denen durch die unmittelbare Befruchtung mit „Gottesstrahlen" eine neue Menschheit hervorgehen sollte. Bedeutete dies auch großes Ungemach, bereitete der Kontakt zu Gott stets höchste „Seelenwollust"[13].

Da Freud schon mehrere Fälle von Verfolgungswahn kannte, fiel es ihm leicht, im Fall Schreber ein einfaches Muster wieder zu erkennen: die Person, die im Wahn zum übermächtigen Verfolger stilisiert wird, kann immer auf jemand zurückgeführt werden, der vor der Erkrankung eine ähnlich dominierende Rolle

---

10 Sigmund Freud (1911): „Psychoanalytische Bemerkungen über einen autobiographischen Fall von Paranoia (Dementia Paranoides)", in: ders., Zwei Fallberichte, eingeleitet von Mario Erdheim, Frankfurt am Main 1997

11 Der ausführliche Titel lautet: „Denkwürdigkeiten eines Nervenkranken: nebst Nachträgen und einem Anhang über die Frage: Unter welchen Voraussetzungen darf eine für geisteskrank erachtete Person gegen ihren erklärten Willen in einer Heilanstalt festgehalten werden?" Das Manuskript lag bereits 1902 vor und führte dazu, dass die über Schreber verhängte Entmündigung aufgehoben wurde. Es war ihm gelungen, seinen Wahn, den er nicht leugnete, als harmlos darzustellen.

12 Freud, S. 105

13 a.a.O. S. 115

im Gefühlsleben des Patienten spielte. Allerdings verwandelt er sich aus einer einst geliebten in eine gefürchtete Person, die dem Paranoiker auf Schritt und Tritt nachstellt.

Zunächst schien alles auf den Arzt zu deuten, bei dem Schreber in Behandlung war, als sich seine Krankheit zum ersten Mal zeigte. In der weiteren Analyse aber wurde hinter ihm Schrebers Vater sichtbar, der ebenfalls Mediziner war und als Mitglied der „Halbgötter in Weiß" die Identifizierung mit Gott nahe legte. Freud schreibt, in Schrebers Wahn feiere seine „infantile Sexualstrebung einen großartigen Erfolg; die Wollust wird gottesfürchtig, Gott selbst (der Vater) lässt nicht ab, sie von dem Kranken zu fordern. Die gefürchtete Drohung des Vaters, die der Kastration, hat der Wunschphantasie der Verwandlung in ein Weib geradezu den Stoff geliehen."[14]

Diese Erklärung legt nicht den Schluss nahe, dass Väter, die Kastrations-ängste schüren, automatisch paranoide Söhne produzieren, wohl aber, dass sie ihren Anteil daran haben, wenn ihre Söhne an Verfolgungswahn leiden. Merkwürdigerweise ging Freud dieser Spur nicht nach. Im Gegenteil unterstellte er, der alte Schreber sei nicht ungeeignet gewesen, „in der zärtlichen Erinnerung des Sohnes, dem er so früh durch den Tod entzogen wurde, zum Gotte verklärt zu werden".[15] Dem Kranken wird also kein besonders strenger, sondern ein besonders einfühlsamer Vater angedichtet.

Urhütten im Schrebergarten (1)
Trotz Freuds Zögern, seine Analyse schon als vollständige Paranoia-Theorie zu werten, gerieren sich seine Kritiker, als habe er genau das gewollt. Morton Schatzman betont die von Freud sträflich vernachlässigte Bedeutung des autoritären Vaters und behauptet: die Paranoia sei nicht durch die unbewusste Homosexualität des Sohnes, sondern durch väterlichen Missbrauch hervorgerufen worden.[16]

Daniel Gottlob Moritz Schreber (1808-1861) gab der Schrebergarten-Bewegung ihren Namen, da er ein bekannter Lebensreformer und Leibeserzieher war, der in Deutschland die Heilgymnastik etabliert hatte. Ab 1844 leitete er eine orthopädische Klinik in Leipzig. Dort kam er viel in Kontakt mit Kindern, die eine schwächliche Konstitution aufwiesen. Dies bewog ihn, zusammen mit gleich gesinnten Kollegen den ersten Leipziger Turnverein zu gründen.

Als er starb, hinterließ er fünf Kinder, darunter seinen Sohn Daniel Paul, der erst elf Jahre alt und schon ein vom Erziehungswerk seines Vaters Gezeichneter war. Seit vielen Jahren war er Teil eines Experiments, das im Dienst der

---

14 a.a.O. S. 144
15 a.a.O. S. 140
16 Morton Schatzman: Die Angst vor dem Vater. Langzeitwirkung einer Erziehungsmethode. Eine Analyse am Fall Schreber, Reinbek bei Hamburg 1974

„Volksgesundheit" durchgeführt wurde. Es beinhaltete zwei Schwerpunkte. Erstens die Erziehung zur „gesunden" Körperhaltung mit orthopädischen Geräten, die es erlaubten, Kinder in einer bestimmten Körperstellung zu fixieren. Zweitens kam es zur Anwendung verschiedener, zum Teil mechanischer Geräte zur Verhinderung der Masturbation. Sie galt als krankhaft und Krankheiten erzeugend. Um dies zu verhindern, wurden Verbände angelegt oder kleine Drahtkäfige über den Penis gestülpt. Schrebers Spezialität waren Handfesseln, die aus Kindern nachts Schwerverbrecher machten.

Von hier aus eine Brücke zur modernen Architektur zu schlagen, fällt nicht schwer. Denken wir nur an den Arzt und Dramatiker Friedrich Wolf, der in Stuttgart wirkte. Von ihm erschien 1928 der populäre medizinische Ratgeber *Die Natur als Arzt und Helfer*. Ihm stellte er die Leitsätze „Weniger ist mehr!" und „Schluss mit der Fassade!" voran, um deutlich zu machen, dass für die moderne Gesundheit und das Neue Bauen dieselben Gesetze gelten. Zu gern wäre Wolf in eines der Weißenhof-Häuser gezogen, doch blieben seine Bittbriefe bei der Stadt ungehört.

Als sein medizinischer Bestseller erschien, konnte er es sich leisten, selber zu bauen. Als Architekt gewann er Richard Döcker, der seinem Bauherrn das Haus auf den Leib schneiderte. Als der russische Schriftsteller Sergej Tretjakow bei Wolf zu Besuch kam, konnte er ein Lied davon singen: von nackten Wänden und Fußböden und von Betten ohne Kopfkissen. Allmorgendlich schreckte ihn die Waschprozedur des Hauherrn aus dem Schlaf, wenn dieser auf der Terrasse nackt in der Wanne hockte, sich unentwegt eiskaltes Winterwasser auf die Schenkel schüttete und mit zwei Bürsten den Rücken, den Nacken und den ganzen Körper schrubbte.[17]

Friedrich Wolf war der moderne Erbe des Lebensreformers Schreber. Beide waren sie Ärzte und meinten es gut mit den Menschen, die sie von einem verweichlichten Körper befreien wollten. Die Moderne spendete Applaus und entwickelte mit den „Wohnungen für das Existenzminimum" den Typus *Urhütte im Schrebergarten*. Er wurde zum Wohnideal von Architekten, die der festen Überzeugung waren, dass die Reinheit von Menschenkörper und Baukörper die Klarheit des Denkens fördere. Pardon durfte hier nicht gegeben werden. Malträtierte Schreber seine Kinder mit Lederfesseln, gewöhnte Friedrich Wolf seine Söhne schon als Dreijährige an eiskaltes Wasser. Ein Indianer kennt keinen Schmerz, und die Folgen indianischer Erziehung glichen sich daher: flüchtete sich Schrebers Sohn in den Wahn, landete Wolfs Sohn in den Armen einer Institution, die im Ganzen paranoid war. Am Ende war er sogar ihr Chef: Markus Wolf, der Geheimdienstchef der DDR.

---

17 Vgl. Gerd de Bruyn: „...am meisten enttäuscht war ich von Corbusier!", in: Stuttgarter Zeitung vom 13.07.02

The Authoritarian Personality

Morton Schatzman, der Schrebers Erkrankung auf eine sadistische Erziehung zurückführt, äußerte die These, die Schrebers hätten bereits einen Familientypus verkörpert, der den Nationalsozialismus ermöglichte. Schreber senior verlangte von Kindern unbedingten Gehorsam. Das wurde zur Regel, und so wuchs in Deutschland ein Geschlecht von Duckmäusern heran, das die Nazis für ihre Zwecke leicht missbrauchen konnten. Wenn es sich aber bei Menschen, die einem Hitler zujubeln, nur um die Opfer *falscher* Erziehung handelt, liegt ja die Forderung nach *richtiger* Pädagogik mehr als nahe. Sie führt uns ins Amerika der Fünfziger Jahre, wo wir auf den Harvard-Professor Henry Murray stoßen, der sich den Themen Charakterbildung und Persönlichkeitskontrolle widmete.

1950 war im Rahmen eines Antisemitismus-Projekts, das von dem in die USA emigrierten Frankfurter Institut für Sozialforschung durchgeführt wurde, eine Studie zum autoritären Charakter – „The Authoritarian Personality" – erschienen. Ein Team unter Leitung Theodor W. Adornos hatte sie erstellt und sich dabei auf die „inneren Faktoren"[18] des Antisemitismus konzentriert, dem man mit langen Fragebögen und Interviews auf die Schliche zu kommen suchte. Außerdem bediente man sich einer von Murray entwickelten Variante des Rorschachtests, bei dem Abbildungen von Menschen anstatt der üblichen Tintenkleckse zu sehen sind.

Selbstverständlich sollte der Antisemitismus nicht nur analysiert werden, es sollten auch Instrumente entwickelt werden, mit denen die Verführbarkeit der Menschen zu messen war. Murray ging sogar noch einen Schritt weiter: Er versuchte ein *Superego* zu entwickeln, womit das Individuum gegen sämtliche Spielarten des Totalitarismus immunisiert werden sollte. Hierzu entwickelte er ein Testsystem, bei dem besonders intelligente Studenten starkem psychischen Stress ausgesetzt wurden. So wollte er die Aspekte der Persönlichkeit aufdekken, die seine Testpersonen mit aller Gewalt zu verbergen suchten. Mit der lückenlosen Ausforschung ihres Charakters hoffte er erkennen zu können, wie eine stabile Persönlichkeit aussehen muss.[19]

Bei all diesen Tests spielte die Auswertung durch Computer eine zentrale Rolle. Die Unmenge der erhobenen Daten wäre anders nicht zu bewältigen gewesen. Auf diese Weise kam es zu Begegnungen der ungewöhnlichen Art, an denen Kritische Theorie, Psychoanalyse, amerikanische Sozialforschung und Kybernetik beteiligt waren. Zu den Kybernetikern gehörten renommierte Wissenschaftler wie Norbert Wiener, John von Neumann, Gregory Bateson, Margaret Mead oder Heinz von Foerster, die sich ebenfalls fragten, wie die autoritäre Matrix im Menschen auszumerzen sei. Über die Werkzeuge glaubte man bereits zu verfügen: „schnellere Rechenmaschinen, Systemtheorie und kybernetische

---

18 Rolf Wiggershaus: Die Frankfurter Schule, München 1993, S. 401
19 Vgl. hierzu und zum Folgenden: Lutz Dammbeck, Das Netz – die Konstruktion des Unabombers, Hamburg 2004, S. 46 ff.

Modellwelten, mit denen alle Bereiche von Wissenschaft, Kultur und Politik kontrollier- und steuerbar erschienen."[20]

Der Unabomber

Zu den jungen Studenten, die diesen Tests unterworfen wurden, die der alte Schreber sich kaum sadistischer hätte ausdenken können, gehörte auch Ted Kaczynski. 1959 stieg er die Treppen hinunter in einen hell erleuchteten Raum im Souterrain von Murrays Institut. Hier wurde er einem Verhör durch Personen unterworfen, die sich hinter einer undurchsichtigen Glasscheibe verbargen. Ein Bombardement von Fragen hagelte auf ihn nieder. Wer stellte sie? Experten wie die, die er knapp zwanzig Jahre später mit seinen Briefbomben attackieren sollte.

1996 wurde Kaczynski, für den das FBI den Codenamen „Unabomber"[21] gefunden hatte, in den Wäldern Montanas unweit der Gegend gefasst, in der David Lynch wenige Jahre zuvor die Fernsehserie *Twin Peaks* gedreht hatte. Kaczynski bastelte dort seit zwanzig Jahren Sprengsätze. In dem Zeitraum aber, in dem der berühmte Regisseur das Thema Paranoia für sich beanspruchte, hörte die Bombe auf zu ticken...

Dem Vorbild Thoreau folgend hatte sich Kaczynski eine Holzhütte gebaut. Es war aber nicht nur das einsame Leben und die Selbstversorgung, die ihn mit Thoreau verband. Auf langen Streifzügen durch die Natur war Thoreau zu einem präzisen Beobachter geworden, der alles vermaß und protokollierte. Am Ende hinterließ er 47 Bände, die er in einem selbst gezimmerten Holzkasten verwahrte. Auch Kaczynski kartographierte bei seinen ausgedehnten Wanderungen die Landschaft und hielt diese Daten und seinen Alltag auf über 24.000 Seiten fest.[22]

So wie der 25jährige Logiker Wittgenstein der Universitätsstadt Cambridge den Rücken kehrte, verließ Kaczynski, der bereits mit 25 Jahren als Assistenzprofessor für Mathematik nach Berkeley berufen worden war, ebenfalls aus Protest seine Hochschule. Galt Wittgensteins Abscheu dem Unernst der Akademiker, hasste Kaczynski an ihnen, dass sie „die am stärksten angepasste Gruppe in unserer Gesellschaft sind und auch die am weitesten links stehen." Die Linke habe längst ihren Frieden mit den herrschenden Verhältnissen gemacht, während sie dagegen protestiere. Kaczynski sah sich von empörten Menschen umgeben, die

---

20 Dammbeck, S. 37

21 Im Juni 1980 wurde die Sondereinheit UNABOM gebildet, wobei UN für *university* und A für *airline* steht, da zu den ersten Opfern auch Mitarbeiter von Fluggesellschaften gehörten.

22 Auch Wittgenstein war ein besessener „Vermesser". In seiner Studierstube in Cambridge hatte er die „falschen" Abmessungen der neugotischen Fenster mit Papierstreifen korrigiert und einen Freund belehrt: „Du glaubst, dass die Philosophie schon kompliziert genug sei, aber ich kann Dir sagen, dass das gar nichts ist, verglichen mit der Schwierigkeit, ein guter Architekt zu sein." (vgl. Paul Wijdeveld: Ludwig Wittgenstein. Architekt, Amsterdam 1994, S. 196)

nichts unternahmen. Nichts gegen einen Staat, der seine Bürger mit versteckten Kameras, Computern und Programmen zur ‚geistigen Gesundheit' verfolgte, die in Wirklichkeit dazu dienten, „das Denken und Verhalten der Menschen dem System anzupassen".[23]

Kaczynski wehrte sich gegen Entwicklungen, die wir von Schreber senior bis Murray verfolgt haben. Noch mehr aber wehrte er sich gegen die überlebensgroßen Schatten, die seine Verfolger an seine Zellenwände warfen. Wittgenstein hatte es gerade noch geschafft, aus den Verschwörungswinkeln seiner Urhütte herauszutreten. Vielleicht, weil er besonders intelligent war. Aber das war Kaczynski auch. Trotzdem gelang es ihm weiterhin nicht, die Geister abzuschütteln, die ihn verfolgten.

Zwei Ereignisse aus der Zeit seines Masterstudiums, das er in den sechziger Jahren an der Universität von Michigan absolvierte, erscheinen mir für diesen Umstand besonders aufschlussreich.[24] Das erste betrifft Alpträume, die ihn über mehrere Jahre quälten. Darin machen Psychologen Jagd auf ihn, um ihm den Verstand zu rauben. Da er mit allen Wassern gewaschen ist, wird er nicht erwischt. Immer aber erfüllt ihn gewaltiger Ärger, der sich brutal entlädt und zu Mord und Totschlag führt. Indes stehen seine Verfolger wieder auf und leben weiter.

Die andere Geschichte betrifft Kaczynskis Sexualität, die für mehrere Wochen, in denen er *von der Phantasie, eine Frau zu sein*, erregt wurde, der Schreberschen Wahnvorstellung sehr nahe kam. Eines Tages beschloss er, mit einem Psychiater über eine Geschlechtsumwandlung zu reden. Im letzten Augenblick bekam er es aber mit der Angst zu tun und verschwieg den wahren Grund seines Besuchs. Auf dem Heimweg kroch Hass in ihm hoch, der sich nicht gegen die eigene Ängstlichkeit richtete, sondern gegen den Arzt, dem er beinahe seine geheimsten Wünsche offenbart hätte.

Das war der Moment, in dem Kaczynski Selbstmord verübte. Da es sich aber um einen seelischen Suizid handelte, der den physischen Körper nicht mit in den Tod riss, erlebte am eigenen Leib, was er schon von seinen Alpträumen her kannte: wie dort die getöteten Psychologen immer wieder aufstanden, so wurde auch er wieder lebendig als Terrorist. Der Unabomber stieg wie ein Phoenix aus der Asche des innerlich verbrannten Ted Kaczynski, als er die erotischen Wünsche verleugnete, die in seine Phantasie, eine Frau zu sein, geflossen waren. Von nun an konnte er seine Ängste nicht länger auf innere Triebregungen zurückführen, sondern wehrte sie als eine auf ihn von außen anstürmende Bedrohung ab. An diesem Punkt stellt sich natürlich die Frage, welche geliebte Person steckt hinter Kaczynskis Verfolgern?

---

23 zit. n. Dammbeck, S. 146
24 Sie sind dem Report entnommen, den die vom Gericht bestellte Psychiaterin Sally C. Johnson über Kaczynski anfertigte. (vgl. PDF: Psychiatric Competency Report of Dr. Sally C. Johnson Sept. 11, 1998, S. 44)

Ich glaube: er selber. Da in den Gutachten von einem stark eingeschränkten Sozialverhalten zu lesen ist, scheint es mir nahe liegend, Kaczynski als einen narzisstisch gestörten Menschen zu betrachten.[25] Freud führte den Narzissmus darauf zurück, „dass das in der Entwicklung begriffenen Individuum, welches seine autoerotisch arbeitenden Sexualtriebe zu einer Einheit zusammenfasst, um ein Liebesobjekt zu gewinnen, zunächst sich selbst, seinen eigenen Körper zum Liebesobjekt nimmt, ehe es von diesem zur Objektwahl einer fremden Person übergeht".[26] Diese Art von Autoerotismus stelle eine normale Phase innerhalb der Sexualentwicklung eines Individuums dar. Im weiteren Verlauf komme es zur homosexuellen, schließlich zur heterosexuellen Objektwahl, wobei die jeweils früheren Stufen nicht aufgehoben, sondern „neuen Verwendungen" zugeführt werden. „Sie treten nun mit Anteilen der Ichtriebe zusammen, um mit ihnen (...) die sozialen Triebe zu konstituieren."[27]

Da nun aber jede Entwicklungsstufe der Psychosexualität die Möglichkeit der ‚Fixierung' mit sich bringt, können Individuen von ihrer frühkindlichen Sexualität wieder eingeholt werden. Die Folge ist, dass die Energie, die aufgebracht wurde, um Freundschaften einzugehen, in sexuelle Energie zurückverwandelt wird. Sie wird entsublimiert. Freuds Theorie lautet daher: die Paranoia versuche sich gegen eine solche Entsublimierung zu wehren. Während die Sexualisierung des sozialen Triebs das Individuum fühlen lässt: *Ich liebe einen Menschen gleichen Geschlechts*, statt mit dieser Person eine Freundschaft einzugehen, erfindet die Paranoia eine Geschichte, die diesem „Skandal" ein Ende setzt, indem sie den Wunsch in sein Gegenteil verkehrt: *Ich liebe ihn nicht – ich hasse ihn doch.* In einem zweiten Schritt wird diese innere Wahrnehmung durch eine äußere ersetzt: *nein, er ist es ja, der mich hasst. Ich hasse ihn nur, weil er damit begonnen hat.*[28]

Freud schildert noch weitere Möglichkeiten, dem Satz, *ich liebe einen anderen Menschen*, durch Wahnvorstellungen zu widersprechen, wobei der Gipfel die Behauptung darstellt: *ich liebe überhaupt keinen.* Sie ist die Umkehrung des Satzes: *ich liebe nur mich.* Das ist die Position des Narzissten. Wollte man von ihm aus eine Paranoia konstruieren, dann müsste der Wahn den Satz: *ich liebe nur mich*, in die Behauptung verkehren: *ich liebe niemanden*, und diese innere Wahrnehmung durch die äußere ersetzen: *nein, es sind ja alle anderen, die mich nicht lieben. Ich hasse die anderen ja nur, weil sie damit begonnen haben.* Dies würde

---

25 Sein Vater war selber ein von seiner Krebserkrankung verfolgter Mann, der 1990 Selbstmord beging. Die Mutter war die weit wichtigere Bezugsperson. Von ihr wurde der kleine Ted im Alter von neun Monaten mehrere Tage lang getrennt und im Krankenhaus von einer Allergie kuriert. Schon damals fühlte er sich in seiner Haut nicht wohl, und die Mutter gab zu Protokoll, dieses Ereignis habe ihn traumatisiert. Wahrscheinlicher ist, dass durch diesen Aufenthalt eine bereits vorhandene narzisstische Störung nur verstärkt wurde.
26 Freud, S. 149/50
27 Ebenda
28 Freud, S. 151 ff.

erklären, weshalb Kaczynski wahllos Menschen aus den unterschiedlichsten Berufen attackierte.[29]

Theorie der Paranoia (2)

An früherer Stelle hatte ich behauptet: einer, der seinesgleichen flieht, sucht in der Wildnis nicht die Einsamkeit. Im Gegenteil: er will ja gerade dem Umstand, dass er sich in der Nähe anderer Menschen immer so verlassen fühlt, ein Ende machen. Aus diesem Grund flüchtet er in die Natur, um sich zu versammeln. Nun aber müssen wir eine Ausnahme dieser Regel akzeptieren: Ted Kaczynski hatte den Prozess seiner Selbstfindung und Selbstversammlung niemals begonnen. Er war schon „tot", als er seine Urhütte betrat und sie in eine Werkstatt des Terrors verwandelte.

So steht also die Urhütte nicht nur am Anfang der Architektur, sie steht zugleich am Ende einer Geschichte. Wer die Urhütte erreicht, hat viel durchgemacht. Sind seine Lebensgeister noch munter, wird er ihre Zuflucht nutzen, um mit konstruktiven Vorschlägen in die Welt zurück zu kehren. Wer aber an die Urhütte klopft und nur mehr ein Gespenst seiner selbst ist, der zieht aus ihr die Kraft der Zerstörung. Die Urhütte spiegelt die Entstehung der Architektur als Produkt realer und fiktiver Verfolgungen. Die *reale Urhütte* bietet den Menschen einen sicheren Schutz, doch der Anteil der Theorie an ihr ist äußerst bescheiden. Er beschränkt sich auf wenige technische Kniffe. Die *fiktive Urhütte* ist hingegen für Menschen gedacht, die schon im Trockenen sitzen. Nicht ihre Körper, ihr Verstand fühlt sich bedroht. Bedroht von den Ausgeburten seiner Phantasie. Der Anteil der Theorie an Urhütten dieser Art ist enorm. Denn: Theorien blühen immer dann auf, wenn die Antworten auf die praktischen Fragen schon gefunden wurden. Wir können daher die These aufstellen: *Reale Urhütten sind materiale Räume, in denen Theorien konstruiert werden, die ihrerseits Denkräume ausbilden, in denen fiktive Urhütten aus dem Boden schießen.*

Fragen wir zum Schluss nach der Grenze zwischen Theorie und Paranoia: Wie kann es ein Theorien erzeugender Geist, der die Welt auf den Kopf stellt, verhindern, dass er am Ende nicht selber Kopf steht und zum Opfer einer Wahnvorstellung wird? Immerhin war es Freud selber, der den Verdacht äußerte, die Paranoia tendiere dazu, die Grenzen eines reinen Krankheitsbildes zu überschreiten, um auf die psychoanalytische Praxis und Theorie, *wenn nicht auf das Theorien bildende Denken schlechthin überzugreifen.* Dieser epidemische Charakterzug stellt ja jeden Wissenschaftler vor die heikle Frage, ob seinem eigenen Denken ein paranoides Moment innewohnt?

Freud hegte den Verdacht, Schreber habe mithilfe seiner Paranoia nicht nur eine eigenartige Weltdeutung vorgelegt, sondern ein Gedankengebilde, das in direkte

---

29 Unter seinen Opfern finden wir einen Manager, einen Piloten, einen hohen Forstbeamten, einen Studenten, eine Sekretärin etc.; denkbar ist allerdings auch, dass er in einigen Opfern, die Wissenschaftler waren wie er, sein eigenes Spiegelbild zu erkennen glaubte.

Konkurrenz zur psychoanalytischen Theorie stehe.[30] Die Paranoia theoretisiert sich offenbar selbst und lässt auf diese Weise die Grenze verschwimmen, die das Reich der Vernunft von den Gefilden des Wahns trennt. Zugleich öffnet sie den Blick für die Tatsache, dass der Wahn als eine Flaschenpost des Unbewussten ebenso zu den Fundamenten unserer Kultur gehört wie das bewusste Denken: „am Grunde der kulturellen Leistung finden wir den Mechanismus der Projektion, dem man auch beim paranoiden Kranken begegnet. Wäre der Mensch nicht mit der Fähigkeit paranoider Projektion begabt, es wäre nie zur menschlichen Kultur gekommen."[31]

Der Mechanismus der Projektion bedeutet in nuce: Ein Phänomen, das in einer bestimmten Sphäre zuhause ist, dort aber in seiner Eigenart nicht akzeptiert werden kann, wird auf eine andere Sphäre projiziert, in der es als seine eigene Negation wiederkehrt. Auf die Theorieproduktion angewendet hieße das: neue Theorien sind alte Theorien, die in ihr Gegenteil verkehrt und ihrer Herkunftssphäre entfremdet wurden. Als daher die Architekturtheorie die Frage nach dem Ursprung und der Bedeutung der Architektur mit der Urhütte beantwortete, erfand sie nicht nur den adäquaten Zufluchtsort paranoider Projektion, sondern ebenfalls einen Archetyp der Inversion. Je nachdem, in welchem Licht wir die Urhütte erscheinen lassen, bedeutet sie Anfang oder Ende, Kultur oder Unkultur, Glück oder Unglück, Realität oder Wahn, immer aber das Ende einer alten und den Beginn einer neuen Angst.

30 Vgl. Freud, S. 165
31 Kurt Eissler, zit. n. Freud, S. 20

Raumdogma und Architekturbild
Ein Beitrag zur Adolf-Loos-Forschung

1.

Fraglos ist die Architektur kein genuines Produkt der Moderne. Diese sind in der Regel mobil, drum wimmelt es in Corbusiers „Vers une Architecture" (1922) nur so von Flugzeugen, Autos und eleganten Schiffen. Die Avantgarden schämten sich dafür, dass Häuser Immobilien sind, die seit Jahrtausenden eine Struktur aufweisen, die sich wie folgt beschreiben lässt: geschlossene und perforierte (von Öffnungen, Fenstern und Türen durchbrochene) Wände formen unterschiedliche Räume, die unmittelbar aneinander grenzen oder durch Korridore verbunden sind; ein gemeinsames Dach fasst das Ganze zu einem oft singulären, immer aber introvertierten Gebilde zusammen, das sich vom Außenraum klar abgrenzt.

Trotz aller Modernisierungen, denen das Bauen bis zum Ende des 19. Jahrhunderts ausgesetzt war, hatte sich an dieser Struktur nichts geändert. Die Avantgarden wollten daher die Architektur nicht nur erneuern, sondern durch einen radikalen Bruch mit der Tradition für immer in der Moderne verankern. Sie wollten die Architektur zum Produkt der Moderne machen. Also wurde die perforierte Wand durch transparente Glasfassaden ersetzt, der trennende Flur abgeschafft und ebenso das verbindende Dach, das den Häusern wie ein Hut aufsaß. Die Grenzen zwischen den Zimmern, den Geschossen und sogar zwischen Innen und Außen wurden aufgehoben. Die Räume kamen ins Fließen, doch den Verwegensten war das immer noch zu wenig. Sie forderten von der Architektur, auch die Schwerkraft zu überwinden und die Pyramiden auf der Spitze tanzen zu lassen ...

Trotz aller Anstrengung, die alten Strukturen durch moderne zu ersetzen, blieben die Gebäude stur auf der Erde stehen. In der „Postmoderne" wurde daher Entwarnung gegeben. Es mussten die Häuser nicht länger auf Stelzen gehen und Ozeandampfer imitieren, sie durften wieder Immobilien sein. Indessen war das nur die Ruhe vor einem neuen Sturm, der uns nun schon seit Jahren ins Gesicht bläst. Aus diesem Grund stellt sich wieder mal die Frage, ob in der Architektur weiter alles beim Alten bleiben kann, oder ob sie selbst zum Rädchen im Getriebe des Fortschritts wird.

Ich glaube, dass letzteres der Fall ist. Da aber die Veränderungen, die wir derzeit erleben, keine spektakuläre Präsenz besitzen, sondern sich zu einem großen Teil unsichtbar vollziehen, und da die programmatische Munition der Avantgarden längst verschossen ist, (man könnte auch sagen: weil uns die Worte fehlen) will es kaum einer wahrhaben, dass die in den Zwanziger Jahren propagierte, nicht aber schon vollzogene Ehe von Moderne und Architektur,[1] erst heute eine Tatsache zu werden beginnt.

Typisch ist für unsere Zeit nicht mehr nur die zunehmende Mobilität, die sich im 20. Jahrhundert trennend zwischen die Dynamik der Moderne und die Statik des Bauens schob. Die moderne Informationstechnologie hat die Verbreitungsgeschwindigkeit der Kommunikation und ihrer Produkte derart erhöht, dass sie allgegenwärtig sind: mithin mobil *und* pervasiv. Das macht für das Bauen einen Unterschied. Um die Mobilitätszumutung hat sich kein Architekt ernsthaft kümmern müssen, obschon die Avantgarden verrückt spielten, Walking Cities und fliegende Städte im Weltraum konzipierten. Häuser sind keine Wohnwagen. Zu verleugnen war das nur in den Technikutopien der zwanziger und sechziger Jahre. Doch hat sich das utopische Denken längst erschöpft, und die Architektur rückt allmählich ins Zentrum realer Modernisierungsprozesse.

Die Spekulation, dass wir uns auf der Schwelle zu einem neuen Zeitalter befinden, wird durch das *Ubiquitous Computing* hervorgerufen, durch den uns verborgen bleibenden massenhaften Einbau miniaturisierter Computer in Maschinen und Alltagsgegenstände aller Art. In der Allgegenwart der Information und Kommunikation gibt sich uns die auf die Spitze getriebene Mobilität unserer Zeit zu erkennen und damit eine Technik, die unsichtbar bleibt. Wir können den Verbreitungsgrad und die Ausbreitungsgeschwindigkeit der aktuellen Modernisierungsprozesse kaum mehr realisieren. Wir sehen das nicht! Da geht es uns nicht anders als dem ahnungslosen Hasen, der sich auf einen Wettlauf mit dem trickreichen Igel einließ. Der Hase steht für die *sichtbare* Mobilität, der Igel aber, der immer schon dort ist, wohin der atemlose Hase noch unterwegs ist, verkörpert das *unsichtbare* Prinzip der Pervasivität.

2.

Ich möchte nicht nur zeigen, weshalb die Architektur den Anschluss an die mobile Gesellschaft des 20. Jahrhunderts verpasste, sondern warum ausgerechnet dieser Umstand uns verstehen hilft, dass die Architektur als digitales Bild umso leichter Eingang in die Informationsgesellschaft des 21. Jahrhunderts finden wird. Dieser Mechanismus ist leichter zu begreifen, wenn wir uns klar machen, dass die wachsende Skepsis, die der digitalen Architektur aus den Reihen konservativer Architekten entgegenschlägt, auf das Missverständnis zurückzuführen ist, das Neue Bauen sei ein Produkt der Moderne gewesen.

---

1 Nicht vollzogen soll heißen: die Spiegelung faktischer Modernisierungsprozesse durch das Neue Bauen fand in erster Linie auf der sinnlich-symbolischen Ebene statt. Was ins Auge fiel und die Öffentlichkeit erregte, das war das „Outfit" der Häuser, ihre schmucklosen kubischen Formen, die großen Fensterflächen, das „fehlende" Dach etc., während sich produktions-, bau- und haustechnisch wenig änderte. Ein prominentes Beispiel bietet Erich Mendelsohns Einsteinturm in Potsdam, der konventionell gemauert wurde, aber die Form und den Habitus eines modernen, dynamisch geformten Betongebäudes vortäuscht. Ich komme auf dieses Thema an späterer Stelle nochmals zurück.

Der architektonische Konservativismus unserer Tage ist ein Resultat dieses Missverständnisses. Das wird vor allem dann deutlich, wenn der digitalen Architektur Verrat an der so genannten modernen Architektur vorgeworfen wird. Dieser Verrat, wenn überhaupt von einem solchen die Rede sein kann, bezieht sich allenfalls auf *den* Aspekt der „modernen Architektur", der sich der Moderne am stärksten zu widersetzen suchte. Ich meine die bis heute unermüdlich vorgetragenen These, die Architektur sei in allererster Hinsicht eine Raumkunst bzw. raumschöpferische Disziplin. Die gebetsmühlenhafte Wiederholung dieser These hat sich inzwischen zu einem Dogma verhärtet.

Da ich weiß, dass ich mit diesem Hinweis Gefahr laufe mir viele Feinde zu machen, möchte ich gleich betonen: ich will nicht darauf hinaus, dass im Bauen die räumliche Imagination, das Denken im Raum und die Produktion von Raum keine Rolle mehr spielen, sondern dass einige einflussreiche Architekten zu Beginn des 20. Jahrhunderts gegen Erfolg versprechende Versuche, die Architektur zu modernisieren, eine Raumdebatte anzettelten, die noch heute eine starke Leitbildfunktion innehat, mit der Folge, dass das Misstrauen der älteren Kollegenschaft gegenüber der digitalen Architektur eher zu- als abnimmt.

Was ist mit diesen „Erfolg versprechenden Versuchen, die Architektur zu modernisieren" gemeint? Ich fasse sie in der These zusammen: dass die Avantgarde eine in ihrer Modernisierungswirkung kaum zu überschätzende „Entmaterialisierung" des Bauens intendierte. Doch Vorsicht! Wenn wir diese Intention stur auf die Mobilitätsforderung der Avantgarden zurückzuführen, landen wir wieder nur in der Sackgasse der fehlgeschlagenen Modernisierungsversuche des 20. Jahrhunderts. Abermals verführt von der konstruktivistischen Idee der Schwerelosigkeit, die ihre Fortsetzung fand bei Buckminster Fuller (der die Architekturqualität zum Gewichtsproblem stilisierte) und seinen Erben, den deutschen Leichtbau-Ingenieuren. Weniges zwar ist so elegant wie die Zeltkonstruktionen Frei Ottos, doch rufen sie den Eindruck der Entmaterialisierung ja nur mithilfe massiger Fundamente hervor, die unseren Augen verborgen bleiben. Es ist beinahe so, als symbolisierten sie die verdrängte Nazi-Vergangenheit, die dem leichtsinnigen und leicht beflügelten Neubeginn der Republik wie ein unsichtbares Bleigewicht an den Füßen hing.

Zum Glück gibt es noch eine andere Perspektive, aus der sich das vermeintliche Prinzip der Entmaterialisierung interpretieren lässt, wenn wir es nicht länger nur als Tribut an Ökonomie und Mobilität, sondern an die moderne Ästhetik verstehen. Diese andere Perspektive macht uns darauf aufmerksam, dass es in der Architektur nie nur um ein Leichtmachen des Schweren, sondern Schwermachen des Leichten ging. Nicht also in erster Linie um eine Entmaterialisierung der Baustoffe, als vielmehr um eine Materialisierung von Licht und Schatten, primären Formen und Farben.

Schon die französischen Revolutionsarchitekten wussten, was Corbusier 130 Jahre später zum Basiswissen der Architektur erklärte: „Unsere Augen sind geschaffen, die Formen unter dem Licht zu sehen."[2] Aus diesem Grund möchte ich statt von Entmaterialisierung lieber von *Ephemerisierung* sprechen, um den Fußabdruck der Moderne in der „modernen Architektur" besser erkennen zu können. Das Ephemere beschreibt die Wirkung, die aus dem Wunsch resultiert, die Architektur, die wie keine andere Kunst für Dauerhaftigkeit steht, der modernen Zeiterfahrung zu unterwerfen, damit auch sie den Charakter des Flüchtigen und Vergänglichen annimmt.

Interessant ist aber vor allem dies: die ephemere Architektur hat einen mächtigen Verbündeten – die Fotografie. Sie hält das Vergängliche fest und gibt dem Flüchtigen Bedeutung. Dauerhafte Bauwerke bieten effektvolle Kulissen für das pralle Leben, das sich auf opulenten Ölgemälden tummelt; hingegen tendiert die Fotografie dazu, Gebäude aus dem *Kontext des Lebendigen* herauszulösen, indem sie Menschen, Tiere und belaubte Bäume aus ihren Szenerien verbannt. Ihr Ehrgeiz besteht darin, das ephemere Haus und gerade nicht das für die Ewigkeit gedachte Bauwerk zu ikonisieren. Zu diesem Zweck sprengten sie die leichten, flüchtigen Häuser der Avantgarde sogar noch aus dem *Kontext des Unlebendigen* heraus: aus der indiskreten Nachbarschaft mit anderen Bauten. Erst die Fotografie enthüllte, dass das ephemere Haus zum Solipsismus und zur ästhetischen Autonomie tendiert.

Um ein Beispiel zu geben, komme ich kurz auf die Fotogenität der Häuser zu sprechen, die in der Weißenhofsiedlung stehen. Wir feiern sie als Ikonen des Neuen Bauens, obschon sie trotz der fortschrittlichen Intentionen ihrer Schöpfer sich der schon damals möglichen Modernisierung der Bautechnik verweigerten. Der Rationalisierungsgrad, den der „unmoderne" Paul Schmitthenner auf der benachbarten Baustelle des Kochenhofs demonstrieren wollte, war eindeutig höher.[3] Doch obwohl Schmitthenner fortschrittlicher war als seine berühmten Kollegen auf dem Weißenhof, hinkte auch seine Bauweise noch weit hinter der industriellen Modernisierungsdynamik seiner Zeit hinterher.

Dass auf dem Weißenhof dennoch die Tür zur Moderne ein wenig aufgestoßen wurde, hat damit zu tun, dass die Gesamtplanung aus der Zuständigkeit Hugo

---

2 Le Corbusier: 1922. Ausblicke auf eine Architektur, Braunschweig 1982, S. 36. Boullée schrieb bereits 1793: „Es sind die Lichteffekte, die in uns verschiedenartige und gegensätzliche Empfindungen auslösen". (Etienne-Louis Boullée: Architektur. Abhandlung über die Kunst, Zürich und München 1987, S. 80) Dass das Leicht- und das Schwermachen der Architektur Hand in Hand geht, führten uns die französischen Revolutionsarchitekten mit ihrer Vorliebe für Rustika-Mauerwerke vor, wo Bossen und Fugen unser Augenmerk auf das ephemere Spiel von Licht und Schatten lenken.

3 Wolfgang Voigt hat herausgearbeitet, dass die von Schmitthenner entwickelte „Fafa-Bauweise" (=fabriziertes Fachwerk) aus vorgefertigten Holzrahmen mit bereits eingesetzten Fenstern und Türen, weit moderner war als die zumeist brav mit Ziegeln gemauerten Bauten seiner Konkurrenten auf dem Weißenhof. Leider durfte Schmitthenner sein System auf dem Kochenhof nicht konsequent anwenden. (Vgl. Wolfgang Voigt, Hartmut Frank: Paul Schmitthenner 1884-1972, Tübingen/Berlin 2003, S. 24)

Härings, der eine organische Siedlung bauen wollte, in die Hände Mies van der Rohes wanderte, dem eine Ansammlung spektakulärer Bauten vorschwebte, die sich dem kollektiven Gedächtnis einprägen sollten. Entsprechend vergrößerte er den Abstand der Häuser. Sie wurden voneinander isoliert, damit sie desto besser zur Geltung kommen konnten. Diese Vorgehensweise entsprach durchaus der Ambition der Fotografen, die Vergänglichkeit des Neuen Bauens in unvergänglichen Bildern festzuhalten.

3.

Es wäre übertrieben zu sagen, in der modernen Fotografie sei die Architektur neu erfunden worden, doch scheint mir, als habe sich in ihr angedeutet, wie das Bauen zu einem Produkt der Moderne werden könnte. Sigfried Giedion, selber ein ambitionierter Fotograf, notierte in *Raum, Zeit, Architektur* (1943) unter der Abbildung des Werkstattflügels des Bauhausgebäudes in Dessau: „Die transparenten Flächen fördern durch Entmaterialisierung der Ecken die schwebenden Beziehungen der Ebenen untereinander".[4] Diese Würdigung des Ephemeren unter dem zweifelhaften Titel der Entmaterialisierung[5] war natürlich nicht an den Nutzer adressiert, den so etwas in der Regel nicht interessiert, sondern an den kunstsinnigen Betrachter. Er ist es, der wissen will, ob ein Haus ästhetisch funktioniert und bildet daher den kongenialen Fluchtpunkt fotografierter Architektur.

Der Betrachter war von Anfang an beides: ein Fan der realen *und* der fotografierten Architektur. Er löste den Anspruch der Mobilisierung, den die Moderne an die Architektur stellte, ein, indem er sich selbst in Bewegung setzte. So war er dazu fähig, das entvölkerte Architekturbild mit den Erfahrungen zu füllen, die sich bei seinen Erkundungsgängen eingestellt hatten. Aber so mächtig diese Erfahrungen auch sein mochten und weiterhin sind – das Verhältnis von modernem Betrachter und ephemerem Gebäude ist dennoch von Distanz geprägt.

Damit sind wir an einen wichtigen Punkt angekommen, an dem sich das Neue Bauen im Ganzen als ein Distanzierungsprojekt entpuppt. Und das, obschon alle Welt darin übereinstimmt, dass in der Moderne die enge funktionale Beziehung, in der Nutzer und Bauwerk seit jeher stehen, beträchtlich intensiviert werden sollte. In Wahrheit ging es aber nicht um die Herstellung einer größeren Nähe zwischen Mensch und Bauwerk. Viel eher sollte ihre funktionale Interaktion effizienter gestaltet werden.

Ein Beispiel: Die Rationalisierung der Hausarbeit, die durch die Frankfurter Küche beabsichtigt war, sollte ja gerade nicht dazu führen, dass die Frauen (vielleicht auch schon die Männer) länger dort verweilen, sondern dass die

---

4 Sigfried Giedion: Raum, Zeit Architektur, Zürich und München 1984, S. 315
5 Dieser Begriff überzeichnet bloß die Tatsache, dass man damals begann, traditionelle Baustoffe wie Holz und Stein durch moderne Materialien wie Beton und Stahl zu ersetzen, die deutlich geringer dimensioniert werden konnten.

Aufenthaltszeiten dort immer kürzer werden. Einerseits könnte man sagen, dass mit separater Küche und separatem Badezimmer gleichsam die Verschwendung in die „Wohnung für das Existenzminimum" einzog, andererseits bestätigen diese Räume die neue Regel, dass jetzt überall dort, wo es zur funktionalen Interaktion zwischen Mensch und Architektur kommen sollte, das Gebot der Zeitersparnis vorherrschte.

Die radikale Entmischung der Wohnfunktionen führte letztlich dazu, dass Hausarbeit und Körperpflege auf zwei, drei winzige Räume konzentriert wurden, denen eine wachsende Anzahl Quadratmeter gegenüberstanden, die funktional unspezifisch bzw. multifunktional blieben, da nicht selten Wohn- und Schlafzimmer miteinander kombiniert wurden. Die Konzentration der funktionalen Interaktionen auf wenige Räume und ebenso die kompromisslose Entrümplung der alten Wohnung, ihre „Befreiung" von jeglichem Zierrat, sowie von Gegenständen, Ecken und Kanten, die in der Vergangenheit dazu dienten, dass sich Haus und Nutzer ineinander verhakten – all das führte dazu, dass Mensch und Architektur in Distanz zueinander gerieten und von nun an getrennte Wege gingen.

Paradoxer Weise hat so gerade das funktionalistische Bauen zur Ästhetisierung der Architektur beigetragen. Es hat ihren Nutzwert auf wenige Funktionsräume reduziert, deren Zahl mit der Zeit noch abzunehmen scheint. Das hat zur Folge, dass wir die Architektur immer weniger im handfesten Sinn gebrauchen. Zugleich wächst in dem Maß, in dem die funktionale Bindung zwischen Mensch und Haus schrumpft, unser ästhetisches Interesse an der Architektur. Der Beobachter in uns gewinnt die Oberhand über den Nutzer. Wir finden zunehmend Geschmack an der rein visuellen Präsenz der Architektur, während die Erfahrung konkreter Räume allmählich an Faszination verliert. Diese Entwicklung nenne ich modern.

4.

Natürlich provozierte die zunehmende Dominanz des Visuellen über das Räumliche raschen Widerspruch. So bei Bruno Taut, der für diese Entwicklung nicht Fotografen, sondern Kollegen wie Le Corbusier verantwortlich machte und an den Pranger stellte. In *Krisis der Architektur* (1929) beschimpft er den Wahlfranzosen als „Salonästheten", der keine Häuser baue, sondern Bilder. Hierdurch verstoße er gegen das Prinzip der Wohnlichkeit und entwerfe Gebäude, in denen es sich nicht gut leben lasse, dafür seien sie umso besser zu fotografieren.

Mit dem Lob der Wohnlichkeit knüpfte Taut am Begriff der Bequemlichkeit an, der in der bürgerlichen Baukultur beinahe ebenso hoch gehandelt wurde wie die Sparsamkeit. Zur Ökonomie der Arbeitswelt sollte die bequeme Lebenswelt das komplementäre Gegenstück bilden. Mit Wohnlichkeit wollte Taut die atmosphärische Qualität von Räumen beschreiben, die in der Fotografie verloren geht: „die beste Architektur lässt sich nicht photographieren. Sie ist und bleibt Raumbildung, und von einem Raum kann man höchstens Einzelheiten zeigen.

Das, was seinen eigentlichen Wert ausmacht, entzieht sich jeder bildlichen Wiedergabe." [6] Man achte auf die Betonung: der architektonische Raum entziehe sich *jeder* bildlichen Wiedergabe, nicht nur der fotografischen. Damit gab sich Taut als treuer Parteigänger von Adolf Loos zu erkennen. [7]

Loos scheint zu seiner Zeit der einzige gewesen zu sein, der den Zusammenhang begriff zwischen der ästhetischen Aufwertung der Architektur zu einer *Bildkunst*, die bereits das 18. Jahrhundert (der Klassizismus) besorgt hatte, und ihrer ästhetischen Deklassierung zu einer *Raumkunst*, die das 19. Jahrhundert intendierte. Doch zog er aus dieser Polarität die falsche Konsequenz, die Architektur habe in Zukunft zweierlei zu leisten: 1. müsse sie durch einen „großen Baukünstler" vom Schlage Schinkels wieder zur Antike zurückgeführt werden, [8] damit sie eine Kunst im traditionellen Sinne bleiben könne (über die man in der Moderne nicht so viele Worte verlieren sollte); 2. müsse sich die Architektur zu einer raumbildenden Disziplin fortentwickeln, die modern genannt zu werden verdient, weil sie sich gerade nicht als Kunst versteht. Mit anderen Worten: die Architektur soll sowohl eine *unmoderne Kunst* bleiben, als auch eine *moderne Nichtkunst* werden. Als unmoderne Kunst ergreift sie *Partei für das Bild* und ist für die Gestaltung der öffentlichen Schauseite des Hauses, der Fassade, zuständig. Als moderne Nichtkunst ergreift sie *Partei für den Raum* und ist für die Privatsphäre des Hauses zuständig.

Raumarchitektur ist deshalb keine Kunst, weil ihr Autonomisierungspotential geringer entwickelt ist als das der Malerei und der Musik. Loos dachte, wenn die Architektur ihre raumschöpferische Kompetenz, die sie allen anderen Künsten voraushat, stärker ausbildet, wächst nicht ihr Kunstcharakter, sondern ihre Anpassungsbereitschaft an den Alltag. Sie wird umso praktischer, desto raumkreativer sie ist. Als Raum rückt sie uns nahe, als Fläche gewinnt sie Abstand. Der distanzierenden Wirkung, die von einer Fassade ausgeht, steht das Nähegefühl gegenüber, das Räume im Innern eines Hauses erzeugen. Die Intensivierung dieser räumlichen Nähe zum Menschen erschien Loos als wichtigster Trumpf, den die Architektur besitzt, um in der Moderne anzukommen. Aus heutiger Sicht würde man dagegen betonen, dass er mit seiner Art Räume zu bilden, auf die „anthropologische Definition" der Architektur reagierte.

---

6 Bruno Taut (1929): „Krisis der Architektur", in: Les Choses. Berliner Hefte zur Architektur, Heft 3/4, 5. Jahrgang, 1989, S. 28

7 Loos brüstete sich damit, dass seine Räume nicht zu fotografieren seien, im Unterschied zu den Gebäuden seiner zeichnenden Kollegen: „Die baukunst ist durch den architekten zur graphischen kunst herabgesunken. (...) Der beste zeichner kann ein schlechter architekt, der architekt kann ein schlechter zeichner sein. (...) Fürchterlich aber ist es, wenn eine architekturzeichnung, die man durch die art ihrer darstellung schon als graphisches kunstwerk gelten lassen muß (...) in stein, eisen und glas ausgeführt wird. Denn das zeichen des echt empfundenen bauwerkes ist: dass es wirkungslos in der fläche bleibt." (Adolf Loos: Trotzdem. 1990-1930, Wien 1981, S. 94/95)

8 Vgl. Loos a. a. O. S. 104

5.

Was ist darunter zu verstehen? Seit alters her wird der Architektur die Aufgabe zugesprochen, den physisch, psychisch und intellektuell schutzlosen Menschen in einer ihm fremden Welt heimisch zu machen. Seine körperliche Beheimatung löst die Architektur technisch, seine geistige bewältigt sie nach antiker Auffassung ästhetisch, (wenn sie ihm in schönen Proportionen vor Augen tritt, die ihre Grundlage in der Mathematik und Musiktheorie haben) und die seelische Beheimatung des Menschen gelingt der Architektur, weil sie in der Lage ist, atmosphärische Räume zu bauen.

Aus der Perspektive der „anthropologischen These" erscheinen alle Versuche, das sinnlich-emotionale Erlebnis von Räumen und haptischen Materialien in Bildern zu reproduzieren, als Betrug am Menschen und an der Architektur. Doch ist folgendes zu bedenken: die Psychologisierung der Architektur, die im Zeitalter der Aufklärung begann, beförderte ja nicht nur die Idee einer organischen Einheit zwischen Mensch und Raum, sondern hatte zugleich eine Revolution in den architektonischen Bild- und Darstellungstechniken angezettelt. Zugespitzt formuliert: die in den Loos'schen Räumen eingefangenen Raumplan Atmosphären kennen wir ja nur, weil sie uns die Pioniere der Architekturpsychologie schon vor mehr als 200 Jahren in ihren Bildern vor Augen geführt haben.[9]

Vor allem waren es Piranesi und Boullée, die die Architektur im Bild neu erfanden. Ihre Bilder behaupteten eine eigene Wirklichkeit. Sie verpflanzten die Architektur, die seit der Antike im Reich der *utilitas*, der *firmitas* und des ästhetischen Regelwissens beheimatet war, in die Welt der Affekte und turbulenten Gefühle. Von nun an hatten die Architekten die Wahl, ob sie die Emotionen, die beim Betrachten ihrer Bauwerke ausgelöst werden sollten, in gebauter oder gezeichneter Form verwirklichen wollten. Nachdem die Psychologie ins Entwerfen eingewandert war, gab es auf einmal zwei Architekturen, die darum konkurrierten, ob das Atmosphärische und das Emotionale besser als Raum oder als Bild zur Geltung komme. Seitdem pocht das Architekturbild darauf, Realitäten zur Anschauung zu bringen, die nicht weniger wichtig sind, als die gebaute. Noch die digitale Bildarchitektur unserer Tage steht in der Tradition, die die Architekturpsychologen des 18. Jahrhunderts begründen halfen.

---

9 Es ist zu vermuten, dass das Bild immer dem Raum vorangeht bzw. dass ästhetische Innovationen zunächst Bild und erst danach Raum werden. Boullée hat diesen Mechanismus nicht nur gekannt, er hat aus ihm sogar schon das Ende des Vitruvianismus abgeleitet. In seinem *Essai sur l'art* lesen wir: „Was ist Architektur? Soll ich Vitruv folgen und sie als die Kunst zu bauen definieren? Sicherlich nicht! In dieser Definition steckt ein grober Fehler: Vitruv verwechselt Ursache und Wirkung. Um etwas praktisch zu verwirklichen, muss man es zuerst verstandesmäßig erfasst haben. Unsere frühesten Vorfahren haben ihre Hütten erst dann gebaut, als sie eine feste, *bildliche* (Hervorhebung von mir, GdB) Vorstellung davon hatten. Gerade diese Geistesarbeit, dieser schöpferische Akt ist es, aus dem Architektur entsteht". (Boullée, S. 45)

Nur weil Piranesi und Boullée Bild und Bauwerk voneinander trennten, konnte in der Architektur eine bislang unbekannte Realität – die Übermacht des Sinnlichen über die Vernunft – zum Thema gemacht werden. Ähnlich wie die Musik durfte sich nun auch die Architektur von Gefühlen überströmen lassen, die ihr zwar nicht unbekannt waren, in den *carceri* und im Newton Kenotaph aber erstmals als wichtigster Gehalt der Architektur bewusst gemacht wurden. Mithilfe solcher Bilder konnte das Bauen neu theoretisiert werden. Daher liegt die These nahe, dass die Bildwerdung der Architektur, die sich schon mehr als einmal in der Geschichte vollzog, stets neue ästhetische und architekturtheoretische Weichenstellungen nach sich zog.

6.

Doch kommen wir zurück zu Loos, um einen Blick auf seine evolutionistische Kulturtheorie zu werfen. Sie bewertet als zivilisatorischen Fortschritt, wenn sich der Alltag zunehmend der kapitalistischen Sparsamkeitsökonomie unterwirft, während sich die Kunst ästhetisch verausgabt. Ebenfalls wertete Loos die Tendenz, dass eine Gesellschaft die Grenzen zwischen Privatheit und Öffentlichkeit immer strenger zieht, als einen Beleg für den Vormarsch der Moderne. Und er folgerte: im Unterschied zur modernen Musik, Literatur und Malerei, die Privatsache sind, bleibe die Architektur eine öffentliche Angelegenheit. Davon, dass sie dennoch der Privatsphäre zutiefst verpflichtet ist, wird noch die Rede sein.

Folgt man konsequent der Loos'schen Argumentation, hält die Architektur mit der kulturellen Evolution nur dann Schritt, desto schärfer sie zwischen ihren privaten und öffentlichen Aufgaben zu unterscheiden lernt. Die Fotogenität der Fassaden verdankt sich keinem „Salonästhetentum", sondern dem Grundsatz, das Äußere der Häuser in Gestalt und Ausdruck strikt von der räumlichen Gestaltung ihrer Privatsphäre zu unterscheiden. Da letztere unter dem Gesetz der Verausgabung steht, bleibt der architektonischen Außengestaltung gar nichts anderes übrig, als sich ästhetischer Askese zu befleißigen. Man könnte durchaus behaupten, das puristische Äußere der Loos'schen Häuser sehe nur modern aus, sei es aber nicht, weswegen es sich verlustfrei fotografieren lasse. Das aber, was den Namen Architektur zu Recht trage, spiele sich allein im Innern der Häuser ab, dem wahren Zuhause und Nährboden moderner Subjektivität. Loos vertrat die Auffassung, nur in der Privatheit könne sich ein Höchstmaß an individueller Freiheit entfalten. Hingegen stecke der öffentliche Raum voller Tücken. Tückisch ist daran, dass wir in ihm beobachtet und überwacht werden. Schon deshalb sollten Menschen und Häuser auf die öffentliche Zurschaustellung ihrer Eigenarten verzichten. Besser wäre es, sie befleißigten sich einer vornehmen Neutralität, um sich im öffentlichen Raum als gleichwertige, einander respektierende „Wesen" gegenüber zu treten.

Wahrhaft moderne Architektur produziert private Räume, die nicht der Freiheit der Kunst, sondern der Autonomie des modernen Subjekts dienen, und sie produziert Fassaden, die sich dem Ornament verweigern, um in der modernen Öffentlichkeit ein bescheidenes und würdevolles Bild abzugeben. Umso mehr sich das moderne Subjekt individualisiert und daher in seiner Privatsphäre aus der Rolle fällt, die es im öffentlichen Leben ausfüllt, umso mehr es also zuhause seine Form verliert und sein Interieur entsprechend wohnlicher und bequemer gestaltet, desto formvollendeter sollte es sich außerhalb seiner vier Wände geben.

Architekten sind laut Loos modern, wenn sie den Fortschritt der Kultur am wachsenden Selbstbestimmungsrecht des Menschen messen, das sich natürlich in einem weit langsameren Tempo vollzieht als die Autonomisierung der Kunst. Als Kunst würde die Architektur den Menschen untreu. Als Raum befriedigt sie unsere Wünsche nach Intimität. Für Loos standen die Freiheitsspielräume des modernen Subjekts und die Bedürfnisse der modernen Öffentlichkeit im Widerspruch zueinander. Sein Votum für eine Raumarchitektur, die sich der Fotografie verweigert, stellte sich schützend vor die Privatsphäre seiner Wiener Bauherren.

7.

Die Furcht, dass sich neue Medien in den Dienst des Überwachungsehrgeizes moderner Staaten stellen, ist seitdem noch gewachsen. Das Raumdogma kann daher als Folge einer berechtigten Angst verstanden werden. Das Konzept des Raumplans, mit dem Loos seine Häuser entwarf, reagierte auf diese Angst und lässt sich daher als ein Schutz gewährendes Höhlensystem unterschiedlich großer und hoher Zimmer dechiffrieren. Architektur, die sich als Raumkunst versteht, eröffnet einen dreidimensionalen Fluchtweg, der uns aus dem zweidimensionalen Gefängnis der Überwachungsmonitore befreit, die den öffentlichen Raum kontrollieren.

Dass Loos den Schulterschluss von Raumbildung und Privatheit zum Bündnis gegen die Kumpanei des Fotogenen mit der Öffentlichkeit verpflichtete, stürzte natürlich die Architektur in ein Dilemma. Als modern diskutiert werden kann ja nur, was einen hohen Aufmerksamkeitswert besitzt und entsprechend öffentlich verhandelt wird. Fotografen meiden Architekten, deren amorphe Räume mit der anarchischen Individualität ihrer Bewohner paktieren. Zum Bild wird, was an den Menschen und ihren Häusern „ästhetisch" ist im Sinne einer Purifizierung, die den Dingen und Lebewesen das *principium individuationis* austreibt, damit sie formstreng und ephemer werden.[10]

---

10 Das soll keine Anspielung auf Schopenhauer sein. Mit der Singularität, mit der die Fotografie das moderne Porträt von Mensch und Haus versieht, ist keine Spezifizierung gemeint, sondern der Versuch, ein universelles Prinzip aus einer Vielfalt von Varianten zu isolieren. Der moderne Mensch ist Gattungsmensch und die moderne Architektur ist ebenfalls Gattungsarchitektur.

Das Bild, ob als analoge Skizze, Zeichnung und Fotografie oder aber als digitale Computergrafik, ist bis heute das Medium, durch das die Moderne seit Aufklärung und Französischer Revolution Zugang sucht zur Architektur. Der Raum wird nicht durch das Bild abgelöst, sondern bestimmte Auffassungen und Produktionsweisen des Räumlichen durch andere ersetzt, die auf Bildern geboren wurden. Inzwischen scheint es so, als wollten die Räume die Bilder nicht mehr verlassen. Während man bei den französischen Revolutionsarchitekten noch der Meinung sein konnte, sie imaginierten Bauten, die gewiss einst mit Stein und Beton realisiert würden, präsentieren uns digitale Bilder eine Architektur, die schon existiert, und zwar in *ubiquitärer* und in *pervasiver* Form:

In *ubiquitärer Form* tritt uns die Architektur als die fix und fertig gebaute Welt vor Augen, die uns in Gestalt unserer Städte und verstädterten Regionen auf Schritt und Tritt verfolgt. Diese Allgegenwart des Gebauten lässt sich kaum mehr ergänzen, nur noch reparieren und modernisieren.

In *pervasiver Form* verschwindet die Architektur vor unseren Augen als Teil einer unsichtbaren Welt, die sich in Alltagsgegenständen, technischem Gerät und *Gadgets* aller Art verborgen hält. Diese alles durchdringende Realität der Netzwerk-Architekturen erweitert und erneuert sich ständig. Digitale Kommunikationsnetze sind die Areale, in denen die Neubaugebiete der Zukunft ausweisen werden. Es scheint daher, als korrespondiere den schrumpfenden Städte des *First Life* die rasant wachsende Realität des *Second Life*.

Loos ging noch davon aus, dass die gebaute Architektur das einzige Medium ist, in dem sich die Produktion von Raum vollzieht. Wir dagegen sind auf der Suche nach neuen Handlungsfeldern längst in der digitalen Welt fündig geworden. Vieles spricht dafür, dass so, wie die Architekturpsychologen des 18. Jahrhunderts in ihren Bildern einer emotional aufgeladenen Baukunst den Weg bahnten, die digitalen Architekten des 21. Jahrhunderts eine Welt entwerfen werden, in der die Ephemerisierung der Architektur und die Entdeckung neuer Räume in eins fallen. Schon allein deshalb, weil die von Loos gezogene Grenze zwischen fotogenem Außen und amorphem Innen immer mehr verblasst.[11]

Da nun aber die jungen Generationen bei der Aneignung digitaler Räume sich oft genug auf sich selbst verlassen müssen, und weil dabei nicht immer etwas

---

11 Das Verschwimmen dieser Grenze hat damit zu tun, dass der Unterschied zwischen Privatheit und Öffentlichkeit immer mehr verloren gegangen ist. Schuld daran ist der seit den siebziger Jahren diskutierte Verlust der Öffentlichkeit. Richard Sennett beschrieb ihn als Resultat der „Tyrannei der Intimität", die durch die Mobilisierung des modernen Narzissmus entstanden sei. Merkwürdig, dass er an keiner Stelle Loos erwähnt und sich die Frage stellt, ob dessen Apologie der Privatsphäre dieser Entwicklung zugearbeitet hat oder nicht. (Richard Sennett: The Fall of Public Man, New York 1974)

Überzeugendes herauskommen kann, wächst die Skepsis der Professoren. So haben wir es also mit zwei fundamentalen Umbrüchen zu tun: einerseits mit einem radikalen Wandel der Konzeption von Räumen, die ihre Identität nicht mehr aus dem Gegensatz zur Fotografie beziehen, sondern Bilder sind und Bilder bleiben. Und zum anderen mit der Tatsache, dass sich dieser Wandel zu einem beträchtlichen Teil außerhalb der Lehre vollzieht. Ein neuer Generationenkonflikt steht uns ins Haus, der nicht von unterschiedlichen politischen Auffassungen getragen, sondern durch veränderte Bedingungen in der technischen Sozialisation hervorgerufen wird. Wir Älteren sollten daher bedenken, dass die neuen Räume, die auf den Bildschirmen gebaut werden, ein Abbild dieser veränderten Bedingungen und der ihnen entspringenden neuen Arbeits- und Lebensformen sind.

8.

Ich fasse meine Thesen zusammen:

1. Der Mobilitätsdruck und die verschleppte Industrialisierung führten dazu, dass die selbsternannten „modernen Architekten" die Moderne im *Medium des Bauens* verpassten.
2. Durch die sinnlich-symbolische Aneignung des gesellschaftlichen und technischen Fortschritts berührte die Avantgarde-Architektur die Moderne im *Medium des Bildes*.
3. Das Neue Bauen war insofern schon modern, als die Fotografie seinen ephemeren Charakter betonte und auf diese Weise den Versuch belohnte, das Leichte schwer (=wichtig) zu machen.
4. Das Raumdogma reagiert seit jeher auf Ängste, die durch den technischen Fortschritt und das Aufkommen neuer Medien erzeugt werden. Mit dem Raumdogma geht stets die Aufwertung traditioneller Arbeitsweisen und Materialien einher.
5. Loos bekannte sich zum Raum, um die Individuation des modernen Subjekts vor den neugierigen Augen einer übergriffigen Öffentlichkeit zu schützen. Er hoffte die Autonomie des „neuen Menschen" mit der Entkunstung der Architektur zu unterstützen.
6. Heutzutage verbindet sich mit dem Raumdogma vor allem die irrige Vorstellung, die dreidimensionale Präsenz der Architektur sei sinnlicher als ihre zweidimensionale.
7. Richtig ist dagegen, dass uns gezeichnete, fotografierte und digitale Architekturen Vorstellungswelten erschließen, die ebenso konkret sind wie die gebaute Realität.
8. Mit der ephemeren kündigte sich eine pervasive Architektur an, die die Grenzen zwischen realer und virtueller, privater und öffentlicher Welt zu Fall bringt.

Das Bild ist unser letzter Kontakt zu einer Realität, die gerade im Begriff ist, unsere Erfahrungswelt zu verlassen. Digitale Bilder dokumentieren diesen Prozess, stehen aber auch in seiner Verantwortung. Es wäre falsch zu denken, die digitale Bildarchitektur würde nur die imaginäre Welt unserer Phantasien, Ideen und Visionen spiegeln. Sie repräsentiert zunehmend eine materielle Realität, die wir aus den Augen verlieren, weil wir sie nicht mehr sehen. Irgendwann werden nur mehr Bilder Auskunft über eine Technikentwicklung geben können, die sich der Dialektik des Nirgendwo- und Überallseins verdankt. In dem Moment, in dem die miniaturisierte Computertechnik unsichtbar geworden ist, wird sie die realste Technik sein, die wir je hatten, weil sie uns völlig durchdringt und beherrscht. Die digitale Architektur gibt dieser Entwicklung nach und entwirft für sie die Räume, in denen wir miteinander kommunizieren und interagieren. Schon jetzt.

Technik, Ingenieur und Architekt
Bilanz einer spannungsreichen Beziehung

Beginnen wir mit dem Begriff der Technik. Ist Technik nicht ebenso alt wie Wissenschaft, Kunst und Architektur? Ist sie nicht schon viel älter? Wie hat sie dann eine derart folgenreiche Verwandlung durchlaufen können, dass es in der Moderne gerechtfertigt scheint, von zwei Formen der Technik auszugehen – von einer vormodernen, die beispielsweise ein Heinrich Schickhardt glänzend beherrschte, und einer modernen, wie sie etwa im Werk Stefan Polonyis und Jörg Schlaichs anzutreffen ist?

Die Technik gehört einer anderen Sphäre an als Architektur, Handwerk, Kunst und Wissenschaft. Sie ist dem Menschen ein „Lebensmittel", ohne das er nicht existieren könnte. Sie verspricht ihm, der von Natur aus nicht mit Fell, Panzer, Flügeln, Flossen, Krallen oder Reißzähnen ausgestattet wurde, bequem zu überleben. Es heißt, mithilfe der Technik versicherten wir uns der Organe, um die uns die Natur betrog. Die Technik lässt sich auf jeden Fall nicht in eine Reihe mit dem Bauen und Anbauen, Kochen, Heilen, Musizieren oder Navigieren stellen, da sie uns erst dazu befähigt, diese und andere Fertigkeiten zu entwickeln.

Technik ist das, was unseren Tätigkeiten selbstverständlich innewohnt. Ohne sie hätte der Steinzeitmensch keine Mammuts jagen und keinen rituellen Händeabdruck in seinen Höhlen hinterlassen können. Wobei uns der Hinweis auf die Höhlen schon zeigt: unbedingt bauen haben wir nicht gleich müssen, umso nötiger war die Herstellung von Kleidern, Waffen und Behältern, in denen Nahrungsmittel und andere wertvolle Dinge aufbewahrt werden konnten. Zigtausend Jahre später wurde die Technik zu einem Schlüssel, der das Tor zur Moderne aufschloss. Sie war das erste menschliche Vermögen, das durch diese Tür entschwand und all die traditionellen Künste und Wissenschaften, die sie entwickeln half, im Stich ließ.

Was blieb ihr auch andres übrig? Ihre zur Höchstform entwickelten Zöglinge, in vorderster Front die Architekten, bekämpften viel lieber das Neue, als dafür Partei zu ergreifen. Die traditionellen Künste und Wissenschaften begegneten der Moderne mit Misstrauen. Sie widersetzten sich ihr, und zwar umso vehementer, desto ausgereifter sie waren. Ihr beharrender Stolz und die Veränderungsdynamik der Technik standen in Konkurrenz zueinander. Das auf der alten Technik aufbauende Selbstbewusstsein der Architektur wehrt sich bis heute gegen jede Innovation, die gegen ihren in der Antike wurzelnden ethischen und ästhetischen Wertekanon verstößt.

Ich behaupte, dass die alte Architektur alle Technologien, die ihr zur Verfügung standen, ästhetisch transzendierte. Wahrscheinlich darf man sagen, dass zwar sämtliche traditionellen Kunstgattungen nur mit Hilfe eines raffinierten technischen Know-how zu Erfolg kamen, dass sie aber über die in sie einwandernden Technologien immer auch zu triumphieren wussten. Das begann sich erst mit der Moderne zu ändern.

So wäre es also die Kraft der ästhetischen Anverwandlung gewesen, die dafür sorgte, dass die Kunst der Technik überlegen schien? Vielleicht. Indes reicht dies nicht aus, um zu verstehen, weshalb sich die Technik über riesige Zeiträume hinweg am Gängelband der Metaphysik führen ließ. Es ist nicht so, als verdankten sich erst Atombombe und Raumfahrt einer entfesselten Technologie. Die trat schon in Gestalt der archaischen Monumentalbauten so gewaltig in die Welt wie Sputnik und Computer. Wir hätten daher allen Grund zu vermuten, die Autorität der Künste sei schon einmal durch die Technik unterminiert worden, wenn wir es nicht besser wüssten.

Die Jahrtausende alte Bedeutung und Autonomie der monumentalen Architektur können wir auf eine Technik zurückführen, die dem antiken Menschen ähnlich unbegreiflich war wie meiner Großmutter die Mondlandung, die sie 1969 am Bildschirm verfolgte. Schuld daran ist ein Umstand, über den Fischer von Erlachs *Entwurf einer historischen Architektur* (1721) aufklärt. Dieser für die damalige Zeit höchst außergewöhnliche Versuch einer Würdigung der Weltarchitektur erinnert uns daran, dass die spektakulärsten Bauwerke der frühen Hochkulturen allesamt als Weltwunder angesehen wurden. Die Technik, die zu ihrer Errichtung aufgewendet werden musste, war ein Geheimnis, um dessen Lösung noch heute gerungen wird.

Doch gibt es bei der Herausstellung des geheimen Kerns der Technik einen Unterschied zwischen vormoderner und moderner Perspektive. Wenn wir von Wunderwerken sprechen, haben wir vor allem eins im Sinn: in einer Welt, in der keiner mehr an Wunder glaubt, ausgerechnet die Technik, der ein großer Anteil an der Entzauberung unseres Daseins zugeschrieben wird, zu mystifizieren. Wir glauben, dass die moderne Technik weniger als eine rationale, denn als eine magische Sphäre aus dem Schatten der vormodernen Kunst trat.

In Antike und Mittelalter scheint es umgekehrt gewesen zu sein. Damals repräsentierte gerade nicht die Technik die Welt der von den Menschen verantworteten Wunder. Sie verschwand unkenntlich im Rätselcharakter grandioser Bauwerke, die von Zauberhand errichtet waren. In Ergänzung zu den *unsichtbaren* Reichen mythischer Wesen gaben die gebauten Weltwunder *sichtbare* Kunde von den olympischen und himmlischen Sphären. Neben Tragödien, Prozessionen und Gottesdiensten boten sie die faszinierendste Möglichkeit, die Anwesenheit der Gottheit zu spüren. Zikkurat, Pyramide, Tempel, Kathedrale verdankten sich überirdischen Zeugungsakten. Sie stellten das Wirken höherer Mächte unter Beweis und legitimierten die Gewaltherrschaft Einzelner, die sich hinter hohen, von Zyklopen aufgetürmten Befestigungsanlagen verschanzten. Die Technik selbst blieb als Ausdruck menschlicher Geistesgegenwart unberücksichtigt. Sie war nicht präsent, sondern wurde durch grandiose Illusionen über den mythischen Ursprung der Architektur überformt.

So wäre also die Aura der Architektur ein Herrschaftsmittel gewesen, dem sich Mensch und Technik unterwerfen sollten? Vieles spricht dafür, doch ist ebenso denkbar, dass das vormoderne Denken noch nicht fähig war, dem Menschen die konstruktive Intelligenz zuzuschreiben, die den Weltwundern zugrunde lag. Der antike Mensch konnte es selbst kaum fassen, zu welchen Leistungen er fähig war. Es mussten die Götter gewesen sein, die ihm die Hand führten und dafür sorgten, dass die Pracht der Bauten die Frage nach ihrer Herstellung weit überstrahlte.

Erst in der Moderne drehte sich dieses Verhältnis um: jetzt waren es nicht länger Bauen, Malen, Musizieren, Tanzen und Dichten, die sich die Technik, der sie sich verdankten, einverleibten, vielmehr begann eine Technikentwicklung dem kulturellen Wandel den Takt zu schlagen, die vom rasanten Fortschritt von Forschung und Industrie entfesselt wurde. Erst jetzt war es der Technik vergönnt, sich permanent neu zu erfinden und Architektur, Kunst und Wissenschaften zu domptieren.

Diesem Umstand ist es zuzuschreiben, dass wir, wie ich ganz zu Anfang sagte, der Moderne eine eigene, genuine Technik zusprechen. Fakt ist immerhin, dass die moderne Technik ständig Neuentwicklungen kreiert, die sich an die Stelle eines Alten setzen. Auf diese Weise sterben stets überkommene Techniken in neuen Technologien, während Handwerk und vormoderne Künste erbittert Widerstand gegen ihre Modernisierung leisten und dabei ständig mit der Konkurrenz neuer Disziplinen rechnen müssen, die sie zwar verdrängen, doch nicht ersetzen können. (Beispiel: Auf Reisen hat der digitale den analogen Fotoapparat abgelöst, dennoch wird auch er das Zeichnen, womit ein John Ruskin seine Reiseeindrücke festhielt, niemals ersetzen können, egal wie erfolgreich die alte und die neue Fototechnik die Architekturskizze verdrängen.)

Neugeburt durch Selbstvernichtung beschreibt am trefflichsten das Wesen der Technik, das in der Moderne voll zum Vorschein kommt. Technik ist nicht enzyklopädisch: sie archiviert ihre Erfolge nicht, sondern ersetzt sie immerzu durch neue. Sie muss kein Gedächtnis ausbilden, da jedes Verfahren, das sich durchsetzt, für weit besser gehalten wird als das vorherige. Wenn alte Maschinen restauriert werden, ist das allein unserm Interesse für untergegangene Arbeits- und Lebenswelten geschuldet, denen unsere Sehnsucht gilt. Auch die Musealisierung moderner Industriemaschinen hat vor allem damit zu tun, dass sich daran Alltagskulturen knüpfen, deren Untergang uns schmerzt. Die unter Dampf gesetzte, mächtig vorwärts stampfende Lokomotive des Technikmuseums lässt wie ein denkmalgeschütztes Fabrikgebäude die Erinnerung an eine verloren gegangene Welt wach werden und dient nur in zweiter Linie der Erinnerung einer ausgestorbenen Mobilitätstechnik.

Ingenieur und Architekt
Herakles hatte die mythische Welt von ihren Ungeheuern befreit. Er war der auftrumpfende Partner der alten Technik, die sich in den Halbgöttern nicht anders verlor als in architektonischen Weltwundern. Wie diese aus der grauen

Masse profaner Bauwerke, so ragte auch Herakles aus der Menge der Sterblichen. Man kann die These aufstellen, dass die von Heroen wie ihm, Iason, Ödipus und Odysseus enträtselte Welt ihre Wiederverzauberung eben durch jene Chimären erfährt, die die moderne Technik aus sich entlässt. Doch fragt sich ja, wer sind die modernen Helden, die mit der magischen Technik unserer Tage Umgang pflegen und was haben sie zu tun? Sogleich fallen uns zwei Berufsgruppen ein, die infrage kommen: Architekten und Ingenieure.

Dem Wortsinn nach ist der Ingenieur ein talentierter und scharfsinniger Erfinder, der in Frankreich zu Beginn des 18. Jahrhunderts als eine Art *Agent provocateur* und Statthalter der Moderne auf die Weltbühne trat. Zwar war bereits Vitruv Ingenieur gewesen, und auch der moderne Ingenieur, der als Kind der Aufklärung und der Industriellen Revolution zu gelten hat, wurde zunächst aus den Beständen der alten Baukunst recycelt. Zumal sich die Studenten der École Polytechnique mit Dingen beschäftigten, die es seit jeher gab: Straßen, Brücken, Wehr- und Hafenanlagen. Doch als sie sich in Konstrukteure verwandelten, die Maschinen und Bauten erfanden, die die Welt noch nie gesehen hatte, entpuppten sie sich als Sprösslinge einer neuen Zeit.

Le Corbusier hatte gleich begriffen, dass die Ingenieurbauten des 19. und 20. Jahrhunderts am ehesten das Prädikat modern verdienten, da sie die Wahrnehmung der Architekten und in Folge dessen auch die Ästhetik des Bauens nachhaltig verändern würden. Dennoch verweigerte er den nordamerikanischen Getreidesilos, die er in *Vers une Architecture* (1922) abbildete, das Etikett der Kunst, das er ebenso wie Otto Wagner ausschließlich der Architektur zuerkennen wollte.

Wagner suchte die Architektur vor jeder Form der Spezialisierung und dem Siegeszug der Ingenieure zu schützen, die wegen ihres technischen Knowhows in bestem Einklang mit der Moderne standen. Als er den Architekten zum Heros der Moderne erklären wollte, war der Ingenieur bereits ihr geheimer Held. Diese Tatsache ist durchaus von berühmten Schriftstellern realisiert und in Romanen wie Zolas *Travail* (1901) beschrieben worden, wo der Ingenieur als Heilsbringer und Konstrukteur einer sozial gerechten Welt gefeiert wird. Wagner aber sah im Ingenieur nur einen Technikexperten, der dem Architekten unter die Arme greifen darf, selbst aber nicht entwerfen sollte, da ihm hierzu die Phantasie fehle.

Die moderne Technikentwicklung erschien Wagner wichtig, weil er davon überzeugt war, dass die Architektur den Zeitgeist widerzuspiegeln habe. Der Zeitgeist aber hatte sich längst dem Fortschritt ergeben. Also suchte Wagner zu beweisen, dass Baukunst und moderne Technik kompatibel seien. Von nun an sollten Architekten zweierlei zustande bringen: sich zu vitalen Künstlerpersönlichkeiten stilisieren, die den Eindruck erwecken, das kreative Individuum triumphiere über die kollektivierende Tendenz der Moderne; und sie sollten mit der Demonstration der Stärke zugleich ihre Technikferne überwinden.

Wenigstens zu einem Teil. Ganz ließ sich ja der konservative Kern der Architektur nicht verleugnen, jedenfalls solange nicht, solange sie als Gesamtkunstwerk ernst genommen und über die anderen Disziplinen herrschen wollte. Otto Wagner strebte daher einen Kompromiss an, der darin bestand, als Baukünstler endlich die Scheu, die Pugin, Ruskin und sogar noch Semper gegenüber der Maschinenkultur zeigten, abzulegen und die moderne Technik zum willkommenen Thema der Architektur zu machen. Sein Architekturbegriff aber blieb insofern traditionalistisch, als er der modernen Arbeitsteilung zum Trotz am Idealbild des Baukünstlers festhielt, der alle Fäden fest in der Hand behält und der „widerspenstigen Fratze" der Moderne, von der Louis Sullivan sprach, die Maske der Kunst überstreift, die „den Kult eines höheren Lebens verkündigt".

Wagner glaubte erkannt zu haben: nicht die Baukunst darf sich der Moderne, sondern die Moderne muss sich der Architektur unterwerfen. Sie muss mit ihrem ganzen Glanz und Elend unter das Joch der Kunst gezwungen werden. Nur sie vermag Dreck in Gold zu verwandeln und die technisch entfesselte Moderne, die sich gegen den Menschen wendet, zu kultivieren. Was aber, wenn sich herausstellte, dass nicht die Künstler, sondern die Ingenieure die Alchemisten der Moderne wären? Wenn sie die wahren Griechen sind und die Architekten bloß Barbaren? Diese Meinung vertrat der junge Le Corbusier: „Die Ingenieure sind gesund und männlich, aktiv und nützlich, moralisch und fröhlich. Die Architekten sind enttäuscht und untätig, schwatzhaft oder griesgrämig. Warum? Weil sie bald überhaupt nichts mehr zu tun haben werden."

Die Glorifizierung und Denunziation des Ingenieurs war ein Trick der modernen Baubewegung. Am Ingenieur richteten sich die Architekten riesengroß auf, um ihn dann rasch wieder unter ihrem Schlagschatten verschwinden zu lassen. Die Absicht ist klar: ein Berufsstand, der von einem anderen zum Zwecke der Selbstkritik überhöht wird, darf schon aus Gründen der Selbsterhaltung kein Vorbild bleiben. Den Ingenieur heroisierte Corbusier nur, um den Architekten des 19. Jahrhunderts klein zu machen. Es handelte sich hierbei um die Instrumentalisierung eines Berufsstandes, der es nicht gewohnt war, viel Aufhebens um sich zu machen. Im Verweis auf die moderne Ingenieurästhetik konnte der verhasste Historismus auf den Abfallhaufen der Geschichte geworfen werden. War er erst entsorgt, sollte auch der Ingenieur wieder von der Weltbühne verschwinden.

Es waren unterschiedliche Aspekte, die am Ingenieur betont wurden. Zielte Otto Wagner nur auf dessen technische Kompetenzen ab, die der Architekt gut genug kennen sollte, um sie in Baukunst überführen zu können, machte Corbusier sich und seinen Berufskollegen das Leben viel schwerer, weil er vom technischen *und* vom ästhetischen Vorsprung der Ingenieure sprach. Hatte Wagner dem Ingenieur jede künstlerische Kompetenz abgesprochen, wurde er von Corbusier in den Rang eines vorbildlichen Ästheten versetzt. Wie war unter solchen Umständen die Architektur noch zu retten?

Corbusier war Platoniker, der Ideen eine höhere Wirklichkeit zusprach als der materiellen Realität. In der Überzeugung, dass in harmonischen Zahlenverhältnissen und geometrischen Grundkörpern eine kosmische Ordnung zum Ausdruck komme, an der sich auch der moderne Mensch zu orientieren habe, forderte Corbusier, die Bildenden Künstler stünden in der Pflicht, diese kosmische Ordnung nachzubilden, und Architekten hätten außerdem die Aufgabe, sie mit den praktischen Erfordernissen unseres Alltags in Einklang zu bringen. Bedauernd stellte er fest, dass seine Berufskollegen seit langem schon an dieser Aufgabe scheiterten, die darum von den Ingenieuren übernommen worden sei. Ihnen gelänge es wie von selbst, in modernen Industrie- und Verkehrsbauten die seit jeher gültige *harmonia mundi* zu spiegeln. Die Architekten sollten daher schleunigst dem Beispiel der Ingenieure folgen und nur mehr einfache Körper entwerfen, die „unsere Augen durch die Geometrie und unseren Geist durch die Mathematik" befriedigen, die ihnen zugrunde liege.

Die Architektur lag im Sterben, doch Corbusier versetzt ihr nicht den Todesstoß, er wollte sie wieder zum Leben erwecken und appellierte daher an den Ordnungssinn der Architekten. Dennoch stand er ja vor einem fundamentalen Problem. Offenbar gebot der Ingenieur bereits über sämtliche Kenntnisse und Fähigkeiten, die für einen gelungen Architekturentwurf nötig schienen: über konstruktive Intelligenz, ein natürliches ästhetisches Urteil, hohen technischen Sachverstand, analytisches Denken und Nähe zur Industrie, um die Mechanisierung des Bauens vorantreiben zu können. Doch jetzt kommt das Aber: Während der Ingenieur in allen Belangen immer nur einen kühlen Kopf behalte, verfüge der Architekt zudem über die Fähigkeit der „Beseelung".

Leider präzisierte le Corbusier diesen Begriff nicht. Immerhin finden sich Hinweise, dass zwischen Beseelung und Vergeistigung wenig Unterschied besteht. Mit Vergeistigung ist gemeint, dass der Architekt im Unterschied zum Ingenieur wisse, welche kulturelle Bedeutung die Formen haben, die er ihm entlehne. Was der Ingenieur gewissermaßen automatisch zutage fördere: die Rationalität der Zahlen, die Modernität geometrischer Körper und typisierter Grundrisse, werde immer erst mit der „profilierenden" Entwurfsarbeit des Architekten ins allgemeine Bewusstsein gehoben.

Der Architekt ziehe das unbewusste Wissen der Ingenieure auf zweierlei Art ans Licht: einmal, indem er uns die klassischen Harmonien, die in der technischen Moderne reformuliert werden, vor Augen führe; und zum andern, weil der Architekt die im Ingenieurbau aufscheinende, aber nicht schon ästhetisch „durchgebildete" formale Qualität auf die Stadt und sämtliche öffentlichen und privaten Gebäude übertrage. Hierbei werde die rohe Schönheit des Industriebaus derart verfeinert, dass sie zum kulturellen Faktor und infolgedessen zum Gesprächsstoff urbaner Eliten avanciere. Wir sehen: Bei Corbusier waren nicht in erster Linie Technik und Industrie, sondern Geist, Seele und Gestaltung die entscheidenden Kategorien der modernen Architektur.

Er brachte die Architektur zu Fall, um den Ingenieur „über den grünen Klee zu loben", doch nur, damit die Architektur in den Himmel gehoben werden konnte. Corbusier zerstampfte das Selbstbewusstsein seines Berufsstandes, um ihm einen unüberbietbaren Stolz einzuimpfen. *Vers une architecture* lässt die Architektur auf dem Boden einer Wirklichkeit, die von Ingenieuren dominiert wird, zerschellen, damit sie ihre glorreiche Wiedergeburt als magische Kunst erfährt, die sich die moderne Technik ebenso unterwirft, wie die alte Architektur sich der vormodernen Technik bemächtigt hatte. Dass dies misslingen muss, behauptete schon Reyner Banham, der wie Giedion Maschinenbauingenieur und Kunsthistoriker war. Er spottete über Corbusier, die Bewohner seiner Häuser schlichen von Raum zu Raum, als gäbe es immer noch kein elektrisches Licht.

Abschließend soll ein Bogen zu meinen anfänglichen Gedanken über die Technik geschlagen werden. Ich hatte die alte Technik, die die Magie der monumentalen Baukunst anfachte und darin verschwand, der modernen Technik konfrontiert, die selber in die Rolle einer Magierin schlüpft und die Entzauberung der modernen Kunst begünstigt. Die alte Technik hatte zur Enträtselung der mythischen Welt erheblich beigetragen, woraufhin die antiken Architekten Wunderwerke schufen, um der Welt ihren verlorenen Glanz zurückzugeben. In der Moderne hat diese Aufgabe die Technik übernommen, während sich die Künste enträtseln.[1]

Am Beispiel Corbusiers hatten wir gesehen, dass der Architekt offenbar nur Magier bleiben kann, sofern er die moderne Technik ignoriert. Zum Helden der Moderne würde er dann, wenn er die Magie der modernen Technik zur Entfaltung brächte. Das ist eine ziemlich knifflige Aufgabe, da ja die avancierte Technik unserer Tage kaum mehr Formen von sich aus vorgibt und erzwingt. Mit gusseisernen Säulen war viel anzustellen, man konnte sie beispielsweise von Zierrat befreien und zu nüchternen Stützen umzubilden. Was aber soll man mit den unzähligen Kabeln der Haustechnik anfangen? Ornamental über Putz verlegen? Doch eher nicht. Es verschwindet nahezu alles, was neu entwickelt wird. Auf die offenen Kamine, die Bibliotheken, Konzertflügel und Billardtische des 19. Jahrhunderts und selbst noch auf die modernen Einbauküchen, Bäder, Trainingsgeräte, Fernseher, Musiktruhen und Automobile des 20. Jahrhunderts konnte architektonisch reagiert werden – wie aber auf Laptops, Handys und iPods?

Noch ein Wort zum Ingenieur. Er bliebe fraglos der wahre Heros der Moderne, solange es ihm gelingt, aus neuen Konstruktionsaufgaben neue Architekturformen

---

1 Ein Beispiel: Goethes Faust, worin der Dichter Wissenschaft und Technik zur Alchemie und Höllenmagie verrätselte. Auf diese Weise kann die Tragödie über beide herrschen. Sie erinnert daran, dass die alte Technik im Bann magischer Künste stand, und antizipiert zugleich, dass sie dereinst wieder magisch sein wird. Auch wenn wir nicht so viel wissen: unsre Welt scheint verzaubert; nicht durch die Allgegenwärtigkeit einer beseelten Natur, sondern im Gegenteil durch eine radikale Denaturierung in Gestalt winziger Apparaturen und unsichtbarer Datenströme, die ähnlich wie die Welt Homers von einem mythischen Rauschen erfüllt ist.

zu generieren. Der Ingenieur sollte nicht alles nachvollziehen, was irgendwie mach-
bar ist. Er muss die Realität der modernen Technik und der Architekt muss die
Magie der modernen Technik ernst nehmen. Das wäre zugleich ein gutes Rezept
für eine erfolgreiche Kooperation!

Architektur und Natur

Architektur ist die Antwort, die der Mensch auf die Natur gibt. Doch die Natur stellt keine Fragen. Wir sind es, die in ihrem Namen fragen, was sie (uns) ist. Viele Antworten wurden schon erteilt, die sich in zwei Richtungen bündeln lassen:

- in die vormoderne Antwort: Architektur will keine Natur sein, aber die Natur ist wie die Architektur
- in die moderne Antwort: Architektur will Natur sein, aber die Natur ist keine Architektur

Ich muss so grundsätzlich werden, weil Architektur Kunst ist und als Kunst anschauliche Philosophie. In der Moderne ist sie auch zum Geschäft geworden, aber darüber denke ich nicht mit Freude nach. Beginnen wir mit der vormodernen Antwort, die in der vitruvianischen Tradition beheimatet ist und den okzidentalen Architekturrationalismus hervorgebracht hat, der das architektonische Werk als reines Verstandesprodukt auffasst. Wie Göttin Athena dem Riesenhaupt des Zeus in voller Rüstung entsprang (nachdem es Hephaistos mit einem Keil gespaltet hatte), dachte man sich die Architektur als eine schmerzvolle Kopfgeburt, die keiner äußeren Befruchtung und Anregung durch die Natur bedarf.

Die vormoderne Antwort

Zwar ist jedes Artefakt ein Produkt menschlicher Vernunft, doch unterschied man in der Vergangenheit grundsätzlich zwischen einer Kunst, welche die Natur imitiert (*ars imitatur naturam*), und einer Kunst, die sich nicht dem Vorbild der Natur verdankt (*ars non imitatur naturam*). Doch welche Natur war gemeint? Eindeutig die äußere Natur, die uns in ihrem Gestaltenreichtum und ihrer Artenvielfalt vor Augen tritt. Ebenso gut könnte man auch von der sichtbaren Natur reden. Man argumentierte: Während sich Malerei und Bildhauerei die Gegenstände der sichtbaren Welt zum Vorbild nehmen und darum imitatorische Künste genannt werden müssen, zeichnet sich die Architektur dadurch aus, dass sie autonome Formen und Räume kreiert, die sich nicht in der äußeren Natur wieder finden lassen.[1]

Freilich müssen wir bedenken, dass bereits in der Vormoderne dem Stolz des Menschen, Kunstwerke hervorzubringen, die selbstständige Äußerungen seiner Phantasie sind, die Überzeugung widersprach, dass Artefakte umso schöner sind, in desto innigerem Verhältnis sie zur Natur stehen. Schon die Kunstgattungen

---

1 Bewusst zähle ich neben Formen und Räumen keine Farben auf, da die architektonische Farbe ihren Ursprung in der Natur hat. Das ist mit ein Grund dafür, dass die rationalistische Architekturlehre seit dem Klassizismus in der Farbe ein tendenziell überflüssiges Ausdrucksmittel vermutet hat, das dem künstlerischen Gedanken eher schadet als nutzt.

selber – Dichtung, Musik, Tanz und Malerei etc. – versuchte der Mythos zu adeln, indem er ihre Naturnähe mit der enormen Wirkung begründete, die sie auf Mensch, Tier und Pflanze ausübten. Diese Wirkungsmacht schien etwas Besonderes, da sie geistiger und magischer Herkunft war. Der Mythos unterschied zwischen beidem aber nicht. Für ihn waren Geist und Magie in der Technik vereint, die er Zauberei nannte. Der größte Zauber schien vom betörenden Gesang und Instrumentalspiel auszugehen, wobei der menschliche Geist für die Virtuosität und die Magie (die als *magia naturalis* eine Tochter der Natur ist) für die Macht einstand, mit denen uns wundervolle Weisen in Bann schlagen.

Allein aus diesem Grund erzählt der Mythos, dass Orpheus – Sohn der Muse Kalliope (der „Schönstimmigen") und irdischer Ahnherr der Musik – sein Metier derart beherrschte, dass sein Gesang die wilden Tiere zähmte und selbst Bäume und Felsen entzückte, dass sie ihre angestammten Plätze verließen, um ihm zu folgen.[2] Nicht, wie er sang, wird auf die Natur zurückgeführt. In dem Fall hätte davon erzählt werden müssen, dass seine Stimme dem heulenden Wind, dem Brausen des Meeres und dem Zwitschern der Vögel glich. Die Macht des Orpheus war aber nicht natürlichen Ursprungs, sondern *naturgewaltig*. Was der Mythos feierte, das war seine Kunstfertigkeit. Sie unterschied ihn vom Ziegengott Pan, der nicht mit seinem Können, sondern einer verwunschenen Flöte junge Flussnymphen verführte.

Darüber, dass sie selber zu den gewaltigen Wundern fähig schienen, die sonst den Göttern zugeschrieben wurden, staunten die archaischen Menschen so sehr, dass der Mythos nicht umhin kam, Sterbliche, die Übermenschliches zustande brachten, unsterblich zu machen. Das gelang ihm, weil er über sie berichtete und die antiken Pioniere der Künste nicht anders als die großen Krieger zu Halbgöttern und Sternbildern erhob. Orpheus und seine Kollegen waren Stars, da ihnen gelang, was in Analogie zu den Erzählungen der Schöpfungsmythen stand: Sie hatten auf die göttliche Erschaffung des Kosmos mit der Welt der menschlichen Artefakte reagiert.

Auch und gerade für die Architektur galt: formale Unabhängigkeit und Naturferne versetzten sie in den Rang eines Weltwunders. Monumentale Bauwerke wie die Pyramiden von Gizeh oder der Koloss von Rhodos gaben die Antwort des übermütigen, hochfahrenden Menschen auf die von den Göttern geschaffenen kosmischen Wunder. Der Tempel der Artemis auf Ephesus oder die hängenden Gärten der Semiramis waren keine Natur und wollten das auch nicht sein, aber sie erschienen den antiken Menschen ebenso großartig (und vielleicht ähnlich Furcht einflössend) wie das Schauspiel der stürmischen See und des gestirnten Himmelszelts.

---

2 Vgl. Robert von Ranke-Graves: Griechische Mythologie. Quellen und Deutung, Band 1, Reinbek bei Hamburg 1960, S. 98

Ihre ästhetische Originalität stempelte die Architektur zur Antinatur. Daran wurde im Prinzip nicht gerüttelt, dennoch können wir beobachten, dass es immer wieder Versuche gab, die Architektur einer geheimen Verwandtschaft zur Natur zu überführen. Berühmt ist Vitruvs Erzählung von der Korintherin, die einen Geschirrkorb, der mit einem Ziegelstein zugedeckt war, auf eine Akanthuswurzel stellte, die im Frühjahr austrieb und an seinen Seiten empor rankte. Im Ziegelstein, der den Korbrand überragte, fand die Pflanze einen Widerstand, der sie zwang, sich in Schneckenform zusammenzurollen. Es musste nur das Künstlerauge des vorbeigehenden Kallimachos dieser Szene ansichtig werden und schon war der korinthische Säulenschmuck geboren.

Mit dieser Erzählung sollte bewiesen werden, dass auch Architekten das Vorbild der Natur respektieren, und es sage nun niemand, sie täten dies immer nur dann, wenn es gälte ein neues Dekor zu entwickeln. Vitruv legt Wert auf die Feststellung, dass Kallimachos nach diesem Muster der Natur nicht nur die Säulen für die Stadt Korinth entwarf, sondern „von dieser Zeit an das Ebenmaß und Verhältnis zur Verfertigung von Gebäuden korinthischer Gattung festsetzte und bestimmte."[3] Die Akanthuspflanze hatte nicht nur ein Schmuckmotiv angeregt – sie hatte eine neue Säulenordnung erzeugt und so einen Beitrag zur wichtigsten architektonischen Aufgabe, der Definition harmonischer Proportionen, geleistet. Das freilich nicht aus eigener Kraft, sondern provoziert durch eine Versuchsanordnung, die sich einem Menschen verdankte.

Halten wir fest: In vormoderner Zeit verstand man die Architektur als eine nichtimitatorische Kunst, die in Konkurrenz zur Natur entwickelt wurde und nur in Ausnahmefällen (die zudem dem Zufall geschuldet waren) vom Vorbild der lebendigen Natur profitieren durfte. So weit so gut. Die Sache wird kompliziert, wenn wir berücksichtigen, dass es weniger die äußere Natur war, welche die vormodernen Künstler und Gelehrten beschäftigte, als die innere Natur. Mit ihr war keineswegs gemeint, was heute Mikrobiologen im Blick haben oder Morphologen, die tierische und pflanzliche Organe sezieren und endoskopieren. Sie alle sind weiterhin die gelehrigen Schüler des Aristoteles und erforschen die empirische Natur. Unter dem Inneren der Natur verstand man etwas anderes. In platonischer Perspektive war es das, was das Wesen, die Idee oder auch der Bauplan der Natur genannt werden könnte. Er offenbarte sich, wenn man die Natur als göttliche Architektur betrachtete. Beide Sphären waren also Antipoden und fielen doch zugleich in eins. Wie ist das zu erklären?

Vor der Moderne wurde in wissenschaftlicher Perspektive nur das an der Natur verstanden und ernst genommen, was die menschliche Vernunft in sie projizierte. Man las aus ihr all das heraus, was zuvor in sie hineingelesen wurde. Die Erkenntnis der Natur wurde weniger aus Beobachtung und präziser Beschreibung gewonnen, als aus den abstrakten Vorstellungen, die über die Architektur des Kosmos kursierten. Seit dem Christentum wurde die kosmische Ordnung auf

3 Vitruv: Baukunst, Erster Band, übers. v. August Rode, Zürich und München 1987, S. 92

einen vollkommenen Schöpfergott zurückgeführt und galt daher als vollendet. Ihre Vollendung schien nicht anders vorstellbar als ein Ausdruck unübertrefflicher Harmonie. Schon die Antike hatte sich die kosmische Harmonie in idealen Proportionsverhältnissen vor Augen geführt, die man mit Hilfe der Geometrie rekonstruierte. Imponierend anschaulich wurden die idealen Proportionen vor allem in der Architektur, die ihrem Selbstverständnis nach nichts weniger beabsichtigte, als den göttlichen Weltplan *en miniature* zu wiederholen. Wie Alberti im Haus – in seinen unterschiedlichen Ebenen, Räumen und Fluren – ein Abbild der Stadt sah, so sah man lange Zeit in der Idealstadt *par excellence*, im „Neuen Jerusalem", den christlichen Kosmos im Ganzen eingeschlossen.

Im Unterschied zur Natur, die ihre innere Form unter ihrem Gestaltenreichtum verbirgt, sollte das spektakulärste Artefakt des Menschen, die monumentale Baukunst, uns eine Vorstellung vom göttlichen Bauplan vermitteln. So lautete die Hoffnung der ambitioniertesten Architekten, die sich in Renaissance und Barock zu der Idee verstiegen, die kosmische Architektur, die in der äußeren Natur unsichtbar bleibe, trete in der menschlichen Baukunst wie unvollkommen auch immer in den Abstraktionen zutage, die auch der göttlichen Vernunft zugrunde lägen. Niklas Luhmann hat daran erinnert, dass bereits in der griechischen Antike die Vorstellung vorherrschte, dass die empirische Natur „nicht ohne weiteres in ihrer bestmöglichen Form erscheine". Drum habe Platon die Menschen an die ursprünglichen Ideen erinnert, die das Wesen der Dinge bezeichnen, und Aristoteles habe empfohlen, die Natur nur in ihren perfekten und nicht in ihren korrupten Formen zu beobachten.[4] Auf die Kunst bezogen hieß das: die imitatorischen Künste intendieren seit der Antike die Perfektion der äußeren Natur, während uns die Architektur ihr inneres Wesen vor Augen führen wollte.

Die moderne Antwort
Im traditionellen Bewusstsein war die Natur ein Gegenstand spekulativer Überlegungen, die kaum schon einer empirischen Kontrolle unterworfen wurden. Noch ein Universalgelehrter wie Leibniz sah in Theorien, die der Erfahrung zuwiderliefen, keinen Makel, sofern sie in sich logisch schienen. In der Moderne sorgte das Primat der exakten Naturbeobachtung dafür, dass eine Theorie nur dann Geltung gewinnt, wenn sie durch objektive Messdaten verifiziert wird. Anstelle der idealen Maße trat das präzise Messen. Wohl wird weiterhin unterstellt, dass die Strukturen und Funktionsweisen der Natur dem Verstand zugänglich sind, doch erwartet keiner mehr, dass metaphysische Spekulationen über den Aufbau der Welt ihre Bestätigung im Bauplan der Natur finden müssen. Im Gegenteil ist es so, dass die zunehmende Einsicht in die intentionslose Konstitution der Natur uns dazu gebracht hat, an der Bedeutung spekulativer Theorien und an der Annahme zu zweifeln, die Natur könnte das Produkt einer höheren Vernunft sein.

---

4 Niklas Luhmann: Die Kunst der Gesellschaft, Frankfurt am Main 1997, S. 401

In der Moderne sind Architektur und Natur in ein neues Verhältnis getreten. Anstelle der Naturphilosophie, die dem Kosmos eine dem menschlichen Verstand analoge Rationalität unterstellte, die als ein Produkt der göttlichen Vernunft angesehen wurde, trat die moderne Biologie, die mit der Zeit alles Philosophische von sich abwusch. Gestützt auf Einblicke in chemische Prozesse, förderte sie den Begriff einer Natur, die nach ihren eigenen Gesetzen funktioniert und nicht analog zum menschlichen Planen, Bauen und Konstruieren verstanden werden muss. Die moderne Biologie verdrängte die von der Architektur geprägte Naturvorstellung. Fortan war der Architektur die Autorität abgesprochen, Auskunft über das innere Wesen der Natur geben zu können.

In dieser Situation ist es zu einer Umkehrung all dessen gekommen, was in der Vormoderne für das Verhältnis von Architektur und Natur galt: Die innere Natur wird nicht länger in ihren architektonischen Erscheinungen gewürdigt und die Architektur wehrt sich nicht mehr, eine imitatorische Kunst bzw. Abbild der äußeren Natur zu sein. Es ist gerade so, als sei sie seit der Zeit, da man feststellte, dass die Welt selbst in ihren wagemutigsten Abstraktionen nicht architektonisch ist, vom Zwang befreit, die Natur nicht imitieren zu dürfen. Schon mit Rousseaus Auftauchen, dessen Theorien wie eine Flutwelle das europäische Geistesleben überspülten, hatte sich die Architektur dazu entschlossen, „natürlich" zu werden. Ein erster Schritt in diese Richtung war das (schon von Claude Perrault geäußerte) Bekenntnis zur Spiegelsymmetrie und die Abwertung der antiken Proportionslehre, die als allzu kompliziert galt für ein Zeitalter[5], in dem die Wirkung der Kunst für wichtiger genommen wurde als der Geist, der in ihr steckte.

Der Klassizismus reagierte auf die neue Zeit, indem er die Architektur autonomisierte und ihren antiimitatorischen Charakter stärkte, zugleich aber unter dem Banner der Einfachheit und Natürlichkeit einen Feldzug gegen den Prunk und die Künstlichkeit des Rokoko führte. Mit der aus Rousseaus kulturkritischen Schriften abgeleiteten Forderung der *simplicity* war der Architektur die Chance eingeräumt, eine vormoderne Kopfgeburt bleiben und dennoch modern sein zu können. Das Gebot der Einfachheit verband sie mit ihrer funktionalistischen Zukunft und ebenso mit ihrer rationalistischen Vergangenheit. Letztlich war dieser Effekt schuld daran, weshalb die Architektur, die vorwiegend antimoderne Gene besitzt, plötzlich so modern erschien. Das Funktionalitätsdogma stand nun mal in der legitimen Erbfolge des Natürlichkeitspostulats, das im Sturm und Drang seinen Siegeszug erlebt hatte.

---

5 Im Zeitalter der Empfindsamkeit, das mit dem Ende des französischen Rationalismus im frühen 18. Jahrhundert begann, wandten sich Künstler und Philosophen gegen die strikt vernunftbestimmte Lebensführung, die sich in Europa im Zuge des modernen Absolutismus durchgesetzt hatte. Nun war emotionaler Überschwang kein Makel mehr, sondern demonstrierte die sittliche Überlegenheit des Gefühlsmenschen über den kalten Verstandesmenschen.

Im 19. Jahrhundert erwuchs dem Klassizismus in der neogotischen Bewegung eine Konkurrenz, die bereits auf den Triumph der modernen Naturwissenschaften reagierte. Wie die moderne Biologie die Schellingsche Naturphilosophie ablöste, so drängte sich eine neue Architekturtheorie in den Vordergrund, die keine Bedenken hatte, das Bauen zugleich als rationalistische Disziplin und imitatorische Kunst zu diskutieren. Für Viollet-Le-Duc bot die Gotik ein Beispiel für konstruktive Höchstleistungen und eine Ornamentik, die sich der Motive der Natur bediente. Andere sahen sogar in den gotischen Konstruktionen das Vorbild der Natur am Werk. Schon Schinkel hatte die Gotik in seiner „romantischen Phase" als den Versuch beschrieben, die regellose Natur architektonisch ins Werk zu setzen und (vor seinem Aufstieg zum höchsten Baubeamten Preußens) für sich und seine Kollegen die Forderung aufgestellt, größten Ehrgeiz in die Verlebendigung der Architektur zu setzen.

Bevor er zum bedeutendsten klassizistischen Baumeister seiner Zeit wurde, lag Schinkel mehr als den Protagonisten der neogotischen Bewegung daran, die Utopie zu entwickeln, dass Architektur selber zur Natur werde. Gemeint war damit, dass im Bauen gleichberechtigt neben die Veranschaulichung der Idee die Gestaltung des konkreten Lebens treten sollte. Der junge Schinkel notierte, hierbei stehe der Architektur „die ganze bildliche Natur zu Gebothe"! Dennoch sei nicht nur die äußere Natur maßgeblich, sondern die Prozesse des Wachsens und Gedeihens, die dem Architekten hülfen, seine Kunst zu erneuern und zu vitalisieren. Die von Schinkel intendierte Verlebendigung der Architektur stand weiterhin in Analogie zur kosmischen Ganzheit, doch ersetzte sie die vormoderne Idee der *harmonia mundi* durch den modernen Gedanken eines Universums, dem kein statisches Gleichgewicht mehr unterstellt wurde, sondern ein dynamischer Kräftefluss. Aus diesem Grund sollte denn auch beim Entwerfen die Nachbildung natürlicher Lebensprozesse die Hauptrolle spielen.[6]

Während Schinkel, als er vor großen Bauaufgaben stand, vom Projekt der Verlebendigung der Architektur Abstand nahm und zum Tektoniker wurde, kam es durch die Organiker zur pragmatischen Anwendung seiner Vision. Allerdings brauchte es eine Weile, bevor man die Architektur zum künstlichen Organ des Menschen erklärte, das ihn wie eine dritte Haut umgibt, und konkrete Lebensvollzüge zum Entwurfsmaßstab machte. Als es soweit war, hatte das ideale Maß der Architektur keine primär ästhetische Bedeutung mehr, sondern eine funktionale. Zum Maß aller Dinge wurde die optimale Anpassung des Bauens an den Bewegungsfluss der Menschen, die sich in

---

6 „Ein Streben, ein Sprossen ein Crystallisieren, ein Aufschießen, ein Drängen ein Spalten, ein Fügen, ein Drücken, / Biegen, Tragen, Setzen, Schmiegen, Verbinden, Halten / ein Liegen und Ruhn welches letztere aber (...) auch als lebendiges Handeln gedacht werden muß, dies sind die Leben andeutenden Erfordernisse der Architectur." (Gerd Peschken: Das Architektonische Lehrbuch, München 2001, S. 32)

gebauten Räumen aufhalten. Häuser wurden zu flexiblen Aggregaten, die sich mit den Lebewesen, die sie beherbergen, zu einem intakten Organismus vereinen sollten.[7]

Als einer der prominentesten Begründer der organischen Architektur gilt Louis H. Sullivan. An ihm ist interessant, dass er nicht nur die Natur zum funktionalen Vorbild der Architektur erklärte, sondern ebenso die naturwüchsige Schaffenskraft im Visier hatte, die ihm, dem zeichnenden Kraftgenie, die Hand führte. Ein vom Whisky angefeuerter Schaffensrausch ließ ihn 1922 sein letztes Werk *A System of Architectural Ornament* zu Ende führen. Darin kommentierte er seine von geometrischen und floralen Motiven zusammengesetzte Ornamentik mit einer *Philosophy of Man's Power* (so lautet der Untertitel), die ihn als reinrassigen Romantiker auswies, der die Natur (nicht den Geist) zur Haupttriebkraft der menschlichen Kreativität bestimmte. Sein Schüler Frank Lloyd Wright wich von dieser Linie nicht ab. Im Gegenteil zeigen die organischen Formen seines Spätwerks, wie sich die innere Natur des entwerfenden Architekten mit einer äußeren Natur verband, deren Formen in das Bauwerk integriert wurden.

Erst mit Buckminster Fuller ernüchterte sich die romantische Naturalisierung der Architektur zur modernen Kybernetik, geriet dadurch aber kaum weniger visionär. Vier Jahre nach der Errichtung des von ihm entworfenen amerikanischen Pavillons für die Weltausstellung 1967 in Montreal machte Fuller eine Bemerkung, die zeigte, dass die Architekten in ein neues Stadium der Annäherung an die Natur getreten waren. Fuller setzte das Material, das seine Kuppeln thermisch umschloss, nicht länger in Analogie zur menschlichen Haut, sondern prognostizierte, die Hüllen moderner Gebäude würden alsbald aus Zellen bestehen, die wie Poren funktionierten. Fuller hielt es für möglich, „eine Geodesic sehr hoher Frequenz zu schaffen, wo jede dieser Poren aus Kreistangenten gleicher Größe bestünde. Einige davon könnten ein Bildschirm sein, andere könnten Luft atmen, andere Licht einlassen, und das Ganze könnte sich genauso sensitiv artikulieren wie die Haut eines menschlichen Wesens."[8]

---

7 Die Rede vom Organismus ist auch in Architektur und Stadtplanung ein Topos, ein Gemeinplatz und eine hoch anschauliche *geisteswissenschaftliche Spekulation* auf konkrete Phänomene. Gemeint ist das Zusammenleben von Menschen, Tieren, Pflanzen und Maschinen in Haus und Stadt. Man spricht von Organismen, um sowohl bei der Analyse bestehender Gebäude, als auch bei der Neuproduktion architektonischer Räume eine gelungene funktionale, soziale, ökonomische und ökologische Verschränkung zu beschreiben: Die gelungene Verschränkung von Raum und Zeit, Kultur und Natur, Mensch und Maschine, Privatheit und Öffentlichkeit, Arbeit und Freizeit, Alter und Jugend etc. Allgemeiner gesprochen: man redet von Organismus, um die Einheit des Homogenen mit dem Heterogenen, des Kontinuierlichen mit dem Diskontinuierlichen aufzuzeigen. Wenn sich künstlich geschaffene Räume mit den Lebensvollzügen natürlicher Organismen vertragen, wenn Haus und Stadt harmonisch in die Landschaft eingebettet sind, spricht man mit Vorliebe von organischen Architektur und Stadtplanung.
8 Joachim Krausse & Claude Lichtenstein (Hrsg.): *Your Private Sky. R. Buckminster Fuller. Design als Kunst einer Wissenschaft.* Müller, Baden 2000, S. 428

Buckminster Fuller besaß zwei Seelen. Eine unmoderne, weshalb er zu Recht ein Architekt genannt zu werden verdient, denn er übte das Bauen weiterhin als eine kosmologische und enzyklopädische Disziplin aus. Das Prinzip Tensegrity und sein architektonisches Resultat, die geodätische Kuppel, sollten Zeugen einer Weltharmonie sein, die sich wenig von dem unterschied, was Kepler im Sinn hatte, als er 1619 die *harmonices mundi* veröffentlichte. Doch Fuller besaß auch eine moderne Seele, die ihn erst zu einem Steuermann im Dienst der US-Kriegsmarine, dann zum Kybernetiker und Visionär werden ließ, der den Architekten predigte, sie müssten erst zu Naturwissenschaftlern werden, bevor ihnen die Modernisierung des Bauens gelinge.

Trotz dieses Widerspruchs gewinnt man den Eindruck, als seien Fuller seine vormoderne Intellektualität und sein moderner Fortschrittsoptimismus niemals in die Quere gekommen. Sie scheinen sich sogar – wie bei seinem Freund Marshall McLuhan – bestens ergänzt zu haben. Fuller selber hätte von Synergie gesprochen. Dafür, dass das möglich war, durften seine naturwissenschaftlich-technischen Ambitionen niemals die Einsicht vernebeln, dass „Architektur ein Geisteszustand ist und kein Beruf" (Le Corbusier). Für die Architektur stellt der technische Fortschritt keine Notwendigkeit dar. Entscheidend ist die Wahrung des Gleichgewichts zwischen ihrer vormodernen Ambition, Geist zu sein, und ihrem modernen Streben, Natur zu werden.

Enzyklopädismus und kontrollierte Regression
Versuch einer architekturtheoretischen Definition der Architektur

In der langjährigen Geschichte des okzidentalen Bauens bewirkte (und bewirkt heute noch) die Frage *was ist Architektur?* zweierlei: 1. Antworten der Praxis, die uns in Gestalt von Entwürfen und ausgeführten Bauten gegeben wurden und werden; und 2. Antworten der Theorie, die a) als Manifeste und Programme vorliegen, die subjektiv argumentieren, und b) als wissenschaftliche Texte, die eine unparteiische Definition der Architektur anvisieren. Während obige Frage denen, die eine praktische Antwort geben, oft unbewusst bleibt, sollte sie das Gravitationszentrum der Überlegungen bilden, die der Theoretiker anstellt. Bei näherer Betrachtung erweist sich sogar, dass die Architekturtheorie als eigenständige Disziplin erst entstand, als sie diese Frage stellte und die traditionelle Produktionsästhetik mit der modernen Rezeptionsästhetik ablöste.[1]

Zur Beantwortung praktischer Fragen reicht es, wenn sie in einem von Erfahrungen gesättigten Lehrbuch systematisch behandelt werden. Aus diesem Grund trägt seit Vitruv ein Großteil der Literatur, die zum Entwerfen und Bauen anleitet, Handbuchcharakter. Wenn wir in Albertis *Zehn Büchern über die Baukunst* auf ein Kapitel stoßen „Über die Steine; wann sie zu brechen und wie sie am Bau zu lagern sind",[2] hat das mit Architekturtheorie wenig zu tun. Anders verhält es sich, wenn wir vom gleichen Autor „Über die Würde der Bauwerke, deren Anmut und Wohlgefälligkeit, Schönheit und Schmuck"[3] unterrichtet werden. Dann erfahren wir, dass ihm die den Gebäuden innewohnende Schönheit mehr am Herzen lag als Funktionalität und Bequemlichkeit. Man kann Albertis Worten sogar entnehmen, dass er die formale Arbeit wichtiger nahm als die Frage der angemessenen Verzierung. Für ihn war ein Haus Architektur, wenn es im Unterschied zu einem falsch proportionierten oder übertrieben geschmückten Gebäude innere Schönheit (*pulchritudo*) und Ebenmaß (*concinnitas*) bewies.

Die Architekturtheorie befasst sich mit Gegenständen, die Anspruch erheben, Architektur genannt zu werden. Sie tut das tut auch dann, wenn die Architektur in Misskredit geraten ist, weil sie den Menschen elitär erscheint. Dann kann es zu gewaltigen Umwertungen kommen. Plötzlich werden das kunstlose vernakuläre Bauen und eine *architecture without architects* mehr beachtet als das, was bis dato für Baukunst einstand. Oft genug sind solche Umwertungen

---

1 Das war im 18. Jahrhundert der Fall, als die Aufgabe, wie man schöne Gebäude entwirft, der Frage weichen musste, von welchen Prinzipien „alle Herrlichkeit der Architektur ihren Ausgang nahm" (Laugier) und wie diese auf den Betrachter wirken. Die Produktionsästhetik, die auf Regelwerken basiert, ist Sache des bauenden Architekten, die Rezeptionsästhetik, die nach Prinzipien giert, kann genauso gut von Laien besorgt werden. Seit der Aufklärung lösen sich *ratiocinatio* und *fabrica* voneinander, und die Architektur tendiert zur Ingenieurwissenschaft.
2 Leon Battista Alberti (1485): Zehn Bücher über die Baukunst, Darmstadt 1991, S. 91 ff.
3 a.a.O. S. 291 ff.

vorgenommen worden, um die Architektur, die an Glanz verloren hatte, in ein neues Licht zu stellen. Nur durch das Mittel der Selbstverleugnung erlangte sie wieder gesellschaftliche Akzeptanz. Aus diesem Grund meine ich mit Architektur nichts Elitäres, sondern etwas Besonderes! Um auf seine Spur zu kommen, hallt in der Frage *was ist Architektur?* eine weitere nach: was macht Architektur zur Kunst? Weil aber die Eigenart vormoderner Architektur damit gerechtfertigt wurde, dass sie eine Kunst und eine Wissenschaft ist, klingt in der zentralen Frage der Architekturtheorie immer auch mit: was macht Architektur zur Wissenschaft?

Ich schlage einen Begriff der Architektur vor, der sich aus mehreren Definitionen zusammensetzt und berücksichtigt, dass sich die besondere Ambition der Architektur aus drei Sphären speist: aus Wissenschaft, Kunst und Handwerk.[4] Meine Antwort auf die Frage *was ist Architektur?* wird aus den folgenden Definitionsversuchen gebildet:

Die wissenschaftstheoretische Definition
Architektur als enzyklopädische Wissenschaft
(Vormoderne)

Die wissenstheoretische Definition
Architektur als vernetztes Wissen
(Moderne)

Die ästhetische Definition (1)
Architektur als extrovertierte Verausgabung bzw. kontrollierte Regression
(Vormoderne)

Die ästhetische Definition (2)
Architektur als introvertierte Verausgabung bzw. formale Sublimation
(Moderne)

Vom enzyklopädischen zum vernetzten Architekturwissen[5]
Seit der Antike galt Architektur als Kunst und Wissenschaft. Einmal, weil diese beiden Sphären kaum voneinander unterschieden wurden, und zum andern, weil

---

4 Die alten Griechen beschrieben ursprünglich mit τεχνη (wovon sich unser Wort Technik ableitet) die Einheit von Kunst, Wissenschaft und Handwerk. In Erinnerung hieran können wir die These aufstellen, dass die Architektur eine τεχνη *par excellence* ist, die zerbricht, wenn sie eine der drei Sphären verleugnet. Das Handwerkliche ist maßgeblich an der Baukunst beteiligt, da Kunst und Wissenschaft den Weg über die ausführenden und zeichnenden Hände nehmen müssen, um in ihrer (musikalisch-)räumlichen Konkretisierung eine universelle Anschauungsform zu gewinnen. Ich betone das, weil es mir leider noch nicht gelungen ist, das Handwerk so, wie es das verdient hat, in meine Überlegungen einzubeziehen.

5 Die ausführliche Argumentation zu diesem Kapitel findet sich in Gerd de Bruyn: Die enzyklopädische Architektur. Zur Reformulierung einer Universalwissenschaft, Bielefeld (transcript) 2008

die Architektur die Einheit und Gleichwertigkeit beider Bereiche repräsentierte. Gern wurde sie der Mutterschoß genannt, der sämtliche künstlerischen und wissenschaftlichen Disziplinen aus sich entließ und wieder in sich vereinte. Der Grund hierfür war ihr von Vitruv beschworener „allwissender Charakter", der ihr bis zum Barock eine herausragende Stellung in den Wissenschaften und Künsten garantierte. Über die Epochen hinweg galt die Architektur als Paradigma einer Weltweisheit, die den Kosmos als einheitliche, harmonische und sinnvolle Ordnung spiegelte.

Das Verständnis von Architektur, das vor und zu Beginn der Aufklärung prägend war, bezeichne ich als „enzyklopädisch". Damals bildeten Kunst und Wissenschaft eine Sphäre, wovon die Architektur besonders profitierte. Seit dem 18. Jahrhundert wurden jedoch die Künste und die Wissenschaften einer Autonomisierung überantwortet, welche die Architektur in eine Dauerkrise stürzte. Viel zu lange hatte es die Menschheit schon mit unüberschaubaren und heterogenen Wissensmengen zu tun. Vermutlich waren sie immer schon zu groß für eine einzelne Disziplin gewesen, doch glaubten die Universalgelehrten das Weltwissen beherrschen zu können, solange ihnen der irdische Kosmos im Unterschied zur Unendlichkeit Gottes überschaubar schien.

Die enzyklopädische Funktion der Architektur, eine Welt zu deuten, die im Gleichgewicht ist und daher in harmonischen Maßen reproduziert werden kann, lässt sich in der These bündeln, dass der menschliche Mikrokosmos Haus und der göttliche Makrokosmos Welt ineinander abbildbar sind. Diese These war über lange Jahrhunderte hinweg gültig, dass man daraus folgern muss, die Architektur lasse sich aus ihrer enzyklopädischen Verfassung nicht lösen, ohne Gefahr zu laufen, ihre Identität zu verlieren. Ihre Verankerung in einer vormodernen Konzeption führt zum logischen Schluss, dass es keine genuin moderne, sondern nur eine halb mit, halb gegen ihren Willen *modernisierte* Architektur geben kann.

Wolf Reuter und ich haben zwei Möglichkeiten genannt, dieser Konsequenz zu entgehen.[6] Die erste besteht darin, die historischen Avantgarden als ein Milieu zu beschreiben, das um einer besseren, alternativen Moderne willen eine Reformulierung der enzyklopädischen Architektur gegen die sich faktisch vollziehenden Modernisierungsprozesse im Schilde führt. Das Projekt der Avantgarde bestand darin, die Moderne zu überlisten, indem die Reformulierung der Architektur als universelle Wissenschaft und Kunst für moderner als die Moderne ausgegeben wurde. Die Avantgarden waren das schlechte Gewissen der Moderne – sie arbeiteten ihr zu, indem sie ihr widersprachen. Sie entdeckten, dass das Neue eine Wiedergeburt des Alten ist, das aus der Versenkung auftaucht wie ein zuvor nie da Gewesenes. Im Unterschied zu den Agenten des technisch

6 Gerd de Bruyn, Wolf Reuter: Das Wissen der Architektur. Vom geschlossenen Kreis zum offenen Netz, Bielefeld (transcript) 2011

Neuen, den Ingenieuren, gerierten sich daher die Avantgarden als Experten eines Vergangenen, das in radikalisierter Gestalt das Publikum schockierte.[7]

Sie konterkarierten mit ihren Bauten die Moderne, weil in ihnen durch das Quäntchen Utopie, das darin steckte, eine andere Gesellschaft als die moderne und eine andere Architektur als die modernisierte zum Ausdruck kamen. Das utopische Denken und die enzyklopädische Architektur verbündeten sich, um der Moderne desto besser zu widerstehen. Begünstigt wurde dieser Bund durch das, was man die Dialektik der Vernunft nennen könnte: Avantgardisten und Utopisten favorisierten eine Ratio, die progressiv war und die systematische Planung moderner Siedlungen ermöglichte; zugleich wandten sie sich auch gegen die Moderne, weil sie die Ausdifferenzierung sozialer Institutionen bekämpften, die mit dem Fortschritt von Wissenschaft und Gesellschaft zwangsläufig einhergehen.

Die zweite Möglichkeit, Architektur in der Moderne zu betreiben, ergibt sich dann, wenn wir uns fragen, ob das Enzyklopädische auch dann eine *conditio sine qua non* der Architektur darstellt, wenn sich ihr Begriff nicht einer kulturkritischen, sondern einer logisch-systematischen und strukturanalytischen Erörterung verdankt. Dann tauchen neue Eigenschaften auf, die die Architektur ähnlich gut charakterisieren wie das Enzyklopädische und zudem eine enge Verwandtschaft zu zeitgenössischen Konzepten von Kunst und Wissenschaft behaupten.

Beim Versuch einer systematischen Erklärung architektonischen Wissens sind Reuter und ich von der wichtigsten Besonderheit der Architekturproduktion ausgegangen: vom Entwerfen, das eine eigenständige Form kognitiver Tätigkeit ist. Das sich im Entwurfsprozess heranbildende Wissen ist seiner Struktur nach nicht hierarchisch, da alle Wissenspartikel in Verknüpfung mit wachsenden Erkenntnissen Resultate autarker Suchbewegungen sind. Die Systemtheorie nennt nicht-hierarchische Strukturen Netze. Es liegt daher nahe, das beim Entwerfen erzeugte Wissen als „Netzstruktur" zu beschreiben, um eine vielfältige Wissenslandschaft zu verknüpfen, die ins Uferlose wächst und unendlich ist.

Wissensnetze sind „schwach" strukturiert. Sie werden von den Logiken zusammengehalten, die entwerfende Architekten bei ihrer methodischen und sprunghaften Suche nach Problemlösungen befolgen. Ein Denken in Relationen sorgt zudem dafür, dass Wissensnetze komplex, dynamisch, situationär, anarchisch und performativ sind, aber in Struktur, Inhalt und Ausdehnung stets ein Produkt derer bleiben, die sich ihrer bedienen. Gleichwohl dürfen wir ihre Vernetzung als enzyklopädisch bezeichnen, da sie nicht nur die Gesamtheit der für einen Entwurf verfügbaren Kenntnisse beinhaltet, sondern darüber hinaus auch die Totalität des in vergangenen Entwürfen gesammelten Wissens repräsentiert.

---

7 Man denke nur an Le Corbusier, der die prähistorische Pfahlbauarchitektur in seinen auf Pilotis balancierenden Häusern wiederaufleben ließ.

Zur ästhetischen Definition der Architektur

Es mussten Jahrzehnte vergehen, bis sich sogar die Fortschrittsoptimisten darüber freuen konnten, dass der Prozess der Zivilisation unsere Vergangenheit nicht ausradiert. Es gibt Errungenschaften in Kunst und Wissenschaft, die nicht durch neue Entwicklungen ersetzt werden können. Aus diesem Grund ziehen viele Menschen historische Gebäude Neubauten vor. Selten in musealer Absicht, sondern als Option auf eine Kultur, die ihre Zukunft in der Geschichte sieht. Prominenten Altbauten, die gewandelten Bedürfnissen angepasst werden, bringt man größeres Vertrauen entgegen, als zeitgenössischen Bauten. Dieser Trend hält solange an, solange sich der technologische Fortschritt miniaturisiert und in jedes Kostüm schlüpfen kann.

Die Architektur ist in der Moderne nur als Not- und Sonderfall erlaubt und spielt dennoch gerade aufgrund ihrer marginalen Existenz eine Rolle, die paradoxer Weise der Bedeutung ähnelt, die sie in der Vormoderne innehatte, als sie noch eine unangefochtene Kunst und Wissenschaft war. Die Baukunst war ein aus der Masse des Unscheinbaren hervorstechendes Verausgabungsprodukt, das verschwenderisch mit Ressourcen umging: Geist und Geld, Phantasie, Schmuck, Material und vor allem mit Raum. Die feudale Welt, die über Jahrtausende Gültigkeit hatte, prägte die Architektur. Doch erfuhr sie im Rokoko jene Steigerung ins Absurde, die es dem Bürgertum leicht machte, an Einfluss zu gewinnen und einen Kultur der Sparsamkeit zu entwickeln, die für die Architektur nur mehr eine Nebenrolle vorsah.

Die Protagonisten des Neuen Bauens empörten sich über die refeudalisierte Architektur der Gründerzeit. Nicht Antike, Gotik oder Renaissance standen in ihrer Kritik, sondern deren historistische Ableitungen. Die Avantgarden verfolgten eine andere Strategie: sie wollten die Architektur als Verausgabungskunst retten und dabei die Ziele der Pariser Kommune nicht verraten. In ihren politischen Idealen verrührten sich ästhetische Schocks, aristokratischer Paternalismus und Frühsozialismus zu einem antikapitalistischen Gebräu. Das war möglich, weil Aristokraten, Künstler und Proletarier eine Gemeinsamkeit teilen: dass sie keine Bürger sind. Darum hatte Charles Fourier für die Bewohner seiner erotischen Utopie ein Bauwerk, das Phalanstère, vorgesehen, das Versailles nachempfunden war.

Die Architektur erreichte die Moderne als Traum, weil das Bauen schon zu Beginn des 19. Jahrhunderts unters Diktat einer radikalen Sparsamkeitsökonomie geriet. Sie unterstellte alle Klassen und Schichten dem Primat des Geizes – auch das Proletariat – was die Reformkräfte dazu bewegte, ausgerechnet in der „Wohnung für das Existenzminimum" ihre wichtigste und vornehmste Aufgabe zu sehen. Die Konzeption des Existenzminimums ist aber so ziemlich das Letzte, was der Verausgabungskunst Architektur zuzumuten war, dennoch verstanden es die talentiertesten Protagonisten des Neuen Bauens, das sie sogar in dieser Aufgabe – vielleicht muss man sogar sagen: vor allem in ihr – überlebte.

Das ist nicht so einfach zu erklären. Das Gebot der Sparsamkeit und das Prinzip Reduktion – man könnte auch sagen ästhetische Ökonomie und formale Disziplin – zählten, bevor man sie zur wichtigsten Errungenschaft der modernen Bewegung erklärte, bereits zu den Grundtugenden des Klassizismus. Dessen Vertreter hatten verstanden, dass sich die Architektur in der Moderne nur behaupten kann, wenn ein Gebäude Funktionalität signalisiert und zugleich als staunenswertes ästhetisches Objekt wahrgenommen wird. Zu übertreffen war diese Haltung nur, wenn die antike Proportionstheorie und die Decorum-Lehre fusionierten und schmucklose Baukörper in „Gesten" verwandelt wurden, die unmittelbarer Ausdruck moderner Zweckbestimmung zu sein schienen.

Da der ästhetische Eigensinn der Avantgarden die Formdisziplin der Klassizisten noch übertraf, verteidigten ihre Entwürfe den Kunstcharakter der Architektur mindestens ebenso emphatisch wie diese. Darum blieben ihre Bauten unverstandene Unikate, aber nicht als Ausdruck *extrovertierter Verausgabung*. Die ästhetische Selbstbehauptung „moderner" Architektur besteht im Gegenteil darin, dass sie das Produkt einer Sublimierung ist. So gesehen darf man sie eine introvertierte oder „sublimierte" Verschwendung nennen.

Die *sublimierte Verschwendung* von Geist, Geld, Raum und Material verdankte sich einer Umwertung des Verhältnisses von Schmuckform und Formgesetz. In der Vormoderne verbargen sich die in den antiken Proportionslehren begründeten Formgesetze eines Bauwerks hinter seiner Schmuckform. Die Ornamentik entfaltete eine große sinnliche Kraft, während die Frage nach den richtigen Maßverhältnissen vor allem an den Verstand appellierte und nicht ans Gefühl. Seit der Moderne ist das umgekehrt: Adolf Loos verschwendete keine Phantasie mehr an Ornamente, die kein Produkt der Natur waren, weil sie ihn kalt ließen, lieber steckte er seine Energie in die Gestaltung von Räumen mit großer atmosphärische Wirkung.

Loos blieb Architekt, weil er Aristokrat war. An ihm kann man studieren, wie nobel und unbedingt autonomisierte Architekturformen sein konnten. Außerordentliche Delikatesse bestimmte die Materialwahl und räumliche Inszenierung. Strenge Formgesetze und subtiler Glamour haben das Bauen in den Zwanziger Jahren in einer Weise architektonisch sein lassen, die den Baumeistern des 19. Jahrhunderts unbekannt war. Was sie mit Hilfe der Archäologie erreichten, gelang jetzt durch eiserne Formdisziplin und konzeptionelle Entwurfstechniken. Beides beherzigen auch heutzutage noch Architektinnen und Architekten, die diesen Namen verdienen. Alle anderen wurschteln rum, üben sich in falscher Bescheidenheit oder proben den Aufstand neobarocker und neoklassizistischer Verausgabung. Dass letzteres geschieht, verdanken wir der allgegenwärtigen Popkultur.[8]

---

8 Nicht das Abendland geht unter, wohl aber die Baukultur, da man den Auszug der *ars musica* aus der Architektur wieder wettzumachen glaubt, indem man ein Musicaltheater bei Daniel Libeskind bestellt.

Scienza speculativa oder:
das „Geheimnis des Ganzen"
Zur architektonischen Einheit von Wissenschaft, Kunst und Technik

Gleichviel, wie wir die Architektur heutzutage definieren und in welchen Kontext wir sie stellen, immerzu rennen wir gegen eine Barriere an, die zuvor genommen werden muss, doch ist uns die Sicht vernebelt. Die Barriere, die ich meine, besteht in der schwierigen Frage, in welcher Verfassung die Architektur die Moderne erreichte und ob sie je in ihr angekommen ist? Mit der Rede von der vernebelten Sicht meine ich, dass die meisten bauenden und theoretisierenden Architektinnen und Architekten der Überzeugung sind, es gäbe eine Architektur, die die Moderne spiegelt, fördert und völlig in sich aufnimmt. Man nennt diese Architektur modern, festigt aber nur den Irrglauben, sie sei in der Lage, die Hürde der Moderne zu überspringen. Das Bauen kann das, die Architektur nicht, sie reißt diese Hürde. Notwendigerweise.

Was aber soll mit „der" Moderne gemeint sein? Diese Frage baut sich wie eine zweite Wand vor uns auf, oder besser: wie eine von Gottfried Sempers Barrikaden, die 1849 in Dresden während des Mai-Aufstandes errichtet wurden. Sie waren so gut gefügt, dass einzelne Teile entwendet werden konnten, ohne ihre Stabilität zu gefährden. Hoffen wir, dass die Barrikade der Moderne ebenso stabil ist und klauben uns ein Stück daraus: Robert Musils *Mann ohne Eigenschaften*, der 1913 spielt. Im Jahr zuvor sank die Titanic. Am Beispiel des Untergangs der österreichisch-ungarischen Monarchie wollte Musil zeigen, dass ähnlich wie der große Dampfer im Atlantik die alte Welt in der Moderne verschwand.

Ihr kompletter Untergang war schuld daran, dass der Autor keine vormodernen Menschen unter sein Romanpersonal mischte. Die Polarisierung des Alten und des Neuen gestattete keine durchgängige Personifizierung, da die Moderne keine traditionellen Menschen mehr kennt. Traditionalisten gibt es Zuhauf, doch selbst der altmodischste Kauz war 1913 bereits ein „teilmodernisiertes" Subjekt, an dem das Neue nicht spurlos vorbeigegangen war.

Musils mehr oder weniger moderne Menschen treffen sich im Salon einer schönen Dame, die in ironischer Replik auf Platons *Symposion* und Hölderlins *Hyperion* Diotima genannt wird. Außerdem handelt es sich um eine Anspielung auf Eugenie Schwarzwald, die in Österreich das erste Mädchen-Gymnasium leitete, dessen Schülerinnen die Matura ablegen durften. Für die musischen Fächer der nach ihr benannten *Schwarzwaldschule* konnte sie einige der berühmtesten Vertreter der Wiener Avantgarde gewinnen. Die Mädchen erhielten Malunterricht von Oskar Kokoschka, Musikunterricht von Arnold Schönberg und Adolf Loos machte sie mit der Frage des richtigen Wohnens vertraut.

Er war der Meinung, die moderne Frau sei dazu berufen, ihre Augen zu trainieren, zu zeichnen und zu malen. Die Männer hätten hierfür keine Zeit, deshalb müssten ihre Gattinnen sämtliche ästhetischen Entscheidungen treffen, was Loos grundsätzlich begrüßte, denn „Familienräume sollen immer etwas Feminines haben".[1] Um aber die Frauen (und vor allem seine Schülerinnen) vor dem Vorwurf des Dilettantismus zu schützen, der uns noch beschäftigen wird, schrieb er: „Man hat viel über den Dilettantismus der bildenden Künste gespöttelt. Man will sogar einen Schaden für diese Künste darin erblickt haben. Welche Kurzsichtigkeit! Oder hat vielleicht das Clavierspiel Beethoven und Wagner Schaden zugefügt? Höchstens den lieben Nachbarn."[2]

Übrigens hatte Loos die Wohnung des Ehepaars Schwarzwald in der Josefstäd-terstraße eingerichtet. Dort veranstaltete die Dame des Hauses einen Salon, in dem neben Elias Canetti, Rainer Maria Rilke, Alma Mahler-Werfel und anderer Prominenz auch Musil verkehrte. Selbstverständlich stand ihm der von Loos gestaltete Raum vor Augen, als er den Salon der Diotima beschrieb. In ihm spe-kulierten die höheren Kreise darüber, wie das 1918 anstehende siebzigjährige Regierungsjubiläum Kaiser Franz Josefs begangen werden könnte. Vom ersten Weltkrieg ahnte noch keiner etwas. Er machte nicht nur das Jubiläum zunichte, sondern fegte die gesamte k. u. k. Monarchie von der politischen Weltkarte.

Natürlich hätte der greise Kaiser als Personifizierung der Vormoderne die ide-ale Besetzung abgegeben, doch da er im Roman nicht auftritt, bleibt die gute alte Zeit eine Fiktion und lebt nur in der Erinnerung der *dramatis personae* weiter. Man könnte auch sagen, als jene Sentimentalität, die Musils Romanfiguren beim Anblick alter Bauwerke erfasst, bei der Wiederholung überkommener Bräuche und im Festhalten an einem Hofzeremoniell, das der Wiener Regierungsbüro-kratie wie ein nach Mottenpulver riechendes Tuch übergeworfen ist.

Den letzten Repräsentanten der untergegangenen Welt verbirgt die barocke Architektur der Hofburg, die noch mit Plumpsklos aufwartet, während dem Schlosse gegenüber das Haus am Michaelerplatz den Kaiser seit zwei Jahren[3] verärgert. Franz Joseph soll geschimpft haben, als er von seinem Balkon auf die schmucklose Fassade sah. Darum bestürmte man Loos, wenigstens Blu-menkästen vor den Fenstern anzubringen. Die unwürdige Affäre um sein erstes Gebäude bescherte ihm ein Magengeschwür, da er gehofft hatte, mit seinem Entwurf an die Leistungen eines Fischers von Erlach angeknüpft zu haben. Man fragt sich aber schon, wie das gehen soll, wo es sich doch um ein „moder-nes" Haus handelt...

Hierzu will ich nur kurz sagen: selbstverständlich wollte Loos moderne Häuser bauen, die bequem sein sollten, doch er wollte sie auch als Übersetzungsarbeit

---

1 Adolf Loos: Die Frau und das Haus, in: ders., Die Potemkinsche Stadt. Verschollene Schriften 1897-1933, hg. v. Adolf Opel, Wien 1983, S. 73
2 a.a.O., S. 71
3 Der Roman spielt wie schon erwähnt im Jahre 1913, und das von Adolf Loos entworfene Mi-chaelerhaus wurde 1911 fertig gestellt.

gewürdigt sehen. Als eine Transformation der Architektur – die er im Unterschied zu seinen Kollegen als genuin vormoderne Disziplin durchschaut hatte – in die Gegenwart. Mit quantifizierenden Methoden konnte das nur dem Ingenieurbau gelingen. Er war und ist modernisierbar, ohne sich selbst zu verlieren. Demgegenüber ist das Überleben der Architektur allein unter dem Anspruch der Qualität zu sichern, der sich seit der Antike a) *ästhetisch* stellt: als Gebot der richtigen Maßverhältnisse, und b) *ethisch*: in der Frage nach dem angemessenen Dekor. Das Bauen lässt sich fundamental, die Architektur nur graduell modernisieren, bis zu dem Punkt, an dem ihre ästhetische und ethische Integrität nicht gefährdet ist.

Mit dem Neuen Bauen hat aber nicht nur das quantitative Messen das qualitative Maß, sondern ebenso das Expertentum das enzyklopädische Wesen der Architektur verdrängt. Auch das lässt sich mit Musils Roman zeigen. Einer, der im Salon der Diotima den Ton angibt – er heißt Paul Arnheim – stellt das bewunderte Hassobjekt des Autors dar. „Er war ein Mann großen Formats",[4] lesen wir, doch da wissen wir schon, das dieses Kompliment vergiftet ist. Hinter Arnheim, erfahren wir von den Literaturwissenschaftlern, verbirgt sich der Großindustrielle, Schriftsteller und spätere Außenminister des Deutschen Reichs Walther Rathenau. Sein Vater Emil hatte 1883 die AEG gegründet. Sohn Walther betrieb schon früh in Führungsposition den Ausbau der Firma und war zudem als Autor kulturkritischer Schriften, in denen er den Kapitalismus zu läutern suchte, ebenso erfolgreich wie als Manager.

Vor allem war er weitsichtig: 1907, im Gründungsjahr des Deutschen Werkbundes, berief er Peter Behrens zum künstlerischen Berater der AEG. Beide waren sie Mitglieder des DWB, der die kulturpolitische *und* geschäftliche Verbindung von Architekten, Designern, Unternehmern und Journalisten betrieb. Sein Ziel bestand in der Modernisierung und ästhetischen Nobilitierung deutscher Industrieprodukte, um sie auf dem Weltmarkt konkurrenzfähig zu machen. Rathenau nahm dies Programm wörtlich und erklärte Behrens für die Produktgestaltung zuständig. Außerdem beauftragte er ihn mit dem graphischen Erscheinungsbild, dem Marketing der Firma und dem Entwurf der unternehmenseigenen Bauten. Wir sprechen von der Geburtsstunde des Corporate Design.

Der lukrative Schulterschluss von Reform und Profit, Kulturkritik und Fortschrittsoptimismus schrieb Unternehmensgeschichte und verfuhr nach dem Motto „ohne Philosophie wagen heute nur noch Verbrecher anderen Menschen zu schaden."[5] Doch fand diese Kumpanei im Ersten Weltkrieg zusammen mit dem deutschen Großmachstreben ihr unrühmliches Ende. Aus diesem Grund war Musil der viel belesene Walther Rathenau suspekt. Gleichwohl steht er im Roman nicht nur für die „Dialektik der Aufklärung"

---

4 Robert Musil: Der Mann ohne Eigenschaften. Erstes und Zweites Buch, hg. v. Adolf Frisé, Reinbek bei Hamburg 1981, S. 190
5 a.a.O. S. 193

ein, für den Rückfall fortgeschrittener Rationalität in Gewalt und Zerstörung – die Figur Paul Arnheim macht zugleich deutlich, was in der Moderne überhaupt noch von der Vormoderne zu verstehen ist.

Auf den ersten Blick vermutet man, dass der erfolgreiche Manager, Wissenschaftler und Kunstfreund Arnheim ein Paradigma des Neuen Menschen darstellt. Niemand ist so vertraut mit den Protagonisten des Fortschritts, ob es sich nun um Techniker oder Finanzexperten handelt, und keiner steht den Schaltzentren der Macht so nahe wie er. Versuchen wir aber herauszufinden, warum er mit den Vertretern der verschiedenen Disziplinen in ihrer jeweiligen Sprache sprechen kann, egal ob es sich um „Molekularphysik, Mystik oder Taubenschießen" handelt,[6] stoßen wir bei ihm auf eine vormoderne Intellektualität. Damit am antiquierten Habitus dieses Universalgelehrten kein Zweifel aufkommt, malt Musil das Bild eines Stehkragen-Enzyklopädisten, der das Wissen in sich vereinigt, das in der Moderne von unzähligen Experten verwaltet wird. Darum trägt ein Kapitel den viel sagenden Titel: *Was alle getrennt sind, ist Arnheim in einer Person.*[7]

Wie gelingt ihm das? Musils Antwort lautet: er hat Geld, verfügt aber auch über eine große Aufnahmefähigkeit und nimmt sich trotz seiner Umtriebigkeit die Zeit, seine Eindrücke und Erkenntnisse schreibend zu verarbeiten. Hierbei entstehen Texte, die breite Kenntnisse vermitteln, aber, wendet Musil ein, „der Fachmann fand unweigerlich in ihnen jene kleinen Unrichtigkeiten und Missverständnisse, an denen man eine Dilettantenarbeit so genau erkennen kann (...). Nur darf man durchaus nicht glauben, dass das die Fachleute hinderte, Arnheim zu bewundern (...) er imponierte ihnen als etwas ganz Neuzeitliches, (...) und wenn sie bemerken durften, dass sie auf ihrem eigenen Gebiet doch noch etwas beträchtlich andres darstellten als er, so erwiesen sie sich dafür dankbar, indem sie ihn einen geistvollen Mann nannten, einen genialen oder ganz einfach einen universalen".[8]

Auf die Frage, weshalb all die Experten der modernen Wissenschaften und Künste einem Dilettanten huldigten, den sie für moderner hielten als sich selbst, gibt Musil ebenfalls eine schlüssige Antwort: Arnheim schien ihnen haushoch überlegen, weil er ihre beschränkten Wissenshorizonte miteinander in Beziehung zu setzen und zu einem einheitlichen Horizont zu verschmelzen wusste. Zumindest kam es ihnen so vor, sobald er den Mund auftat. Geduldig Rede und Antwort stehend „war es ihm zur Natur geworden, einer Gesellschaft von Spezialmenschen gegenüber als Ganzes und ein Ganzer zu wirken."[9]

---

6 a.a.O. S. 189
7 a.a.O. S. 188
8 a.a.O. S. 191
9 a.a.O. S. 193/194

Arnheim befriedigte zwei Grundbedürfnisse der Moderne: zum einen das nach der harmonischen Einigung sämtlicher Sphären, die in der Moderne ausdifferenziert und dichotomisiert wurden; zum andern bediente er in einer Welt, die durch Naturwissenschaft und Technik einer umfassenden Enträtselung unterworfen war, die steigende Nachfrage nach Metaphysik und Sinngebung. Da Walter Benjamin damit Recht behielt, dass die Esoterik in der Moderne sprunghaften Zulauf erlebt,[10] können wir auch sagen: Arnheim erfüllte mit seiner Person und seinen Schriften die Sehnsucht nach dem Numinosen, indem er die Art und Weise, in der er die vorherrschende Vielfalt und Heterogenität zur Einheit bestimmte, „das Geheimnis des Ganzen" nannte.[11] Damit behauptete er nicht einmal etwas Falsches, weil es laut Musil in der Moderne tatsächlich ein Geheimnis ist, warum wir um das unverstandene Ganze stets mehr Aufhebens machen als um seine erforschten Teile.

Paul Arnheim ist nur insofern „neuzeitlich" zu nennen, weil er den Sinn, den er all dem Analysieren und Sezieren unterstellt, das den ökonomischen und technischen Fortschritt antreibt, nicht aus der Religion bezieht. In seinem Habitus als Enzyklopädist, Universalist und Dilettant konserviert er dennoch eine vormoderne Form von Wissenschaftlichkeit, die kommunikativer ist als die vorherrschende und sich wie die Loossche Akkuratesse hinter einem „tadellosen Anzug aus weichem Stoff" verbirgt. Wir merken uns: der Universalgelehrte alten Schlags kleidet sich modern; im Unterschied zu Diotimas Ehemann, dem Sektionschef Tuzzi, der ein moderner Bürokrat, aber altmodisch gekleidet ist, weshalb er sich neben Arnheim wie „ein levantinischer Taschendieb" ausnimmt.[12]

Auf mich wirkt die Charakterisierung Paul Arnheims wie eine Metapher der Architektur. Ihr Auftritt im jungen 20. Jahrhundert geriet triumphal und war doch zum Scheitern verurteilt. Wohl gab sie sich modisch und suchte alle Bereiche des Alltags stilsicher auszuleuchten, doch nur, um ihren vormodernen universalistischen Charakter zu vertuschen. Immer mehr leiden Architektinnen und Architekten unter der Konkurrenz der Spezialisten, die das Bauen bis in seine letzten Winkel ökonomisieren, verwissenschaftlichen und verrechtlichen. Bei diesem unfairen Wettlauf bleiben sie als antiquierte Generalisten und verhöhnte Dilettanten auf der Strecke, obschon die Architektur, wenn sie eine Kunst bleiben will, ihrer ästhetischen Kompetenz bedarf. Und wenn sie überdies die Komplexität unsres Daseins berücksichtigen will, dann muss sich das Planen und Bauen umso mehr auf das vernetzte Wissen der Architekten

---

10 „Eine ganz neue Armseligkeit ist mit dieser ungeheuren Entfaltung der Technik über die Menschen gekommen. Und von dieser Armseligkeit ist der beklemmende Ideenreichtum, der mit der Wiederbelebung von Astrologie und Yogaweisheit (...) Scholastik und Spiritismus unter – oder vielmehr über – die Leute kam, die Kehrseite." (Walter Benjamin: Erfahrung und Armut, in: ders., *Illuminationen. Ausgewählte Schriften*, Frankfurt am Main 1961, S. 314)

11 a.a.O. S. 194

12 a.a.O. S. 195

stützen, das nicht wissenschaftlich im heutigen Sinne ist, dafür aber angereichert mit Kenntnissen und Erfahrungen, die unumgänglich sind, wenn ein Ganzes nicht nur imaginiert, sondern real entstehen soll.

Damit sind wir an einem wichtigen Punkt angekommen. In der Moderne mag die Rede von der verlorenen Einheit eine Sentimentalität darstellen, dennoch bleibt es dabei, dass ein Haus ein aus vielen Teilen und Aspekten gefügtes eigenwilliges und selbstgenügsames Ganzes ist. Es ist keine reibungslose Maschine, sondern ein unmodernes Relikt der Vergangenheit, auf das der „antiquierte Mensch" ein Anrecht hat. Mit dieser Bemerkung will ich nicht Günther Anders aus dem Giftschrank der Kulturkritik kramen, ich möchte nur darauf hinaus, dass man mit dem gleichen Recht, mit dem man sagt, in Musils Roman komme kein durchweg vormoderner Mensch vor, behaupten kann, dass ja auch im realen Leben nie ein komplett moderner Mensch auftaucht. Die Interaktion mit den Maschinen macht uns zu modernen Wesen, aber unser Leben in den Häusern verwandelt uns zurück in Kelten.

Der Mensch ist weder perfekt, noch will er es sein, und Gleiches gilt für die Architektur. Schon John Ruskin wusste: Perfektion hat mit Architektur nichts zu tun, *firmitas* durchaus, aber das ist auch etwas anderes. Ich habe lange gebraucht, um zu begreifen, dass nicht Vitruv abgeschafft gehört, um die Architektur zu retten. Er sprach nicht vom „Geheimnis des Ganzen", er kannte es, indem er die Einheit von *firmitas, utilitas* und *venustas* behauptete. Mit Durands Primat des Geizes erhielt sie den Todesstoß. Sparsamkeit war der neue Begriff, womit man *utilitas* übersetzte, um die aus der Wirtschaftlichkeit geborene Funktion zur Königstugend des modernen Bauens zu erklären.

Der Architekturtheoretiker Georg Germann machte Semper zusammen mit Durand für das Ende des Vitruvianismus verantwortlich, das ist aber falsch. Man merkt es seinem Text an, dass er seiner eigenen These misstraute.[13] Für Semper war die Architektur weiterhin eine Kunst, sogar die führende, worüber sich Richard Wagner mokierte. Zugleich wusste er sich die Ambitionen seines Architektenfreundes zunutze zu machen, indem er ihn beauftragte, ihm ein Festspielhaus an der Isar zu planen, das er, Wagner, selbstverständlich dem Führungsanspruch seiner Kunst, der Musik, unterworfen hätte.

Beiden stand die Idee des Gesamtkunstwerks vor Augen. Aber Semper stellte sie sich natürlich in räumlicher und Wagner in zeitlicher Perspektive vor. Dennoch wussten sie um die gemeinsamen pythagoreischen Gene ihrer Disziplinen. Ich

---

13 An entscheidender Stelle spricht Germann nicht vom Ende des Vitruvianismus, sondern von seiner Aktualisierung durch Semper, dessen „Neuerung besteht darin, den von Vitruv an einem einzigen Beispiel geschilderten Wechsel (vom Holz- zum Steinbau, GdB) zu einer allgemeinen ‚Stoffwechseltheorie' auszubauen, welche Textilien, Keramik, Baustoffe und Metalle umfasst." (Georg Germann: Einführung in die Geschichte der Architekturtheorie, Darmstadt 1980, S. 253)

behaupte, Wagner scheiterte, obschon er der Erfolgreichere und sicher auch der bedeutendere Künstler von beiden war. Aber Semper war der wertvollere Mensch. Sein Werk und sein nicht eben einfacher Charakter profitierten davon, dass Architektur von Hause aus eine enzyklopädische Wissenschaft und ein Gesamtkunstwerk darstellt, während die Musik in Theorie und Praxis viele Formen anzunehmen weiß, ohne ihrem Wesen zu widersprechen.

Aber auch sie kann natürlich ein Gesamtkunstwerk sein, wie schon die barocke Oper beweist. In Wagners Musikdrama fehlt hingegen etwas, das meiner Ansicht nach zum Wesen eines Gesamtkunstwerks gehört. Es kombiniert ja nicht nur mehrere Gattungen miteinander und verschmelzt sie unter der Leitung einer übergeordneten Disziplin zu einem Ganzen, sondern sorgt außerdem dafür, dass auf der Ebene der ästhetischen Produktion die Einheit dreier Sphären demonstriert wird, die mit dem Sport die Hauptbetätigungsfelder der Kultur bilden.

Ihr Auseinandertreten kann bereits in der Antike beobachtet werden, doch bildeten sie zunächst eine Einheit, die die alten Griechen τέχνη nannten. Die Vorstellung liegt nahe, dass in einer Welt, in der das vom Menschen geschaffene Artefakt ohne Unterschied als Produkt von Wissen, Geschmack und Geschicklichkeit angesehen wurde, die Erfahrung der Ganzheit noch kein Geheimnis war. Sie war keine dem Alltag entzogene, sondern eine gewöhnliche Erfahrung, die sich bei jedem Gegenstand und jeder Verrichtung einstellen konnte. Erst mit der Spaltung der Sphären ging sie verloren. Allein in der Architektur erstritt sich die alte τέχνη ein Bleiberecht, das so lange besteht, so lange sich Architektur und Kunst gegenseitig am Leben erhalten.

Natürlich wollte auch Wagner gravierende Bruchstellen der Moderne mit dem Musikdrama heilen, die Wiederherstellung der alten τέχνη aber war ihm kein Anliegen. Weder kümmerte ihn groß, was die mittelalterlichen Universitäten *ars musica* nannten: der vormoderne Wissenschaftscharakter der Musik, noch das Handwerkliche, das er in den Meistersingern von Nürnberg verspottete (trotz der prominenten Zeile „ehrt Eure deutschen Meister! Dann bannt ihr gute Geister") . Wie die Konstruktion seiner Kompositionen so verleugnete er die Technik insgesamt und deckte den Orchestergraben zu, um die laute Konzertmaschine zu dämpfen und dem Gesang volle Geltung zu verschaffen,[14] der sich zwar ebenfalls einer Technik verdankt, die aber unsichtbar bleibt und ein Geschenk der Natur zu sein scheint.

Semper ging es nicht um Verschleierung, sondern um Bekleidung. Das ist etwas anderes. Architektonische Maskeraden stellten für ihn ästhetische und technische

---

14 Wagner nannte den Orchestergraben einen „mystischen Abgrund". Das von ihm verdeckte Orchester sollte die „widerwärtige Störung durch die stets sich aufdrängende Sichtbarkeit des technischen Apparates" verhindern (vgl. Richard Wagner: Bayreuth. Das Bühnenfestspielhaus, in: ders., Gesammelte Schriften und Dichtungen. 4. Auflage. Röder, Leipzig 1907, Bd. 9, S. 336).

Herausforderungen dar. Gerade weil er die Baukunst in einer berühmten Fußnote als karnevalesk entzauberte, verwandelte sie sich unter seiner Hand zum würdigen Schauspiel, während Wagner das Gegenteil bewirkte, als er der Oper den Faschingszauber mit dem „Bühnenweihfestspiel" auszutreiben suchte. Nietzsche sah es so. Er nannte den Parsifal einen „Operetten-Stoff *par excellence*" und stellte die Frage, ob er überhaupt ernst gemeint war? „Dass man über ihn gelacht hat, möchte ich am wenigsten bestreiten, Gottfried Keller auch nicht..."[15]

Als haptische Kunst ist die Architektur davor gefeit, ihre handwerkliche Basis zu leugnen, darum verlegte Semper den Ursprung der Architektur in die Hände: die gestikulierenden, webenden und flechtenden Hände, die erst den menschlichen Körper bemalen, dann das Nomadenzelt besticken und schließlich die monumentale Baukunst ornamentieren. Die kunstfertige Hand und das im Kopf gespeicherte Wissen über die richtigen Proportionen gestatten es der Architektur, die ungeteilte τέχνη in die Moderne hinüberzuretten. Diese wiederum stellt sicher, dass mit ihr so viel Konvention überlebt, wie nötig ist, um die Ganzheit eines Hauses ohne Geheimniskrämerei zu gewährleisten.

Es behaupte nun niemand, mit dieser Aussage seien die Legitimität des architektonischen Experiments und der Avantgarden bestritten. In meinem Buch über die enzyklopädische Architektur hatte ich betont, dass die historischen Avantgarden keineswegs eine „moderne Architektur" intendierten, sondern die Reformulierung der Architektur als vormoderne Kunst und Wissenschaft.[16] Ich bleibe dabei, füge aber hinzu, dass die Architektur nicht nur eine Enzyklopädie ist, sondern dass wir uns die in ihr vereinte Wissenschaft und Kunst noch mit der Technik verbunden vorstellen müssen. Hieraus folgt, dass ich mir in Zukunft die Frage stellen muss, ob mit den Reformulierungen des enzyklopädischen Charakters der Architektur auch die Aktualisierung ihres handwerklichen Wesens einhergegangen ist? Derzeit weiß ich noch keine Antwort darauf.

Versteht man die Architektur als vormoderne τέχνη und eine sich ihrer Modernisierung widersetzende Wissenschaft, die das Lebensganze im Auge behalten möchte, wird man sich sagen lassen müssen, dass eine solche Disziplin an unseren Universitäten nichts verloren hat. Sie steht ja auch längst schon auf verlorenem Posten. Heutige Hochschulrektoren, Bildungspolitiker und Bauministerien wissen nicht mehr, wofür ein scheinbar toter, aber unsezierbarer

---

15 Weiter heißt es: „Man möchte nämlich wünschen, dass der Wagnersche Parsifal heiter gemeint sei, gleichsam als Schlussstück und Satyrdrama, mit dem der Tragiker Wagner (...) von der Tragödie habe Abschied nehmen wollen, nämlich mit einem Exzess höchster und mutwilligster Parodie auf das Tragische selbst." (Friedrich Nietzsche: Nietzsche contra Wagner, in: ders., Richard Wagner in Bayreuth u. a., Stuttgart 1973, S. 141)
16 Gerd de Bruyn: *Die enzyklopädische Architektur*, S. 66 ff.

Kadaver wie die Architektur gut sein könnte.[17] Sie verstehen nur, dass sie sich in den auf Drittmittelforschung und Exzellenz schielenden Lehrbetrieb kaum integrieren lässt. Genau dieser Umstand sollte uns deutlich machen, dass die Architektur unersetzbar ist. Nicht obwohl, sondern gerade weil sie im modernen Sinn weder Wissenschaft noch Kunst ist. Weil sie ein unzeitgemäßes Phänomen ist, das sich seiner ingenieurtechnischen und soziologischen Dressur widersetzt. Hierbei macht sie ihr epistemologischer Eigensinn genauso kostbar wie die wenigen Baukunstwerke, die ambitionierte Architektinnen und Architekten einem pseudohaften Nachhaltigkeitsgeschwätz und den ökonomischen Diktaten abtrotzen.

---

17 Das stimmt nicht mehr: seit die Architektrufakultäten damit begonnen zu haben 1:1 Projekte zu realisieren und auf dem Campus zu platzieren, gelten sie als Flaggschiffe der Technischen Universitäten.

Tractatus Decorum

Mehrfach hab ich in letzter Zeit zum Thema Schönheit in der Architektur Stellung genommen und es mit der unverwüstlichen Aktualität von Adolf Loos zu tun bekommen. Inzwischen denke ich: nie war er so wertvoll wie heute. Soviel vorweg und eine Bemerkung noch: um Zeit zu sparen, hab ich meine kleinen Einsichten durchnummeriert.

1. in der Moderne ist es weiterhin legitim, nicht bloß über Schönheit zu reden, sondern Schönheit zu fordern;

2. in der Moderne ist es nicht erlaubt, Schönheit in allen Sphären zu fordern, da die moderne Kunst das Schöne nicht für wichtiger hält als das Hässliche. Ähnliches gilt für die Wissenschaft und andere Bereiche. Dennoch kann nicht behauptet werden, dass es zu einer Relativierung des Schönen gekommen ist, weil es

3. in der Moderne komfortable Überlebenszonen des Schönen gibt: im Museum, Konzertsaal, in Theater, Oper und überall, wo die traditionellen Künste, die ja auch die „Schönen Künste" genannt wurden, praktiziert werden. Die Konservierung und Aktualisierung vormoderner Kunst ist ein typisches Merkmal der Moderne. Doch noch typischer ist für sie, dass die Werke der Avantgardisten nicht mehr schön und die Gegenstände des täglichen Gebrauchs nicht mehr hässlich sein wollten. Die Künstler fanden die Ästhetik des Schönen fad, und den „modernen Menschen" gruselte die Verzierung von Messer und Gabel. Auf diese Weise kam es

4. zu einer tief greifenden Umwertung in Kunst und Alltag, wobei das Praktische zum Schönen und das Hässliche – Dissonanzen in der Musik, schrille Farbe in der Malerei, schockierende Sujets in der Literatur – für kunstwürdig erklärt wurde. (Dass in der sogenannten Postmoderne die Schönheit wieder in die Kunst und das Ornament in die Architektur zurückkehren durften, ändert nichts daran, dass sie Vertriebene waren und ihnen das Stigma der Vertreibung weiter anhaftet.)

5. Was bedeutete diese Umwertung für die Architektur? Sollte sie keine Kunst mehr sein, dafür schön und zweckmäßig? Oder sollte sie eine Kunst bleiben, „hässlich" und unpraktisch werden dürfen? Die Antwort lag auf der Hand. Wir fragen dennoch:

6. Konnte das Bauen die Entscheidung, keine Kunst mehr zu sein, treffen, ohne das Recht zu verlieren, Architektur genannt zu werden? Die Antwort lautet nein! Die Architektur trennt ja gerade der Umstand, dass sie eine Kunst *und* eine Wissenschaft ist, vom „bloßen" Bauen, das ein Handwerk ist.

7. Wir fragen außerdem: wieso ging man davon aus, dass sich die Architektur zwar vom traditionellen Schönheitsbegriff lösen, aber nicht ästhetisch autonomisieren lässt? Den, der das behauptete, kennen wir: Adolf Loos. Doch haben wir auch verstanden, was er damit meinte?

8. Dem Gegensatz von Kunst und Architektur, den Loos proklamierte, korrespondiert die Trennung von Öffentlichkeit und Privatheit. Beides sah er als konstitutiv für die Moderne an. Loos war davon überzeugt, dass die Menschen umso moderner sind, desto konsequenter sie Architektur von Kunst und Öffentlichkeit von Privatheit zu trennen wissen. Heute denken wir anders darüber. Darum behaupte ich:

9. Die Konfrontation von Privatheit und Öffentlichkeit ist ein modernes Phänomen, aber es interessiert uns daran nicht mehr der Widerspruch, sondern die Verfransung und ständige Verschiebung ihrer Grenze. In der Mediokratie hat die Frage, *wie viel Privatheit verträgt die Öffentlichkeit*, längst das Problem verdrängt, *wie die Privatsphäre am besten vor der Öffentlichkeit geschützt werden kann*. Genau dieses Problem aber lag Loos am Herzen. Darum schlug er vor:

10. Ein Haus habe zwei Aufgaben zu erfüllen: es müsse die sich in der Privatsphäre ungeschützt offenbarende Individualität verbergen und zugleich die soziale Identität des Individuums, seine Zugehörigkeit zur Gesellschaft, ausdrücken. Dies gelinge einem Haus aber nur, wenn es grundsätzlich trenne zwischen Innen und Außen.

11. Im Innern seiner Häuser reagierte Loos auf die Individualität der Bauherren mit dem Raumplan, d. h. einer *praktischen Architektur*, die es aushalten sollte, dass sich der eine mit Biedermeiermöbel einrichtet und der andere „hässliche" Kunst aufhängen will. Loosens Credo lautete: werden die Menschen immer selbstbewusster, muss die Architektur sich in Zurückhaltung üben. Anders verhält es sich mit dem unpersönlichen Habitus, den wir in der Öffentlichkeit annehmen. Ihn beantwortete Loos daher mit einer *künstlerischen Architektur*. Warum widersprach er sich in diesem Punkt? Die Antwort lautet:

12. Loos wurde seinen Grundsätzen nicht untreu. Man muss hierzu wissen, dass er scharf zwischen moderner und vormoderner Kunst unterschied und mit seinem Diktum: Architektur sei keine Kunst, nur die Festlegung treffen wollte, dass ein Haus kein *modernes* Kunstwerk sein kann. Das heißt aber nicht, dass es kein *vormodernes* Kunstwerk sein darf. Das darf es sehr wohl. Zwar nicht so sehr in seinem Inneren, das dem modernen Leben Raum geben soll, dafür aber in seinem Äußeren, wo es seinen repräsentativen Pflichten nachkommt. Zur Straße kann und soll die Architektur eine vormoderne Kunst bleiben. Allerdings keine „aufgesetzte" Fassadenkunst wie im 19. Jahrhundert.

13. Bei der Erfüllung der repräsentativen Aufgaben der Architektur gerierten sich Loos und viele andere Protagonisten des Neuen Bauens als Klassizisten. Der Klassizismus half, den vormodernen Kunstcharakter der Architektur in die Moderne zu retten und sollte zugleich verhindern, dass ihre Schauseite „hässlich" wurde im Sinne der modernen Kunst. Damit war der Beweis erbracht, dass das Neue Bauen modern ist und weiterhin Architektur genannt werden darf.

14. Überdies entpuppte sich der Klassizismus als ein ambivalentes Phänomen. Er propagierte nicht nur einen an der Antike geschulten Schönheitsbegriff, sondern stand bereits auf der Schwelle zur Moderne. Zum einen, weil er den Eindruck zeitloser Ästhetik erweckte, und zum andern, weil er sich schon früh aus der Decorum-Debatte verabschiedet hatte, und zwar in beiderlei Hinsicht:
- ästhetisch, indem er die Bedeutung des Ornaments und
- ethisch, indem er die Frage der Schicklichkeit relativierte.

15. Die Frage, welcher Zierrat sich für welches Gebäude schickt, war der Ständegesellschaft geschuldet. Sie verlor in der Aufklärung rapide an Einfluss. Das ästhetische Produkt der Aufklärung war der Klassizismus, für den das nachlassende Interesse am Dekor typisch ist und mehr noch das, was daraus resultierte: *die Abwertung der Fassade und Aufwertung des Baukörpers*. Dessen Emanzipation zum skulpturalen Objekt ist die wohl bedeutendste und fragwürdigste Errungenschaft des Klassizismus (und Palladianismus). Warum fragwürdig?

16. Loos hatte zwar erkannt, dass die Ästhetik des Klassizismus seine Forderung nach einer allgemein verbindlichen Schönheit einlöste, in der wir unsere Übereinstimmung mit der Universalität der modernen Kultur zum Ausdruck bringen. Er hat aber nicht gesehen, dass auf diese Weise ein Problem an die moderne Architektur vererbt wurde. Wir können es so beschreiben: Die ästhetische Autonomisierung des Baukörpers gelingt umso besser, desto mehr man ihn aus seiner gewachsenen Umgebung herauslöst. Tatsächlich ging die skulpturale Aufwertung der Architektur mit der Stärkung ihrer stadtfeindlichen Gene einher.

Fazit: Aus diesem Dilemma ziehen viele den Schluss, wir sollten wieder vermehrt auf die Schönheit der Fassade achten, um unsere technisch und funktional modernisierte Architektur nicht aus ihren topografischen und urbanen Kontexten zu katapultieren. Die künstlerische Aufwertung der Fassade wird aber genauso zur Autonomisierung der Architektur beitragen, wie ihre Emanzipation zur Skulptur. Wir werden uns nicht auf ein allgemein verbindliches Decorum einigen können – das war schon den Historisten verwehrt. Es ist im Gegenteil so, dass die popkulturell motivierte Radikalveröffentlichung des nach Aufmerksamkeit gierenden Subjekts die Pseudoindividualisierung der Fassaden nach sich zieht. Die Städte werden immer bunter. Wie in der Frühgeschichte des Menschen spiegelt sich auch im Spätkapitalismus die Tätowierung der Körper in der Ornamentierung der Hütten. Auf diese Weise kommt es zu ästhetischen Kodifizierungen, die damals den Riten und heute der Mode gehorchen. Mit dem Unterschied, dass Riten langlebig sind und Moden rasch altern.

Meine Prognose lautet: So wie Semper sich zur Last legte, mit dem Polychromiestreit eine Welle bunter Architekturentwürfe ausgelöst zu haben, könnten wir uns schon bald darüber ärgern, eine „reichhaltigere Kultur der Fassade" gefordert zu haben. Das wäre aber nicht weiter schlimm, da ein ambitioniertes Bauen, das den Kunstanspruch der Architektur erfüllt, indem es sie autonomisiert, dem Stadtraum nicht schadet.

Ich halte es für unerlässlich, dass die Architektur in der Moderne ihren Kunstanspruch nicht aufgibt, weil sie sich sonst abschafft. Eine Kunst bleibt sie aber nur dann, wenn sie sich auf die eine oder andere Weise ästhetisch autonomisiert. Klug wäre es, wenn das Primat der Fassade eher *in* der Stadt und das Primat der Skulptur *vor* der Stadt gelten würde, doch soll uns auch der umgekehrte Fall nicht dazu verleiten, beides gegeneinander auszuspielen.

Denn es ist nicht die Konkurrenz unterschiedlicher ästhetischer Strategien, die uns Sorgen bereiten sollte. Ich sehe nicht, dass eine popkulturell aus dem Ruder laufende Fassadenkunst in Kumpanei mit einer eigensinnig auftrumpfenden Baukörperkunst Städte zerstört. Sie verstören uns – das ja, aber das ist auch notwendig, da sie niemals Überhand nehmen werden, während wir Gefahr laufen, uns mit historisierenden Fassaden über die ästhetische Verödung der neoliberalen Stadt hinwegzutrösten...

Strategien der Ästhetisierung der Architektur in der Moderne *(chronologisch)*:

1. Rekonstruktion der klassizistischen Ästhetik
   Autonomisierung des Baukörpers I (Loos)
2. Avantgardistische Reformulierung des Kunstanspruchs vormoderner Architektur
   Autonomisierung des Baukörpers II (Corbusier)
3. (postmoderne) Restaurierung des Kunstanspruchs vormoderner Architektur
   Imitation des Klassizismus und vormoderner Baustile
4. Neoavantgardistische Reformulierung des Kunstanspruchs vormoderner Architektur
   Autonomisierung des Ornaments (Herzog & de Meuron)

Die Abschaffung der Architektur
Zur Aktualität Giedions

Wer sich um die Architektur sorgt und in der Einbildung lebt, größere kultur-historische Zeiträume zu überschauen, wird die Augen nicht davor verschlie-ßen können, dass die okzidentale Baukultur von einem Wandel tiefsten Aus-maßes ergriffen ist, der sich freilich schon seit Jahrhunderten anbahnt. Was die neuere Baugeschichte unter Berufung auf das 18., 19. und beginnende 20. Jahrhundert als *Rationalisierung, Ökonomisierung* und *Ornamentverzicht* oder umfassender noch als *Modernisierung der Architektur* beschreibt, entpuppt sich, sobald man den Bogen von der Renaissance bis in die Gegenwart spannt, als eine Entwicklung, die nicht auf die Neugeburt der Architektur abzielt, sondern auf ihre Abschaffung. Wem das zu dramatisch und kulturpessimis-tisch klingt, wird vielleicht lieber sagen wollen, dass Schmuck und Farbe in der Popkultur mit dem Siegeszug der dekorativen Künste wieder zu Ehren gekommen sind.

Wertfreier fiele das Urteil so aus: Die Architektur ist über lange Zeiträume hinweg "introvertiert" und hat ihre ästhetische Ambition auf die Innenaus-stattung konzentriert, während ihre äußere Gestalt verkümmert und das umso offensichtlicher, desto treuer wir Wittgensteins berühmtem Diktum anhängen, *Architektur sei eine Geste.* Noch ahnen wir ja, was darunter zu verstehen ist: *Das Spiel der unter dem Licht versammelten Baukörper* (Le Corbusier) bzw. der plastische Eigensinn von Bauten, die vom Parthenon bis zur Elbphilharmonie eine spek-takuläre Reihe stilbildender Gebäude bilden. Aber wenn das wirklich so ist und Elbphilharmonie und Sydney Opera nicht weniger dazu gehören als Schinkels Berliner und Sempers Dresdner Bauten, dann hätte doch die Architektur die Moderne überlebt!

Das ist nicht leicht zu widerlegen. Andererseits dürfen wir nicht unterschätzen, dass die Dominanz und zunehmende Prachtentfaltung des Interieurs in Bauten, die keine Kirchen und keine Paläste sind, mit dem Verlust äußeren Glanzes erkauft ist. Man muss das nicht unbedingt mit Bedauern konstatieren. Überdies könnte man mir vorhalten, dass der antike Tempel, die gotische Kathedrale und die barocke Schlossanlage zu ihrer Zeit ebensolche Ausnahmen darstellten wie das Guggenheim-Museum in Bilbao heute. So hätte sich also nichts Wesentli-ches geändert?

Mit Giedion muss man widersprechen. Er hatte als erster den Perspektiven-wechsel der historischen Dimension vollzogen, von dem ich zu Beginn sprach. Schon in *Space, Time and Architecture* (1941) übersprang er deutlich die Grenzen, die Historiographen ziehen, die die moderne Architektur mit der Französi-schen und Industriellen Revolution beginnen lassen. Und in *Mechanization Takes Command* (1948) machen Sätze wie: „Im Mittelalter liegen die Wurzeln unserer

Existenz"[1] deutlich genug, dass unser modernes Dasein auf Vorstellungen basiert, die sich bereits fürs 15. und 16. Jahrhundert nachweisen lassen. Schon damals wurden Wünsche nach Bequemlichkeit laut, die bis dato völlig unbekannt waren. Denn Stühle und Sessel, die sich dem menschlichen Körper anpassen, gab es in Romanik und Gotik nicht.

Giedion schreibt: „Man hockte mehr, als dass man saß."[2] Die Menschen nutzten sämtliche Gelegenheiten, die die Architektur bot, sich niederzulassen, sie kauerten auf dem Boden, auf Podesten, Treppen, halbhohen Mauern oder Truhen, die entlang der Wände aufgereiht standen. Andere Sitzgelegenheiten gab es kaum, außer dreibeinigen Hockern, die gut zu den aufgebockten Tischen passten, an denen gegessen wurde. Hatte man fertig gespeist, wurde beides, die Hocker wie die Tische, aus dem Zimmer geschafft. In solcher Praxis offenbarte sich laut Giedion: „die Vorliebe für den freien, unverstellten Raum."[3]

Der Gedanke liegt nahe, dass sich das weltliche Mobiliar an den Klöstern orientierte, solange diese kulturelle Zentren waren. Mit dem neuzeitlichen Stadtbürgertum kam es allerdings zu einer folgenreichen Korrektur des mittelalterlichen Komfortbegriffs, der nun in die Richtung vermehrter Wohnlichkeit, Behaglichkeit und Bequemlichkeit tendierte. Giedion hielt dennoch daran fest, dass bis zum 18. Jahrhundert die *Einheit des Raumes* und damit das Primat der Architektur gewahrt blieb. Entsprechend konstatierte er für die Zeit bis zur Industrialisierung: „Es scheint diesen Jahrhunderten ein lebendiges Bedürfnis gewesen zu sein, dass der Raum dominiert und nicht das Mobiliar."[4]

Mir fällt das schwer zu glauben. Möglicherweise ist es ja richtig und falsch zugleich. Mit Vorliebe berücksichtigen Architekturtheoretiker nur das, was in ihre Theorien passt. Das gilt für Giedion und gilt auch für mich. Seine Kulturgeschichte der Mechanisierung sollte der Erkenntnis zuarbeiten, dass seit der Industrialisierung die Rationalisierung der Arbeits- und Lebenswelt nicht mehr „mit den unveränderlichen Gesetzen der menschlichen Natur in Einklang steht"[5] und ihnen sogar widerspreche. Seitdem überstehe auch die Architektur ihre Modernisierung nicht länger unbeschadet. So wie der Mensch über lange Zeiträume hinweg seine Maschinen beherrschte, habe die Architektur das Anwachsen des Komforts und Mobiliars souverän gemeistert und ihrem ästhetischen Diktat untergeordnet. Kurzum: die Menschen und ebenso die Architekten

1 Sigfried Giedion: *Die Herrschaft der Mechanisierung. Ein Beitrag zur anonymen Geschichte*, Frankfurt am Main 1982, S. 291
2 a. a. O. S. 296
3 a. a. O. S. 327
4 a. a. O. S. 339
5 a. a. O. S. 13 (Trotz und gerade wegen solcher ein wenig naiv und hilflos anmutender Sätze handelt es sich um ein außergewöhnlich reichhaltiges und politisches Buch, das merkwürdig spät ins Deutsche übersetzt wurde.)

hatten den technischen Fortschritt "im Griff". Ein Zustand, der sich erst mit der Industriellen Revolution änderte. Ab da galt: m*echanization takes command.*

Meine Annahme lautet etwas anders, wäre aber nicht ohne Giedions Ansatz zustande gekommen. Ich gehe davon aus, dass die Industrielle Revolution nur eine Entwicklung beschleunigte und radikalisierte, die weit früher eingesetzt hatte. Schon zur Zeit Palladios hatte die mit Hilfe der Villenbücher in den italienischen Architekturdiskurs eingeschleuste Rede von der *comodità*[6] eine europaweit wirksame Verbürgerlichung und Introversion der Architektur provoziert, in deren Verlauf die Gestaltung der Innenräume immer größere Bedeutung erlangte. Mag auch, wie Reinhard Bentmann und Michael Müller seinerzeit betonten, die *comodità* zunächst ein ökonomischer Begriff gewesen sein,[7] verstand sich die Villa suburbana von Beginn an als *paradiso terrestre*,[8] als irdisches Paradies bzw. Ort des geschützten und bequemen Wohnens.

Der Anthropozentrismus der Renaissance bezeichnet im Kern schon die Gefahr, die einer Architektur drohte, die ihr ästhetisches Vokabular und ihre künstlerische Bedeutung dem Umstand verdankte, Wohnsitz der Götter und nicht der Menschen zu sein. Architektur ist sakralen Ursprungs, das darf man nicht vergessen! Der aus ihrer Sakralität resultierende Kunstanspruch stellt sich zwischen das Bauwerk und die Menschen, die sich erst der Aufgabe widmeten, Gotteshäuser zu errichten, um sich dann in der Renaissance selber zum Nabel der Welt zu erklären. Albertis Ableitung der Säule aus der Wand[9] war bereits eine Profanierung, um die Baukunst den Menschen zu verpflichten. Ihr Bedürfnis nach Privatheit und Sicherheit wurde hundert Jahre später zum Hauptanliegen von Palladios theoretisierendem Mäzen Trissino.[10] In seiner Nachfolge gewann der einflussreichste Architekt des Okzidents die Überzeugung, das Privathaus und nicht das sakrale Bauwerk bilde den Ursprung der Architektur. Entsprechend leitete

---

6 Comodità lässt sich auf das lateinische commudus zurückführen, das als "kommod" in Bayern gebräuchlich ist für bequem und angenehm. Die Kommode hinwiederum macht deutlich, dass der Wunsch nach Bequemlichkeit und der zunehmende Gebrauch von Möbeln zusammen gehören. Das komfortable Leben verbündete sich eben viel lieber mit gemütlichem Mobiliar als mit ambitionierter Architektur!

7 Reinhard Bentmann/Michael Müller: Die Villa als Herrschaftsarchitektur, Frankfurt am Main 1979, S. 96

8 a. a. O. S. 72

9 Hierfür spricht nicht nur, dass er im 10. Kapitel des ersten Buches seiner De re aedificatoria (1443–1452) Wände und Säulen gemeinsam behandelt, sondern überdies die Säule definiert als „einen festen und ununterbrochenen Teil einer Mauer, die sich lotrecht vom Boden unten in die Höhe erhebt, um die Decke zu tragen." (Leon Battista Alberti: Zehn Bücher über die Baukunst, Darmstadt 1991, S. 51)

10 Vgl. Hanno-Walter Kruft: Geschichte der Architekturtheorie, München 1985, S. 93

er den Säulenportikus aus dem Wohnhaus ab.[11] Architektur bedurfte zu ihrer Legitimation nicht länger der Religion. Sie wurde unabhängig und unfrei zugleich als man ihren Gebrauchswert zu betonen begann.[12]

Mehr als konkrete Belege dafür, wie weit die Verbürgerlichung des Wohnens in der Renaissance schon gediehen war, zählt für mich die Tatsache, dass bereits im 16. Jahrhundert die architekturtheoretischen Weichen für eine Baukultur gestellt wurden, in der durch die Betonung der *comodità* allmählich das Möbel über den Raum und das Interieur über die Architektur zu triumphieren begann. Um die Tragweite dieses Wandels zu ermessen, der aus moderner Perspektive irreversibel scheint, muss bedacht werden, dass sich der ursprüngliche Kunstanspruch der Architektur der Aufgabe verdankte, die himmlischen und weltlichen Autoritäten zu *repräsentieren*. Gottheiten existieren in ihren Häusern nicht leibhaftig, drum ermöglichen ihnen Tempel und Kirchen nur ein Wohnen im übertragenen Sinne. Faktisch erfüllen sie symbolische Aufgaben. Statt Forderungen nach Bequemlichkeit nachzukommen müssen religiöse Rituale berücksichtigt werden. Das ist etwas völlig anderes als konkreten Zwecken entsprechen zu müssen.

Architektur, die repräsentiert, ist keine funktionale Architektur. Sie verfügt über große ästhetische Spielräume. Bevor sich einzelne Künste wie Dichtung, Malerei oder Musik in der säkularisierten Moderne autonomisierten, sich von traditionellen Kunstregeln lösten und unkonventionelle Ausdrucksmöglichkeiten fanden, hatte zuvor schon die Synthese von religiösem Schauer und ästhetischem Schein grandiose Wirkungen beim Publikum hervorgerufen. Hiervon hatte die Architektur am meisten profitiert und tut es bis heute, wenn durch bemalte Kirchenfenster das Sonnenlicht fällt, Pastelltöne auf den Boden zaubert und der festliche Choral zum Ornat des Priesters passt. Vergleichbare Effekte gelingen dem profanen Bauen nur im Film. Mit ihrer Verpflichtung erst auf den Menschen, dann auf die Ökonomie der Sparsamkeit und schließlich auf einen Kapitalismus, der den Massenkonsum fördert, verlor die Architektur an Würde und verwandelte sich in eine funktionale Disziplin, die ihren ästhetischen Auftrag nur mehr in kleiner Münze erfüllen darf.

---

11 Im Kapitel 16 des zweiten Buches heißt es: „Ich habe bei allen Villen (…) den Giebel auf der Fassade der Vorderseite (…) angebracht (…). Das machten auch die Alten (…) wobei es sehr wahrscheinlich ist, dass sie (…) den Entwurf der öffentlichen Gebäude von den Privatbauten und -häusern übernommen haben." (Andrea Palladio: Die vier Bücher zur Architektur, Zürich 1993, S. 190/191) Palladios Rede von den antiken öffentlichen Gebäuden schließt selbstverständlich die Tempelbauten mit ein.

12 Der Palladianismus und ihm folgend der Klassizismus waren erste Meilensteine auf dem Weg der Abschaffung und der Autonomisierung der Architektur. Unter dem Diktat der Ökonomie und von der Ästhetik der Erhabenheit angespornt, schwankt die klassizistische Fassade zwischen Pathos und Ornamentverzicht, Autonomie und Funktion. Kosten, die bei der Fassade eingespart werden, fließen zu einem kleinen Teil in die Innenausstattung. Es deutet sich bereits an, was den Bürger an Aristokratie und Halbwelt gleichermaßen abstoßen wird: "außen hui, innen pfui". Die Aufwertung des Interieurs und die Hygienisierung der Architektur gehen seit der Französischen Revolution Hand in Hand!

Natürlich stellt sich das Bauen weiterhin repräsentativen Aufgaben und entwirft Räume für öffentliche Zeremonien, doch ziehen sie nicht mehr unsere ungeteilte Aufmerksamkeit auf sich. Wir mögen uns fürs englische Königshaus interessieren und für Hollywoodstars, die in Schlössern leben, indessen nehmen wir die eigene Existenz kaum weniger wichtig und orientieren uns an den *Celebrities* bloß, um deren Habitus im Rahmen der uns gegebenen Möglichkeiten zu parodieren. Der entscheidende Unterschied zu früheren Zeiten besteht darin, dass mit dem Ende der Ständegesellschaft zunächst das Bürgertum und später mit der Aufhebung der Klassenschranken[13] auch die arbeitende Bevölkerung in den Genuss kam, das Leben der Großen im Kleinen imitieren zu dürfen.

Statt einer Yacht besitzen wir nur den Segelschein, doch versetzt er uns in die Lage, den Zipfel eines Daseins zu erhaschen, von dem frühere Generationen nicht mal zu träumen wagten. Mit der Digitalisierung unserer Tagträume und ihrer suggestiven Präsenz auf den Leinwänden und Bildschirmen, vor allem aber mit der massenhaften Materialisierung unserer Wünsche in Gestalt von Nippes, Tinnef und preiswerten Konsumgütern aller Art, hat die Attraktion der Architektur enorm gelitten. In konsumistischer Perspektive spielt sie kaum eine Rolle mehr. Bauen ist zu teuer und steigt noch im Preis, während alle anderen Massenprodukte immer erschwinglicher werden.

Aufgrund ihrer hohen Kosten hatte die Architektur keine Chance, von der Autonomisierung der Künste, die im 18. Jahrhundert einsetzte, auf Dauer zu profitieren. Boullée reagierte hierauf, indem er aufhörte zu bauen. Er wurde Maler,[14] um nicht korrumpiert zu werden. In der Folgezeit schloss man die Architektur aus dem Reich der Kunst aus. Und nicht anders als die strenge Kunst entwickelte auch die fidele Popkultur, die mit Hochwertigem wenig am Hut hat, kaum Interesse an der Architektur. Lieb und teuer ist den Jüngern des Pop nur der "dekorierte Schuppen" (Robert Venturi) und das, was er verbirgt: die bunte Warenwelt der großen Kaufhäuser und der Glamour von Las Vegas.

Der modernen Konsum- und Leistungsgesellschaft ist das Interieur zum großen Thema geworden, das dem Massenpublikum Anreize bietet zur finanziellen Verausgabung ohne groß Gefahr zu laufen sich zu ruinieren. Zugleich offeriert sie den von Burnouts bedrohten Workaholics Regeneration in aufgepeppten Innenräumen, die wie die römischen Thermen die Architektur den Luxusbedürfnissen gestresster Subjekte unterwerfen. Doch was im alten Rom eine Ausnahme war ist heute der herrschende Trend, der die Gebäude immer

---

13 Aufhebung der Klassenschranken heißt nicht Überwindung der Klassengesellschaft. Davon sind wir weit entfernt. Aber obwohl die Schere zwischen arm und reich auseinander geht, ermöglicht es die Konsumgesellschaft weiterhin breiten Bevölkerungsschichten sich mit den wichtigsten Statussymbolen (Auto, Flugreisen, Markenklamotten etc.) zu versorgen.

14 „Ed io anche pittore" lautete entsprechen das Motto, das er seinem Traktat "Architecture; essai sur l'art" voranstellte. (Vgl. Etienne-Louis Boullée: Architektur. Abhandlung über Kunst, Zürich 1987, S. 44)

unauffälliger und homogener, die Interieurs hingegen immer spektakulärer werden lässt. Ihm entspricht eine Gesellschaft, in der das Massensubjekt nicht reich aber „flüssig" genug ist, damit das Shoppen zur Lieblingsbeschäftigung werden konnte.

Da man uns in vielen Weltgegenden sehr um diese Tätigkeit beneidet, fällt es schwer, eine Gesellschaft zu verdammen, in der das Geld gerechter verteilt ist als anderenorts. Noch weniger dürfen wir beklagen, dass in unseren Städten weit mehr Paläste stehen als früher. Zwar residieren dort keine Fürsten mehr, dafür ist in ihnen der Kunde König. Drum wird man auch nur leise monieren wollen, dass die gegenwärtige Schlossarchitektur zu gigantischen Kisten verkommen ist, in denen Kaufrausch und Kitsch zur Freude aller Dekorateure und Szenografen fröhliche Urständ' feiern.

In einer Zeit, als die Architektur noch eine exklusive Veranstaltung war, wurden die Komfortbedürfnisse der Mächtigen durch religiöse Riten und höfisches Zeremoniell eingedämmt. Dieser Umstand eröffnete der Architektur enorme Möglichkeiten. Unter den vormodernen Kunstgattungen war sie die wichtigste. Um ihr Gelingen nicht zu gefährden, durfte mit Kosten und Mühen nicht gespart werden. Das ist lange her. Der mühelose Sieg der mobilen über die immobilen Wertsachen zeigt an, wie rasch die Architektur ihren privilegierten Status verlor. Durand erzog sie zur Sparsamkeit und verurteilte sie zu einer Armut, die sie hundert Jahre später dazu befähigte eine Aufgabe wie die Wohnung für das Existenzminimum zu bewältigen. War nun die Architektur auf ein künstlerisches Minimum festgelegt, konnte sich fortan das Interieur auf ein ästhetisches Maximum zubewegen.

Mit der Ökonomisierung der Architektur setzte auch die Denkmalpflege ein. Bezeichneten wir Alberti als Urheber des Anthropozentrismus der Architektur, dürfen wir ihn im gleichen Atemzug den ersten Denkmalschützer[15] nennen und erkennen, dass mit der Orientierung der Architektur auf den Menschen die Rückbesinnung auf die antike Baukultur einherging. Heutzutage reagiert auf die Abschaffung der Architektur der Tourismus, der Bildungsbürger in liebevoll restaurierte Kirchen, Klöster und Schlösser lockt, während die Massen in die historischen Innenstädte strömen. Unsere hübschen Wohnzimmermöbel und der Besuch des Kölner Domes helfen uns die Tristesse der gebauten Umwelt zu ertragen.[16]

Was folgt aus all dem? Wir dürfen die Introversion der Architektur nicht getrennt von der Entwicklung moderner Demokratien betrachten. Wollen wir weiterhin die Architektur im Unterschied zum funktionalen Bauen als eine

---

15 Alberti wurde 1447 von Papst Nikolaus V. in Rom zum Superintendenten für die Restaurierung bedeutender antiker Bauwerke ernannt. (Vgl.Kruft a. a. O. S. 45)

16 Worunter viele andere Länder noch viel schlimmer leiden müssen als wir, was der Fairness halber nicht unerwähnt bleiben darf.

Kunstform verstehen, die es verdient gegen übersteigerte Komfortwünsche verteidigt zu werden, müssen wir schauen, ob das mit den Erfordernissen einer säkularisierten Gesellschaft vereinbar ist. Hierbei hilft die Tatsache weiter, dass unsere Demokratie keine plebiszitäre ist.[17] Als repräsentative müsste sie eigentlich um ihrer eigenen Selbstdarstellung und Selbstvergewisserung willen höchstes Interesse an öffentlichen Bauten zeigen, denen es gelingt Inhalte zu symbolisieren, die sich weder funktionalisieren noch materialisieren lassen.

Architektur ist eine Geste und stiftet Metaphern für politische und kulturelle Ziele, die noch nicht oder nur in Ansätzen realisiert werden können. Das gegenwärtige Dilemma der EU besteht ja nicht allein darin, dass das große Ziel einer politischen Einigung im egoistischen Gezänk der Mitgliedsstaaten untergegangen ist. Hinzu kommt, dass man es versäumte, für das Europaparlament und andere wichtige Institutionen bei den Architekten keine Gebäude in Auftrag gegeben zu haben, die einen hohen Wiedererkennungswert besitzen. Schön groß und rund reicht hierzu nicht aus. Die Charakterlosigkeit verglaster Fassaden passt ausgezeichnet zur Gesichtslosigkeit bürokratischer Apparate. Der Verdacht liegt nahe, Europas Politiker hätten mit den Bauten in Straßburg und Brüssel nie mehr als den Eindruck kalter Glätte und Distanz schinden wollen.

Immer verheerender wirkt sich aus, dass die Realisierung identitätsstiftender Gebäude den internationalen Konzernen, Milliardären und deren Stiftungen überlassen wird. Die Refeudalisierung der Gesellschaft unter dem Damoklesschwert des marodierenden Finanzkapitals ist ein großes Übel. Das Gerücht, Amerikas künftige First Lady wolle nicht ins Weiße Haus ziehen, macht uns darauf aufmerksam, dass sich der Geldadel Zuhause am wohlsten fühlt. Dieses Gefühl teilt er mit Kleinbürgern, die auch am liebsten Daheim sind und an den Bildschirmen den Erfolgreichen dieser Welt hinterher träumen. Im Sog der politischen Restauration unserer Tage kündigt sich ein neues Biedermeier an, ein Rückzug ins Private samt sporadischem Abtauchen in Massenveranstaltungen, wo eine zum Ambiente reduzierte Schlagermusik die kollektive Restseele erwärmt.

Dass die Feier des Privaten ins Netz gestellt wird, macht die Sache nicht besser. Es trägt im Gegenteil zur Entpolitisierung der Öffentlichkeit weiter bei. Hierzu passt bestens, dass inzwischen nicht nur ambitionierte Architektur sondern auch die repräsentative Demokratie für volksfeindlich gehalten wird. Zu befürchten ist, dass mit der grassierenden Egomanie, dem Narzissmus und den postfaktischen Diskursen in den sozialen Netzen erst Schluss sein wird, wenn der neoliberale Spuk verraucht, seine kriminellen Profiteure bankrott und die rechten Populisten zu Fall gebracht sind. Täuschen wir uns nicht: das wird noch lange dauern. Aber dann „werden die straßen der städte wie weiße mauern

---

17 Ein Umstand, den zur Zeit die rechten Populisten lautstark bedauern, was dazu führt, dass die progressiven Kräfte derzeit vom Ideal der direkten Demokratie ein wenig abrücken ...

glänzen",[18] dann wird die öffentliche Hand wieder als selbstbewusster Bauherr auf den Plan treten und die Architektur in breiterer Front künstlerischen Ehrgeiz und Eigensinn entwickeln. Amen!

---

18 Loos wusste, dass eine Wiedergeburt der Architektur ihrer Resakralisierung gleichkommen würde, drum setzte er die zitierte Textstelle mit den Worten fort: „Wie Zion, die heilige stadt, die hauptstadt des himmels." (Adolf Loos: Trotzdem 1900-1930, Wien 1982, S. 80)

Fortschritt und Tradition

Wie beginnen? Bereits dort, wo die moderne Fortschrittsdebatte begann und Architekten mit im Boot saßen? Dann müssten wir zurück ins 17. Jahrhundert, in die Zeit der *Querelle des Anciens et des Modernes*, als Francois Blondel, der erste Direktor der Pariser Architekturakademie und der Anatom Claude Perrault, der die Louvre-Kolonnaden entwarf, die Schwerter kreuzten. Oder reicht uns das 18. Jahrhundert, als Rousseau die Bühne betrat und die Frage nach den sittlichen Erträgen von Kunst und Wissenschaft mit seiner Fundamentalkritik des Fortschritts beantwortete? Wäre mein Vortrag ein historischer, dürfte ich kaum später einsetzen.

Da ich mich aber an der Philosophie orientieren möchte, sollten fünfzig Jahre reichen, um genügend Abstand zu wahren zu einer Gegenwart, in der nur ökonomische und technische Erträge noch etwas zählen. Fragen Sie nicht, ob das zeitliche „In-Distanz-Gehen" irgendwas am Lauf der Dinge ändern könnte. Ich fürchte: nein. Immerhin können wir uns einbilden, auf diese Weise an einem Gedächtnis mitzubauen, das denen zugute kommt, die sich dazu entschließen, diese Gesellschaft zu verändern.

1.

Fünfzig Jahre zurück, sagte ich und starte daher mit einem Zitat, das mit einem leicht veränderten Halbsatz beginnt, den Theodor W. Adorno 1962 äußerte, in einem Vortrag über Fortschritt. Der zweite Teil besteht aus einer Aussage Peter Altenbergs, die noch ein ganzes Stück älter ist. Ich erlaube mir das, weil es Adorno selber war, der dieses und anderes von Altenberg in seinen Fortschrittsvortrag einbaute. Die Zitatcollage lautet: „der Fortschritt ereignet sich, wenn er endet und alle Menschen ganz fein, ganz zart, ganz liebevoll sein werden."[1]

Damit ist schon alles Wesentliche zum Thema gesagt, auch in Verbindung mit Architektur. Einige werden mir vielleicht zustimmen und das Zitat intuitiv für richtig halten. Um es auch zu verstehen, benötigen wir etwas Zeit und einen weiteren Satz aus Adornos Vortrag, der noch erklärungsbedürftiger ist. Er lautet: „Alles schreitet fort in dem Ganzen, nur bis heute das Ganze nicht."[2] Das klingt beinahe so rätselhaft wie das delphische Orakel. Beginnen wir zu fragen.

Was ist das Ganze? Es ist die westliche Zivilisation, die von einem Wirtschaftssystem geprägt ist, indem eine Minderheit über die Mehrheit der Produktionsmittel

---

1 Adorno schreibt wörtlich: „der Fortschritt ereignet sich dort, wo er endet", und zitiert eine Seite später aus einer Auswahl der Texte Peter Altenbergs, die Karl Kraus besorgte: „Alle Menschen werden einst ganz fein, ganz zart, ganz liebevoll sein". (in: Theodor W. Adorno: Stichworte. Modelle 2, Frankfurt am Main 1970, S. 37,38)
2 a.a.O. S. 35

verfügt, was weltweit zu Konflikten führt. Diese, sagt Adorno wörtlich, sind „so unvernünftig, schicksalhaft und bedrohlich wie von altersher".[3] In letzter Steigerung ist das Ganze *die Menschheit*, die immer schon, eben von altersher, durch Lebensnot und ungerechte Verhältnissen bedroht ist. Aus diesem Grund, heißt es im Text weiter, obliege der Menschheit laut Kant die wichtigste Aufgabe, die uns die Natur stelle: die Herstellung „einer vollkommen gerechten bürgerlichen Verfassung"[4], in der sich die Freiheit des Einzelnen vollzieht und wieder auflöst durch strenge Gesetze, die die Freiheit der anderen schützen.

Kant beschwört ein Ganzes herauf: die Totalität einer vollkommen gerechten Gesellschaft, und begründet das mit einer Absicht der Natur und nicht des Menschen. Das ist möglich, weil er der Natur Vernunft zuspricht und sie zu einem Produkt des Geistes macht. Eines Geistes, der sich auf die Natur „zurückprojiziert"[5], um seine Forderung nach der Versöhnung von Individuum und Gesellschaft, von Freiheit und Zwang, an eine idealisierte Instanz adressieren zu können.

Verstehe ich Adorno richtig, ist er der Ansicht, in Kants naturbefangener Versöhnungsabsicht spiegle sich die Dialektik des Fortschritts. Der Fortschritt ist Motor und Produkt zunehmender Naturbeherrschung und der Herrschaft des Menschen über den Menschen, doch fördert er auch die Befreiung des Bewusstseins aus dem Gefängnis der Tradition und stattet das Denken mit Kritikfähigkeit aus, damit es die gesellschaftlichen Widersprüche erkennen lernt und nach Möglichkeiten trachtet, sie zu überwinden.

Zur Erklärung bedient sich Adorno einer Metapher: „Mahnt das Bild der fortschreitenden Menschheit an einen Riesen, der nach unvordenklichem Schlaf sich in Bewegung setzt, dann losstürmt und alles niedertrampelt, was ihm in den Weg kommt, so ist doch sein ungeschlachtes Erwachen das einzige Potenzial von Mündigkeit"[6]. Mündigkeit meint, die Naturbeherrschung, der sich der Fortschritt verdankt, darf nicht unser letztes Wort sein. Erst wenn der Riese, der den ungezähmten Kapitalismus und die entfesselte moderne Technik verkörpert, stehen bleibt, kommt der Fortschritt ans Ziel. Das ist mit dem Satz gemeint: der Fortschritt ereigne sich dort, wo er ende.

Denn nun schritte nicht länger alles fort *in dem Ganzen,* sondern *das Ganze selbst.* Alle Unvernunft, die sich zur globalen Naturzerstörung zusammenschloss, wäre erschöpft und es entwickelte sich endlich die Menschheit weiter. Aber wohin? Zum Guten. Doch was ist gut? Kants vollkommene Gerechtigkeit? Selbstverständlich. Adorno schreibt, gut wäre sogar schon, wenn wir unsere Augen aufschlügen und das höchste Ziel allen Fortschritts erkennen würden: die „Idee

---

3 Theodor W. Adorno: Ohne Leitbild. Parva Asthetica, Frankfurt am Main 1973, S. 31
4 zitiert nach Adorno, Stichworte, S. 30
5 a.a.O. S. 36
6 a.a.O. S. 37

von Versöhnung"[7]. Sie findet ihr Bild in Altenbergs kindlicher Forderung nach einer Welt, in der „alle ganz fein, ganz zart, ganz liebevoll sind".

Die Abgründe dieses Wunsches teilen sich mit, wenn man bereit ist zu verstehen, dass „erst im Zeitalter der Bombe (gemeint ist die Atombombe, GdB) ein Zustand zu visieren ist, in dem Gewalt überhaupt verschwände."[8] Adorno war überzeugt, dass der Geist nur im Durchgang durch die Hölle, durch die Entwicklung mörderischer Technologien, in die Lage versetzt werde, das Projekt einer versöhnten Menschheit tatkräftig anzugehen, statt sich mit religiösen Erlösungsphantasien zu beruhigen. Und warum erst dann? Weil sich nach einem berühmten Marxschen Diktum der Überbau langsamer als der Unterbau umwälzt. Das Neue passiert, lange bevor wir es verarbeit haben. Drum hinkt der Geist den gesellschaftlichen Prozessen hinterher. Auch der Technik.

2.

Dies lässt sich an Kunst und Architektur gut ablesen, weil selbst dort aller Fortschritt zuallererst und in immer schnellerer Abfolge in Form neuer Methoden der Materialbeherrschung auftritt, bevor es zum qualitativen Sprung kommt. Auch in den Künsten schreitet das Einzelne – Techniken des Komponierens, Schreibens, Malens und Zeichnens – so lange fort, bis sich das Ganze, die Kunstgattung (Musik, Tanz oder Literatur etc.), endlich in Bewegung setzt. Aber worauf bewegt sie sich zu? Auf Versöhnung? Auf Schönheit? Das war einmal. Die Moderne stellt an die Kunst offenbar den denkbar höchsten Anspruch: den auf Wahrheit.

Immer wenn Adorno davon spricht, was den Kunstwerken wesentlich ist, ihr Gehalt, geht er davon aus, dass es sich um ihren „Wahrheitsgehalt" handelt. Emphatische Werke sprechen die Wahrheit aus über Mensch und Gesellschaft. Nicht diskursiv wie die Philosophie, sondern vermöge ihres mimetischen Impulses derart, dass zum Zuge kommt, was den Begriffen entgeht. Begriffe bringen ein Allgemeines zum Ausdruck, das auf ein Besonderes gemünzt ist. Im Akt des Begreifens wird es verstanden und geht doch auch verloren.

Ist der Wahrheit mit Wissenschaft beizukommen? Adorno bezweifelt es in Übereinstimmung mit seinem Antipoden Heidegger. Mehr als im logischen Verstand ist Wahrheit in den Kunstwerken geborgen, da diese selber etwas Besonderes sind. Auch als mit kaltem Verstand konstruierte und als Resultate des reiflichsten Nachdenkens ergreifen sie Partei für das, was unter die Räder der Objektivation zu kommen droht. Natürlich geht einem nicht leicht über die Lippen, was das sein könnte. Ich traue mich dennoch und sage, in der Kunst werden Konkretionen mannigfachen Leidens und singulären Glücks erfahrbar.

---

7 a.a.O. S. 34
8 a.a.O. S. 41

Selbst sie sind durch technischen Fortschritt vermittelt. Adornos ästhetische Theorie war darin modern und vormodern zugleich, dass sie die Verfahren, die Architekten und Künstler bei der Produktion ihrer Werke anwenden, ohne Umschweife als Technik beschrieb. Modern war dies, weil die Mehrheit seiner Philosophenkollegen kreative Prozesse in der Kunst nicht mit Begriffen aus Alltag und Industrie beschmutzt sehen wollte. Technischen Sachverstand erhoffte man sich von Ingenieuren, nicht von Künstlern, obschon beispielsweise die Elektronik kaum weniger Einzug in die Neue Musik als in die Mediamärkte gehalten hat.

Adorno registrierte die mit der modernen Technik verbundenen ästhetischen Innovationen mit Interesse und Bedenken. Seine Skepsis war schuld, dass er den Begriff der Technik stets auch in vormoderner Weise benutzte. Der Aufsatz *Musik und Technik* (1958) beginnt mit den Worten: „Die griechische Bedeutung des Wortes Technik verweist auf deren Einheit mit der Kunst."[9] So wie der Fortschritt ambivalent und ein Machtinstrument ist um des höheren Zwekkes willen, Herrschaft zu brechen, ist auch die Technik ambivalent, da sie dem Kunstwerk innerlich und äußerlich zugleich ist, identisch und nicht-identisch ist mit seinem Gehalt.[10] Technik stellt eine notwendige Bedingung von Kunst und Architektur dar, darf mit ihnen aber nicht verwechselt werden.

Als ich 2008 mit dem Begriff der „enzyklopädischen Architektur" zeigen wollte, dass die Moderne nur zum Teil in die Architektur einwandern konnte und zum andern Teil an ihr abprallen musste, weil es sonst keine Architektur mehr geben würde – da hatte ich dies damit erklärt, dass Architektur Kunst und Wissenschaft zugleich sei. Richtiger wäre, sie eine τέχνη zu nennen. Sie behauptet die Einheit von Kunst, Wissenschaft und Handwerk, so wie dies die Architektur tausende von Jahren praktiziert hat. Drum gibt's ja auch keine Krise der Architektur, die sie selbst verschuldet hat. Es ist vielmehr so, dass sie sich seit Anbruch der Moderne dem Problem konfrontiert sieht, ob sie eine τέχνη bleiben kann oder nicht. Die Adorno-Lektüre macht darüber hinaus klar, dass die Architektur in ihrer Frontstellung gegen die Moderne das Schicksal aller Kunst teilt, das da lautet: zunehmende Technifizierung als Preis des Fortschritts.

Ich sprach schon davon, dass sich der Fortschritt auch in den Künsten als technischer zu erkennen gibt. Das muss man dann nicht bedauern, wenn, wie es oft der Fall ist, das technisch avanciertere Kunstwerk das Stimmigere ist. Falsch wäre, hieraus zu folgern, das Ausgeklügelte habe immer einen Vorteil gegenüber dem Schlichten. Das Simple verblüfft uns ja oft genug, und das Alte schlägt uns sowieso in Bann, ob einfach oder kompliziert. Das zeigt sich, wenn wir in einer modernen Umgebung wie der Sendlinger Straße in München auf eine 250 Jahre alte Kirche stoßen – die von den Brüdern Asam – oder in einem noch älterem

9 Theodor W. Adorno: Musikalische Schriften I-III. Gesammelte Schriften Band 16, hg. v. R. Tiedemann, Frankfurt am Main 1978, S. 229
10 Ebenda

Gemäuer gregorianischer Gesang an unsere Ohren dringt oder verblasste Fresken zu sehen sind, deren Schöpfer nur einen Bruchteil der Techniken beherrschte, über welche die niederländischen Meister geboten.

Die Technik schreitet ja nicht nur voran und erschließt Neuland, sie verschüttet zugleich altes Terrain, wodurch viel Know-How verloren geht. Sicherlich liegt ein wichtiger Aspekt der Wiederbelebung alter Techniken darin, dass wir uns ihrer so vergewissern, dass sie nicht nur im Museum ihren Niederschlag finden, sondern ebenso in zeitgenössischen Werken. Bachs Fugentechnik war so rasch vergessen, dass man schon fünfzig Jahre später auf Mittel und Wege sinnen musste, um sie sich wieder aneignen zu können. Später zeigte sich, dass das letzte Wort über die polyphone Musik noch nicht gesprochen war. Gleichwohl wird man sich hüten, alte Verfahren wie Umkehrung, Spiegelung und Krebs in den Zwölftonkompositionen der zweiten Wiener Schule für legitimer zu halten als zu Zeiten Bachs. Keiner wird Schönberg über Schütz stellen wollen (oder seinen Freund Adolf Loos über Fischer von Erlach).

3.

Erinnern wir uns nochmals Adornos ungeschlachten Riesen, der als Verkörperung einer Natur zerstörenden Technik verbrannte Erde hinterlässt. Zu ergänzen wäre, dass er, obschon selber der Welt des Märchens entsprungen, die Tradition mit zertrampelt. Die Protagonisten der modernen Bewegung bedauerten das nicht. Im Unterschied zu uns. Brauchtumspflege steht wieder hoch im Kurs. Eine Folge davon ist, dass wir in traditionalistischen Bauten ein schwer zu verschmerzendes Auseinandertreten von Technik und Gehalt registrieren. Dies kommt daher, dass an die Stelle eines gegenwartsbezogenen Inhalts, der mit der zeitgenössischen Technik korreliert, Vergangenes tritt, das von den Wahrheiten zeugen soll, die vom Fortschrittsriesen verscheucht wurden.

Der Tradition haftet in der Moderne etwas von der Wiederkehr des Verdrängten an. Umso mehr die Technifizierung unserer Welt voran schreitet, desto häufiger begegnen wir traditionalistischen Reflexen. Zum Beispiel in Gestalt von Trachtenvereinen oder Konzerten mit historischen Instrumenten, die, obschon lange ausgestorben, wieder gebaut, gekauft und unterrichtet werden. Viele sind stolz auf historische Bauten, die, zerstört von Bomben oder Abrissbirnen, neu vor unsren Augen entstehen. Manchmal an einem anderen Platz oder sogar in einer fremden Kultur. Recht besehen immer in einer fremden Kultur, da mit dem Abriss alter Bauten auch unser Bezug zu den Lebenswelten abriss, denen sie Raum boten. Aus diesem Grund darf man getrost behaupten, dass wir Europäer Gotik oder Barock nicht näher stehen als Amerikaner und Chinesen, zumal die Popkultur Züge eines globalisierten Rokoko trägt.

Immerhin: das rekonstruierte Berliner Schloss soll in Berlin zu stehen kommen. Wird es sich mit der gleichen Konsequenz an die Stelle des Fortschritts setzen, wie dieser die Tradition verdrängte? Dumme Frage – natürlich nicht und wenn, dann nur dem Scheine nach, da der Fortschritt, reduziert auf Technik und Ökonomie, stets Herr aller Verfahren bleibt. Gleichwohl ist in ihm eine Leerstelle entstanden, die von der Tradition besetzt werden kann, aber nur deshalb, weil wir das höchste Ziel des Fortschritts, „die Idee der Versöhnung", aus den Augen verloren haben. Deshalb macht es uns ja auch nichts aus, dass bei der Rekonstruktion „der guten alten Zeit" Traditionen und Technologien aus verschiedenen Epochen aufeinanderprallen. Sie werden nicht miteinander versöhnt, sondern zusammengebunden wie die Braut mit dem ungeliebten Bräutigam, der von ihren Eltern ausgesucht wurde.

Ich sagte schon, dass wir trotz oder gerade wegen des Misstrauens, mit dem die modernen Architekten und Künstler auf die Tradition reagierten, eine positive Einstellung zum Historischen gewonnen haben. Ja, wir sind nicht viel anders als die Menschen des 19. Jahrhunderts „Historisten", wie man sowieso den Verdacht schwer loswird, dass die erste Hälfte des zwanzigsten Jahrhundert das achtzehnte und die zweite das neunzehnte aktualisierte, in dessen Kielwasser wir ziellos weiter treiben.

Was ist dieses Positive, das wir nun schon seit einigen Jahrzehnten der Tradition abgewinnen? Zum einen sind es Bedürfnisse und Erfahrungen, die in der fortgeschrittenen Moderne keinen Platz finden – man könnte auch sagen, wir vergewissern uns in Konventionen und Bräuchen unseres Unvermögens, mit der Zeit zu gehen. Ich spiele damit auf kein individuelles Unvermögen an, das man abstellen könnte, sondern auf das, was Günther Anders die „Antiquiertheit des Menschen" nannte, die seiner Anpassung an die Moderne eine Grenze zieht und gegen das rebelliert, was er selber zu verantworten hat – die aus dem Ruder gelaufene Technik.[11] Zu ergänzen wäre: unsere Antiquiertheit blüht längst nicht mehr nur im Verborgenen, sie hat ihr Ventil in der immer selbstbewusster auftrumpfenden Berufung aufs Traditionelle gefunden.

Zum zweiten manifestieren sich in der Tradition nicht nur vormoderne Formen der Unterdrückung, obschon unbestreitbar alles, was Tradition ausmacht, in Zeiten entstand, als die Menschen durch die Autorität der Kirche und absolutistischer Herrscher gegängelt wurden. Und dennoch: Traditionen bergen Freiheitsmomente. Auch das lässt sich wieder an der Kunst zeigen, deren Fortschritt eine umgekehrte Proportionalität aufweist, da sich über die Jahrhunderte hinweg die Spielräume der ausführenden Künstler in dem Maße einschränkten, in dem die Freiheiten der anleitenden Künstler zunahmen.[12]

John Ruskin beschrieb diesen Umstand in den *Steinen von Venedig* im berühmten Kapitel „Das Wesen der Gotik".[13] Dort ergriff er Partei für den fröhlich

---

11 Günther Anders: Die Antiquiertheit des Menschen. Über die Seele im Zeitalter der zweiten industriellen Revolution, München 1980
12 Gerd de Bruyn: Was sind anleitende Künste?, in: ach. Ansichten zur Architektur, Heft 43, 2010 S. 2-5
13 John Ruskin: Steine von Venedig, Band II, hg. v. W. Kemp, Dortmund 1994, S. 184 ff.

gestimmten mittelalterlichen Steinmetz, der, wie er sagt, mit großer Freiheit sein Material behaue und aneinanderfüge. Im Unterschied zum modernen Proletarier, der unter den Bedingungen entfremdeter Arbeit noch größerer Knechtschaft erleide als der antike Sklave. Der gotische Handwerker verdient noch Künstler genannt zu werden, ein ausführender, gewiss, der Fabrikarbeiter ist nicht mal das. Die ausführenden Organe sind in der Moderne die Maschinen, welche präzise berechnete Baustoffe produzieren, die bestens zu den Plänen von Architekten passen, deren Angaben immer genauer sind. Wie die Partitur eines Komponisten, der alles wichtig nimmt und alles notiert.

Durchs Radio erfuhr ich von einem Stück Karl-Heinz Stockhausens, das sogar Körperhaltung und Mimik der ausführenden Musiker festlegt. Das ist, so kurios es klingt, ein gutes Beispiel für den Fortschritt in der Kunst: denn beide, Architekt und Komponist, möchten ihre Kompetenzen ständig erweitern und immer weniger davon an die abgeben, die bauen und musizieren. Deren Freiheitsverluste werden auf dem Konto der modernen Kunst als Zugewinn ästhetischer Autonomie verbucht.

Traditionelle Musik und Architektur sind anders gepolt, weshalb die eine im Jazz, die andere im partizipatorischen Bauen fröhliche Wiederkehr feiert. Selbstverständlich geht damit ein Rückfall hinter den erreichten Stand des ästhetischen Materials einher, da man Regeln aktualisiert, die ihre Bedeutung längst eingebüßt haben. In den autonomen Künsten sehr schnell und in den zweckgebundenen Künsten kaum langsamer. Ihnen stand der Mythos des Funktionalismus zur Seite, der propagierte, Architektur sei keine Kunst, um unter dem Anschein ihrer Nützlichkeit die alten Regelwerke zu Fall zu bringen. Als es soweit war, unterwarf man das Bauen ebenso konsequent einer ästhetischen Modernisierung wie die anderen Künste auch.

Loos hatte behauptet, die Menschen würden das moderne Haus lieben und die moderne Kunst hassen[14], doch kam es anders: die Menschen lehnten beides ab, da das Neue Bauen trotz des Funktionalismusgebots so unzugänglich wirkte wie „abstrakte Kunst". Der Zorn, der aufkam, als man die Finten der Modernisten durchschaute, wiegte die Postmodernisten im Glauben, man könnte die Gegenständlichkeit in der Malerei, die Tonalität in der Musik und die Tektonik in der Architektur wie einen unvorsichtigen Spaziergänger reanimieren, den man aus dem Wannsee gezogen hat. Eines ist immerhin richtig: wir sehen die moderne Architektur, die sich als Statthalter des Fortschritts gebärdete, nicht mehr am Ende der Entwicklung, die Giedion in *Space, Time, Architecture* (1941) aufgezeigt hat, sondern in einer Reihe gleichberechtigter stilistischer Möglichkeiten.

Sie erinnern sich: Giedion hatte seinen Bestseller im Untertitel *Die Entstehung einer neuen Tradition* genannt. Trotzdem er Sekretär der CIAM war, gefiel es ihm

---

14 Adolf Loos: Trotzdem 1900-1930, hg. v. A. Opel, Wien 1981, S. 101

nicht, die moderne Architektur zum gloriosen Ende der Baugeschichte zu erklären. Als Kunsthistoriker und Schüler Wölfflins wusste er, die Geschichte würde weitergehen, und als gelernter Maschinenbauer war ihm klar, dass auch der technische Fortschritt die Architektur seiner Weggefährten überrennen würde. Um ihnen dennoch eine herausragende Rolle zuzubilligen, feierte er Mies van der Rohe, Gropius und Le Corbusier als Begründer einer „neuen Tradition" und hoffte durch den Widerspruch, der sich darin ausdrückt, der Zerrissenheit seiner Zeit begegnen zu können.

4.

Ich bin ein wenig abgekommen, weil ein Gedankengang noch nicht abgeschlossen ist. Es geht um das Freiheitsversprechen traditioneller Kunst. Das Korsett ihrer Regeln legten die modernen Künstler ab, um nach Luft zu schnappen. Aber das galt eben nicht für alle. Manche trugen es weiter, weil es Sicherheit bot für ihre Art der Entfaltung. Es wäre ja der Spielwitz einer Jazz-Combo ebenso zum Absturz verurteilt wie die Improvisationsfreude eines Organisten ohne das Auffangnetz der alten Stufenharmonik. Fürs Bauen gilt das Gleiche. Nicht nur Ruskins Steinmetz genoss Freiheiten. Auch die alten Architekten bewegten sich souverän innerhalb der antiken Proportionsregeln und Säulenordnungen und machten aus drei Ordnungen vier, fünf und mehr.

Die traditionelle Ästhetik offeriert Freiräume auf einem umzäunten Schulhof, der Platz für individuelle Deutungen bietet, die noch Venturis pummelige Säule im Oberlin-College einbegreifen. Vor wenigen Jahren lebte gar die Schönheitsdebatte wieder auf. Von den Rheinterrassen nahm sie ihren Anlauf, und so mancher wird unken, wäre sie doch in Düsseldorf geblieben, da schon das 19. Jahrhundert sie unter sich begraben hatte. Aber was heißt da schon? Alles, was lange vorbei ist, harrt in der Moderne seiner Chance wiederentdeckt zu werden. Für diesen Mechanismus haben wir ein Wort: Mode. Sie ändert freilich nichts daran, dass die Subjektivierung der Kunst die Autorität der Regeln auf die Autorisierung des Künstlers verlagert hat. Modernen Autoren liegen wir zu Füßen oder misstrauen ihnen zutiefst und beides aus gleichem Grund: weil sie die Regeln, nach denen sie verfahren, selbst aufgestellt haben. Ihre Autonomie imponiert und ist ein Skandal. Drum waren moderne Architektur und Kunst von Anfang an umstritten.

Ich sagte, in der Besinnung auf Tradition komme uns zweierlei zu Bewusstsein: die Eigenschaften des Gattungswesen Mensch, die sich dem Fortschritt verweigern, und verlorene Freiheiten. Es kommt noch ein Drittes dazu: die soziale Solidarität vormoderner Künstlerkollektive. Warum kokettierte das Weimarer Bauhaus mit einer Wiedergeburt der gotischen Bauhütte? Weil in den alten Geheimbünden Vorboten einer versöhnten Menschheit vermutet wurden. Selbstverständlich war die künstlerische Kreativität auf das moderne Individuum übergegangen und ins Geniale gesteigert worden, doch nur, damit sie von dort wieder den Weg zurück in die Gesellschaft finden sollte. Ganz im Sinne Altenbergs, der schrieb: „Der ‚Einzige' sein, ist wertlos, eine armselige Spielerei des Schicksals mit einem Individuum. Der ‚Erste' sein ist alles! er weiß, die ganze Menschheit kommt hinter ihm!"[15]

Kommt sie wirklich hinter ihm? Bisher scheint es nicht der Fall, oder nur in einer Weise, die schwer zu akzeptieren ist, sofern man der Meinung ist, die Menschheit halte sich im Internet versteckt, das die großen Autoren verschmäht und die kleinen zu Wort kommen lässt. Glücklicherweise wollen sich nicht alle am ätherischen Gemurmel beteiligen, da sie den Verdacht hegen, dass die Botschaften, die das twitternde Massensubjekt verbreitet, weit hinter die Inhalte zurückfallen, wofür die alten Kunstkollektive einstanden.

In unseren Tagen scheint das moderne Subjekt so geschichtsbegeistert wie geschichtsverlassen. Das wie die Polkappen abschmelzende Bildungsbürgertum redet mit ähnlicher Begeisterung der Geschichte das Wort wie das Massenpublikum auf dem Münchner Oktoberfest sich in seiner Trachtenkostümierung gefällt. Beide Male geht es um Bildung. Die einen verlieren sie, die andern nehmen sie in kleinsten Dosen zu sich. Während sich diese Umverteilung geistiger Privilegien vollzieht, steuern wir alle, ob als Intellektuelle mit historischen Romanen unterm Arm, als Ingenieure mit Perry-Rhodan-Heftchen oder Betriebswirtschaftlerinnen mit Fantasies im Gepäck auf einen gemeinsamen Knotenpunkt zu. Er ist unsere Zukunft, in der leere Köpfe mit allwissenden Maschinen interagieren. Leer werden die Köpfe sein (obschon bis zum Bersten voll gestopft mit überflüssigen Daten[16]), weil bis dahin die mangelnde Urteilskraft der Maschinen auf die Menschen übergegangen sein wird. Statt von Maschinen könnte ich auch von Drohnen sprechen, da es vermutlich handlungstheoretisch egal ist, ob wir ein Spielzeugschiffchen fernsteuern oder mit Bomben bestückte unbemannte Flugzeuge, die im Jemen oder in Pakistan Menschen töten.

Da letzteres offenbar auch von Stuttgarter Boden aus passiert, dieser urbanen Idylle, in der die Rebhänge bis in den Stadtkern ragen, wäre es ein hoffnungsvoll stimmendes Zeichen, wenn wenigstens ein Teil der gegen Stuttgart 21 protestierenden Bürger gegen diesen unvergleichlich schlimmeren Verstoß gegen die Menschlichkeit aufbegehren würde, der ja auch im Namen des Fortschritts geschieht. Die Drohnen stehen für die *Progressivität* des Westens, die von der *regressiven* Weltanschauung des Islam bedroht wird. Und von der Hybris der Russen, die mit ihren illegitimen Hegemonieansprüchen die legitime Osterweiterung der EU behindern. Und von der Unvernunft der Chinesen, ein Anrecht auf Inseln zu äußern, die ihrem Land vorgelagert sind. Um sich

---

15 Zitiert nach Adorno, Stichworte, S. 38
16 Bereits Platon hat im Phaidros ausgesprochen, was von der Ansammlung großer Datenmengen in menschlichen Köpfen zu halten ist: „indem sie nun vieles gehört haben ohne Unterricht, werden sie sich auch vielwissend zu sein dünken, obwohl sie doch unwissend größtenteil sind und schwer zu behandeln, nachdem sie dünkelweise geworden sind statt weise." (Platon, Werke. Band 5, hg. v. G. Eigler, Darmstadt 1981, S. 177)

172

vor Augen zu führen, was da gerade passiert, muss man sich bloß vorstellen, die USA und Kanada würden sich um Prince Edward Island streiten und die Chinesen befehlen einen ihrer Flugzeugträger dorthin...

Die avancierte Militärtechnik des Westens steht für einen Fortschritt, der nicht die Zivilisten in den Einsatzgebieten schont, sondern die Nerven von Piloten, die an Kriegsspielkonsolen sitzen und das Unheil, das sie anrichten, nicht mit ansehen müssen. Das ist schon deshalb clever, weil sie so von den Traumata der Soldaten vor Ort verschont bleiben, die langwierige und kostspielige Behandlungen nach sich ziehen.

Tief in uns verborgen haust die Ahnung, dass wir schon zu lange am Outsourcing der aggressiven, unappetitlichen und unökonomischen Aspekte des Fortschritts profitieren. Wir alle sind an dieser Entwicklung mitschuldig: auch die Hochschullehrer, die sich aus der Lehre in eine Forschung abdrängen lassen, die in die Abhängigkeit der Industrie geraten ist. Inzwischen sogar der Rüstungsindustrie und Militärpolitik.[17] Mitschuldig werden auch Architekten, die sich nötigen lassen, ihre Kunst zum Geschäft zu machen und den anonymen Verflechtungen von Macht, Kapital und Militärtechnik mit ihrer „Ästhetik der Undeutlichkeit" Vorschub leisten, die auf der Ideologie der Neutralität basiert.

Ich hätte nicht gedacht, dass ich mich mal zu dem Satz fortreißen lassen würde, dass ein einschüchterndes Gerichtsgebäude der wilhelminischen Klassenjustiz ehrlicher ist als die dezent bis heiter gestimmten Fassaden unserer Zeit. Gäbe es so wie im Kino auch in der Bauwirtschaft eine freiwillige Selbstkontrolle, dürfte die Begegnung mit zeitgenössischen Häusern bedenkenlos ab 6 Jahren freigeben werden, egal, ob in ihnen die NSA spioniert, große Koalitionen ausgeheckt oder Waffen hergestellt werden. Man sieht's ja nicht.

Unsere Hände sind kaum weniger befleckt als die der Politiker und Militärs, die vorgeben, in unsrem Namen zu handeln. Das Blut der Stacheldrahtzäune klebt daran, die den von Hunger, Drohnen und Bürgerkriegen verfolgten Afrikanern den Weg nach Europa versperren. Und wir stehen in Kumpanei mit Frontex, der Agentur für die operative Zusammenarbeit an den Außengrenzen Europas, die den Flüchtlingen, die zu weit gekommen sind, ein nasses Grab im Mittelmeer bereitet. Von 6,2 Millionen Euro im Jahre 2005 wuchs der Haushalt dieser obskuren Agentur in nur fünf Jahren auf 88 Millionen Euro an. Wir bessern unter der Hand deren Budget ständig auf, um immer lautstärker mit Amnesty und Pro Asyl gegen Menschenrechtsverletzungen zu protestieren, die an Europas Grenzen geschehen. Das ist so absurd wie die Tatsache, dass unsere Tierliebe mit der Größe der niedersächsischen Schlachthöfe zunimmt.

---

17 tagesschau.de meldete am 25.11.2013 unter der Überschrift *Pentagon finanziert deutsche Forschung*: „Das US-Verteidigungsministerium hat in den vergangenen Jahren mit mehr als zehn Millionen Dollar Projekte an 22 deutschen Hochschulen finanziert, teils für Grundlagenforschung, teils für Rüstungsforschung. Dabei sind auch Universitäten, die sich friedlicher Forschung verpflichtet haben." http://www.tagesschau.de/inland/usmilitaershochschulen100.html

Ich weiß: es ist nicht fair, einen Vortrag über Architektur so bitter enden zu lassen. Mir ist nicht besonders wohl dabei, auch fühle ich mich nicht zum Schwarzsehen berufen. Leider gibt es für ein Fortschrittsreferat keinen versöhnlichen Schluss. Nicht in unsrer Zeit. Es ist die Verstrickung unseres Wohlstands in ein Unrecht, das hierzulande und fern von uns geschieht, die verhindert, dass der Fortschritt endet, um sich zu ereignen. Und die ebenfalls verhindert, dass die Architektur fein und der Mensch liebevoll wird.[18]

---

18 Der Grad der Unwissenschaftlichkeit, der dieser Aussage anhaftet, zeigt den Grad an, in dem Wissenschaft sich entmenschlicht hat. Kulturkritik ist für die einen romantischer Unfug, für andere eine Widerstandsform gegen die grassierende Betriebsblindheit forschender Kolleginnen und Kollegen.

Quellen

Mumifizierungen. Kontakte, Antrittsvorlesung vom 23.10.2001, publiziert in: der architekt, Zeitschrift des BDA, Heft 5, Mai 2002, S. 11-16

Architekturnorm und Nomadentum, in: Annett Zinsmeister (Hg.): Plattenbau oder Die Kunst, Utopie im Baukasten zu warten, Hagen 2002, S. 35-43

Plädoyer für die Ketzer und Pioniere. Theorie einer heterogenen Architektur, in: architektur_theorie.doc. texte seit 1960, hg. v. Gerd de Bruyn u. Stephan Trüby, Basel 2003, S. 13-33

Populismus oder: How to become a Famous Architect?, in: db deutsche bauzeitung, Ausgabe 2/2003, S. 19-22

Die Geburt der Moderne in der Provinz, in: der architekt, Zeitschrift des BDA, Heft 3-4, April 2004, S. 56-59

Überdruss und Überfluss, Architektonische Umwertungen, in: K1 Transfer (Ausstellungskatalog für das Deutsche Architekturmuseum), hg. v. der Fakultät für Architektur und Stadtplanung, Universität Stuttgart 2005, S. 44-51

Abwesende Schrift und monströse Stille – Architektur und Aisthesis, Vortrag für das Dresdner Internationale Symposium für Architektur im Juni 2004, publiziert in: Aesthetics and Architectural Composition, hg. v. Ralf Weber u. Albrecht Amann, TU Dresden 2005, S. 22-30

Building Codes und Design Codes oder: Votum für die Einheit von Theorie und Praxis, Vortrag für das Symposium Architektur & Theorie im November 2005 in Frankfurt am Main, publiziert in: Architektur & Theorie. Produktion und Reflexion, hg. v. Luise King, Hamburg 2009, S. 72-91

Der Wettstreit der Laubenvögel. Eine Tierfabel, gekürzte und veränderte Version eines „Architekturkrimis", in: der architekt, Zeitschrift des BDA, Heft 3/2012, S. 34-40

Architektur im Zeitalter der Paranoia oder: Urhütten im Schrebergarten, in: 5 Codes. Architektur, Paranoia und Risiko in Zeiten des Terrors, hg. v. Gerd de Bruyn, Stephan Trüby u. a., Basel 2006, S. 64-75

Raumdogma und Architekturbild. Ein Beitrag zur Adolf-Loos-Forschung, in: ach. Ansichten zur Architektur, hg. v. Arno Lederer, Nr. 27, Mai-Juni 2007, S. 3-7

Technik, Ingenieur und Architekt. Bilanz einer spannungsreichen Beziehung, Vortrag für das 60jährige Jubiläum des IEK am 10.12.2009, publiziert in: Festschrift zur Jubiläumsveranstaltung, hg. v. J. L. Moro, Stuttgart 2010, S. 38-50

Architektur und Natur, in: Günter Pfeifer. Zwischenräume. Bauten und Projekte 1975-2010, Freiburg 2012, S. 7-15

Enzyklopädismus und kontrollierte Regression – Versuch einer architekturtheoretischen Definition der Architektur, in: Architektur im Museum 1977-2012. Winfried Nerdinger, hg. v. Uwe Kiessler, München 2012, S. 38-45

Scienza specualtiva oder: das 'Geheimnis des Ganzen'. Zur architektonischen Einheit von Wissenschaft, Kunst und Technik, Vortrag für das Kolloquium *Architektur – Wissenschaft* am 11.05.2012 in Braunschweig, publiziert in: Jahrbuch 2012 der Braunschweigischen Wissenschaftlichen Gesellschaft, S. 226-236

Tractatus Decorum, Vortrag für die 3. Konferenz zur Schönheit und Lebensfähigkeit der Stadt in Düsseldorf März 2012, publiziert in: Konferenz zur Schönheit und Lebensfähigkeit der Stadt 3, hg. v. Christoph Mäckler u. Wolfgang Sonne, Sulgen 2013, S. 69-72

Die Abschaffung der Architektur. Zur Aktualität Giedions, noch unveröffentlichter Aufsatz von 2016, verfasst für einen Sammelband zum 70. Geburtstag Eduard Führs.

Fortschritt und Tradition. Ein dialektischer Exkurs, Vortrag für das 18. Berliner Gespräch zum Thema *Fortschritt* 2013, publiziert in: der architekt, Zeitschrift des BDA, Heft 1/2014, S. 32-39

Namensregister

Die kursiven Zahlen verweisen auf die Fußnoten

Serie „Als die Architektur noch schön war" (Kreideabdruck; 16,5 x 12,0; 2016)

Edition Staub

Bereits erschienen sind:

Das artemisianische Prinzip
Romanessay über Musik und Architektur sowie drei Charakterstudien
Gerd de Bruyn

Die Brandstifter von Dünkelkirchen
Eine Idylle aus der hessischen Provinz
Reime: Kaspar Schlich
Zeichnungen: Kathrin Eva Seitz

Das mächtige Häuflein
Ein Frankfurter Diorama
Erzählung
Gerd de Bruyn
Zeichnungen: Alban Janson

DASISTAL
Gedichte
Bachwolf von Schenemar

Neues aus Liliput
Reime und Bilder
Gerd de Bruyn

www.editionstaub.de